北海道の簡易軌道

全 路 線 解 説 と 6 つ の 軌 道 跡 を 訪 ね て

JN073325

北海道の簡易軌道

全路線解説と 6 つの軌道跡を訪ねて

CONTENTS

〈表紙写真〉
標茶町営軌道(簡易軌道標茶線)の終点、上オソベツにて。現在ではその面影をたどることは難しい。1971(昭和46)年6月26日撮影
写真:今野繁利

※本書掲載の情報は特記以外、2023年5月時点のものです
※国鉄発足以前の国有鉄道についても便宜上、「国鉄」と表記しております
※本書では北海道各地に敷設された軌道を道東、道央、道北に分けて紹介しています。これは振興局(各地に設置された北海道庁の行政機関)の所管区域がもとになっており、地図上の東西南北の区分とは一致しない部分もあります
※本書に記載された情報を利用した結果、なんらかのトラブル等が生じたとしても、筆者および出版社は一切の責任を負いません

路線のルートについて

　路線ルートは軌道が記載されている旧版地形図をもとに、現在地形図上に再現しております。停留所の位置については地図図ではわからない部分もありますので推定もあることをご了承ください。また、1/20万縮尺の地形図にのみ記載のある幌沼線、居辺線、枝幸線(歌登線)、本幌別線、そして旧版地図に記載されていない真狩線、貴気別線、チャンベツ線については一部推定ルートを含んでいることをお断りいたします。

「停留場」と「停留所」の表記について

　戦前の「殖民軌道」と呼ばれていた時代は、「北海道庁殖民軌道使用規程」(1925〈大正14〉年　北海道庁令第47号)をはじめ「停留場」と呼称されていました。戦後は「管理委託協定書」(北海道開発局)などの公文書、またきっぷ券面など、多くは「停留所」と表記されていますが、手書きの時刻表などでは「停留場」となっているものもあり、表記が混在しています(一部に「駅」と表記されている例もあります)。厳密な表記分けが困難であることから、本書では殖民軌道時代のものも含めてすべて「停留所」で表記統一していることをお断りします。

写真:佐々木正巳

北海道の生活を支えた簡易軌道

かつて北海道において見られた小さな鉄路、それが簡易軌道だ。
国有鉄道の駅とそこから離れた内陸を結び、
人や荷物を運んで地方の生活を支えた。
簡易軌道の発足から終焉までを説明しよう

文：石川孝織

「殖民軌道」としてはじまる

　大正時代末期から昭和40年代中頃にかけて、北海道、とくに道東（釧路・根室地方）や道北（宗谷地方など）を中心に存在した、農業と生活を支えた小さな鉄路、それが「簡易軌道」である。戦前は「殖民軌道」と称されていた。軌間（レール間の幅）は762mmと国鉄（JR）の1067mmにくらべて狭く、最初は馬がその動力だった。

交通途絶が定着を困難に

　明治期以降、北海道では（和人による）入植が進められたが、1910（明治43）年、食糧、資源の供給地として165万町歩に及ぶ「未開地処分」などを掲げた第一期北海道拓殖計画が開始され、多くの人々が北海道へ渡る。東京、横浜などに大きな被害のあった1923（大正12）年の関東大震災では、罹災者の救済として積極的に移住が推奨された。

　しかし、定着できたのはその3分の1程度だった。多くの人々は入植地を捨て別の場所へ再移住、あるいは元の場所へ戻っていった。厳しい気候条件も定着を阻

んだが、最大の理由は、生産した農作物や生活に必要な日用品の輸送が極めて不便だったことだった。火山灰地や泥炭地が多い道東・道北地方では、道路の骨材となる砂利が得にくく、とくに融雪期などは道路が泥の海と化し、入植地の交通を数ヶ月にわたり途絶させていた。

　そこで内務省北海道庁は、「殖民軌道」の敷設を1924（大正13）年から開始する。いわゆる軽便鉄道のカテゴリーに属するもので、軌間が異なるため国鉄線へ直接乗り入れはできないが、建設コストも運営コストも安く済む。非舗装の当時の道路とくらべれば、軌道のほうが安定した輸送を確保できる。以後、入植地へ細い2本のレールが延びていくことになる。線路などの施設は北海道庁が整備し、維持し、運行は地域に組織させた「運行組合」が担う。地方鉄道法（1921〈大正10〉年施行、現在の鉄道事業法）や軌道法（1924〈大正13〉年施行）に拠らない鉄道（軌道）であった。

　このような形態の鉄道（軌道）は千葉県に先例があった。1909（明治42）年に開業、現在のJR外房線茂原駅と長南町駅を結んでいた庁南茂原間人車軌道である。千葉県も当時は良質な砂利が得にくい地域であり、道

馬挽き客車が並ぶ中標津停留所。1927
(昭和2)〜1929(昭和4)年ごろ撮影
写真提供：中標津町史資料室

路状況は悪く、改修費に多くの費用を要していた。そこで「道路の付属物」として県道にレールを敷設した。これも軌道条例（軌道法の前身）に拠らず、また県は運行や経営に関与せず、「人車軌道運輸車両組合」により運営された（1925〈大正14〉年組合解散、翌年軌道撤去）。

入植地の「救世主」

　最初の殖民軌道として1924（大正13）年12月、根室本線の厚床駅から中標津まで根室線48.8kmが完成、同月18日に厚床で盛大に開通式が開催された。「根室遠征芸妓酒間斡旋並に手踊の大はなび車輪」、「煙火を打上げ夜間は活動写真」など、当時の新聞はその賑わいを報じている。なお、国鉄根室本線（滝川〜根室）の全通はその3年前、1921（大正10）年のことである。

　さらに1926（大正15）年、根室線は中標津から三本木（標津町）へ延長、また1927（昭和2）年に中標津から分岐する計根別線が、さらに1932（昭和7）年までに標茶線（標茶〜計根別）が開通し、根釧台地を縦・横断する鉄路が完成する。「中標津停留所付近は一市街地を形成し、付近住民其他の利便極めて多く、沿線枢要停留所付近及沿線原野等漸次移住者入地の増加を見るに至り、拓殖上欣ぶべき現象を呈した」とある（北海道拓殖計画事業報文 第一期・1931）。殖民軌道により入植者の増加（定着率の向上）が、また殖民軌道のジャンクションとしての中標津、それが現在へつながる「根釧台地の中心地」としての発展の礎になったといえよう。

　1927（昭和2）年から1946（昭和21）年までの「第二期北海道拓殖計画」では、さらに158万町歩の開墾を目標

とするなかで、移住者世話所の設置、また学校や郵便局、神社などの社会施設とともに、道路、そして殖民軌道の整備も進められる。道東・道北地方を中心に、全道で47路線・500マイル（約805km）の殖民軌道と「附属集積倉庫」76棟などが計画された。

　根釧台地以外では1926（大正15）年の鶴野〜下幌呂を最初に、釧路駅の隣、新富士駅と鶴居を結んだ雪裡線・幌呂線が開通する。(旧)釧路新聞1928（昭和3）年4月13日付では「雪裡殖民軌道客貨繁忙」の見出しで、「殊に貨物は目下融雪期で道路が悪く馬車、自動車も通らず全部軌道利用となる為木炭雑穀其他雑貨に拠るもの多く其結果鳥取神社前の荷捌所付近は之等貨物で充満し道路を通行する事も出来ない有様」と活況ぶりを伝えている。かつて鶴居村は「陸の孤島」とも称されていた。殖民軌道は入植地に計り知れない恩恵をもたらした。

　1927（昭和2）年には根室本線の茶内駅を起点に茶内原野（浜中町）の入植地に茶内線・円朱別線が、釧網本線開通で舟運が縮小し不便となった釧路川右岸の久著呂地区へ、同線塘路駅からの久著呂線が開通する。

　そのほか道北でも、1929（昭和4）年に天北線（1989年廃止）の小頓別駅からオホーツク海側へ向け枝幸線が上幌別まで開通、翌年に枝幸まで全通する。また同年には、宗谷本線の問寒別駅を起点に問寒別線が上問寒別まで開通している。

輸送力増強のため動力化

　しかし、開拓の進展により時速数km、「一馬力」の

根室線のガソリン機関車。厚床停留所にて。
『根室大観』(1929年) より
写真提供：岩村誠二

側面には「雪幌線ガソリンカー」
の文字。1950年代前半撮影
写真提供：鶴居村教育委員会

輸送力では不足となる。とくに輸送量が多かった根室線では、増強のため1929 (昭和4) 年、動力が馬からガソリン機関車に変更となる。運営も運行組合から軌道法第32条 (現在は削除) で規定される国営軌道、北海道庁直営による根室殖民軌道となる。枝幸線も同様に枝幸殖民軌道として1932 (昭和7) 年に道庁直営となる。

さらに入植が進むにつれて、根室線では輸送力が根本的に不足する。1932 (昭和7) 年の釧路・根室地域への許可移民 (入植者) は4306戸で、北海道全体の51.8%を占めた。(旧) 釧路新聞1931 (昭和6) 年5月26日付では「殖民軌道輸送不足し標津原野行の肥料停滞」の見出しで「日常生活必需品たる米噌及び飲料品の輸送を満たすに止まり」、「拓殖上の重大問題と云ふのは即ち之である」と報じている。ガソリン機関車が導入されたとはいえ、小さな車両による1日2往復の運行であり、それはたった25tの輸送力に過ぎなかった。

入植地の「毛細血管」として

もともと冷涼な気候で、度重なる冷害により畑作には困難があった根釧台地に、1933 (昭和8) 年から、主畜農業 (家畜飼育を中心とする農業経営) を主とする「根釧原野農業開発5ヶ年計画」が実施となり、現在の「酪農王国」としての道が付けられる。

交通網の整備も促進され、同年から1938 (昭和13) 年にかけ、「改正鉄道敷設法」で予定線とされていた国鉄標津線 (標茶〜中標津〜根室標津・中標津〜厚床) が殖民軌道根室線・計根別線・標茶線と並行するように順次開通する。殖民軌道のはじまりであった厚床〜中標津の根室線もこれにあわせ部分廃止を重ね、そして1937 (昭和12) 年までに全廃となる。取り外したレールは西別線や春別線、虹別線や養老牛線のように、標津線の各駅を起点とする路線などにも転用、入植地の

風蓮線は昭和30年代後半まで馬力線として残った路線の一つ。簡易軌道（殖民軌道）最初の路線、根室線南端の残存区間でもある。1957（昭和32）年8月31日撮影
写真：湯口徹

さらなる奥地化に対応した。またガソリン機関車は枝幸線、新設の藻琴線（釧網本線藻琴駅から）や真狩線（函館本線のニセコ〈狩太〉駅から）に転用した。

また、釧路地域でも村や住民の要望を受け、新たに阿歴内線や仁々志別線、弟子屈線などの敷設が進められる。道北においても、1936（昭和11）年の興浜北線開通により国鉄が枝幸まで到達するが、枝幸線は並行路線ではないため運行を続ける。

国鉄線を「動脈」とすれば、殖民軌道はいわば入植地へ入り込む「毛細血管」として、人々の移動だけでなく、開拓農家の収入源となっていた木炭や木材の輸送、そして道東・道北地方でも本格化しはじめた酪農を支えた。

雪裡線・幌呂線では、民間事業者により1941（昭和16）年、「木炭カー」が運行を開始する。バスのタイヤを鉄車輪に改造、石油が不足していたため、木炭を用いたガス発生装置を搭載したものである。また、地下資源の輸送を開始した問寒別線、亜麻などの輸送量が多かった西別線で、ガソリン機関車（ただし木炭代燃化）が導入された。

戦後の簡易軌道

戦時体制下、「第二期拓殖計画」での殖民軌道の敷設は予定のおよそ3分の2、515kmの敷設に留まった。太平洋戦争中も一部で路線延長が行われたが、予算が大きく削減されたため保守もままならず、入植者による枕木供出や労力奉仕によってかろうじて維持されている状況だった。

終戦後、空襲で焼け出された人びと、中国大陸などからの引揚者を北海道で受け入れるべく、1945（昭和20）年11月に「緊急開拓事業実施要項」が閣議決定され、翌年から本格的に実施となる。その交通手段として、軌道施設についても1946〜48（昭和21〜23）年は軌道維持事業、1949（昭和24）年からは3か年計画（物価上昇のため実際は4か年）の軌道復旧事業として、枕木交換などが開拓事業費において実施された。また1947（昭和22）年には、戦後初の新路線として当別線が石狩当別駅（札沼線）を起点に開通する。

なお殖民軌道は『北海道戦後開拓史』（1973〈昭和48〉年・北海道刊）によれば、戦後の1946（昭和21）年から「簡易軌道」と改称されたとある。ただし、戦時中の公文書にも「簡易軌道」という記述がみられるなど、それにはあいまいな部分がある。

混乱収拾から復興へ

1947（昭和22）年末の内務省解体に伴い、簡易軌道は翌年1月1日から農林省所管となり、機関委任事務（国が行うべき行政事務の一部を、地方公共団体［知事や市町村長など］に任せること）として「農林省所管国有財産管理分掌官たる北海道知事」が管理することとなった。なお、それに先んじて同年5月には地方自治法施行により内務省北海道庁は廃止となり、地方公共団体としての北海道が発足している。

「土地改良法」に準じて

簡易軌道（殖民軌道）は前述のとおり、登場時から法

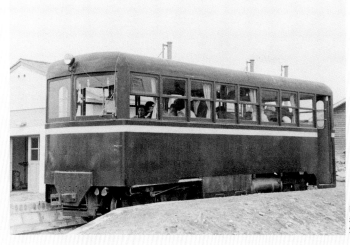

簡易軌道初となる自走客車は雪裡線に投入された。1956（昭和31）年泰和車輌工業製。1957（昭和32）年8月30日撮影
写真：湯口徹

令上は「鉄道」や「軌道」ではなかったが、戦後は「土地改良法」に準じて管理されるようになる。

1949（昭和24）年に制定された土地改良法では、農業用道路や排水施設といった国が造成した土地改良財産の管理委託を都道府県・市町村・団体に対して行えるようになったが、簡易軌道の施設・車両においても同じ取扱いがされるようになる。

運営については従来どおり、馬力線は運行組合、動力化線は国営であったが、運行費用が膨大となり、1949（昭和24）年度からはどちらも運行組合による運営となった。しかし、任意団体である運行組合が国有財産を無償で利用し収益を得ることは法的に問題があるとされた。1953（昭和28）年度から、簡易軌道を国有財産法での「国の事業に供する財産」である公用財産から、「道路や河川と同じ」公共用財産に編入し、農林省所管として土地改良財産に準じて、その所在する市町村へ管理（運行）を委託することとなった。

これにより、北海道開発局が管理する施設名としての「簡易軌道〇〇線」と、運営を行う地方公共団体としての「〇〇市／町／村営軌道」、二つの看板を持つこととなった（加えて、戦前からの流れを汲む1952〈昭和27〉年の北海道告示第1139号「北海道殖民軌道の路線名、区間及び運行距離」での名称も存在する）。

なお、馬力線の財産管理も地方公共団体に委託されたが、運行組合あるいはその後身である運行協力会が運行にあたった。一般的に馬力線は「〇〇市／町／村営軌道」とは呼称されない。

運行について、戦前は「北海道庁殖民軌道使用規程」、

「北海道殖民軌道使用規程取扱手続」などの道庁令・規則などに基づいて運営され、これらは戦後も1972（昭和47）年の簡易軌道全廃まで現行の規程として存在はしていた。しかし、このように土地改良財産としての取扱いが明確になるなかで、管理委託協定における「管理方法書」により規定されるようになる。

改良された動力化線は、馬力線と比較して速度も輸送量も格段に大きく、戦前の根室線や枝幸線と同様、軌道法第32条での「国営軌道」とすべきだったとも考えられる。『簡易軌道実態報告書』（1961〈昭和36〉年・北海道開発局開拓課）でも、管理方法書による運行を「軌道法その他の公法により制約されるものではなく」、「協定で規正はするが専門的指導と監督を伴わない現行方法で安全運行が確保できるかどうか疑問が多いところ」としている。

自走客車（ディーゼルカー）の導入

1951（昭和26）年、北海道開発庁が設置され、翌年度から北海道総合開発「第1次5ヶ年計画」がスタートする。「開拓は新規入植毎年四千戸程度とし、一五万町歩を開墾する」とともに、その交通手段として110kmの簡易軌道の建設（含む改良）を行うとした（実際は72kmに留まる）。

簡易軌道の改良（動力化）や新規建設は北海道開発庁の現業機関である「北海道開発局」によって「簡易軌道改良事業」として実施される。同年には標茶から戦後の入植地であるオソベツ地区へ新線、標茶線が着工、また雪裡線が1952（昭和27）年から改良に着手、1956

標茶町営軌道最終日のサヨウナラ列車を紙テープ
と日章旗で見送る。1971（昭和46）年8月16日撮影
写真提供：渋谷六男

（昭和31）年には簡易軌道最初の自走客車（ディーゼル
カー）『若鶴号』が導入された。制服を着た女性車掌が
乗務し、エンジン音も高らかに颯爽と走る。「一馬力」
からの飛躍的な近代化を遂げた。

　茶内線も1955（昭和30）年に、さらに風蓮線や若松線、
また藻琴線や道北の歌登線（枝幸線が部分廃止、改称）
や問寒別線などでも改良が行われる。この新設・改良
は1965（昭和40）年度まで総額12億8000万円を投じ継
続された。

補強・補修は北海道により

　補強・補修についても従来、全額国費負担であったが、
1953（昭和28）年度から委託された市町村が負担する
こととなった。しかし、「元来奥地開拓の前提としてそ
の基本施設である交通路を確保するために施設され
たもので軌道事業としての収支のバランスを考慮し
ていないためその運賃収益では軌道の維持補修費ま
では遠く及ばず」、北海道・関係町村や運行組合による
「北海道簡易軌道強化促進期成会」は農林大臣などに
対し陳情を行う。そして、国費補助事業として北海道
により「簡易軌道補強事業」が、1953〜56（昭和28〜
31）年度は補助率85％、以降は75％、さらに1964（昭和
39）年度から1970（昭和45）年度までは「簡易軌道整備
事業」として85％補助で実施された。

道路事情の改善と簡易軌道の終焉

　道路へ転換可能な路線は1950年代までに廃止となる。
馬力線のうち1960年代まで存続したのは、道東の5路

線（久著呂線・阿歴内線・仁々志別線・養老牛線・風蓮線）、
道北の1路線（沼川線）のみであった。そのうち風蓮線
は1963（昭和38）年に廃止となり、起点を厚床から奥
行臼に代え、簡易軌道改良事業により動力化された「新
線」風蓮線（別海村営軌道）に移行した。また、塘路駅
（国鉄釧網本線）からの久著呂線は、釧路川を渡る久著
呂橋が原田康子原作の映画『挽歌』のロケ地になった
ことで知られる。以後、正式名称ではなく「挽歌橋」と
呼ばれることが多かったようだ。しかし、その末期は
利用する者もなく放置状態となり、1965（昭和40）年
に廃止。馬力線はすべて姿を消した。

　動力化された路線はその増強された輸送力により、
牛乳をはじめとする農産物の生産増大に対応、自走客
車の運行は通学をはじめ入植者に利便をもたらした。
しかし、1960年代後半からの急速な道路舗装の進展は、
それまでの泥濘とのたたかいだった交通事情が格段
に改善されることとなる。簡易軌道は動力化線におい
てもその役割を失っていく。1967（昭和42）年には雪
裡線（鶴居村営軌道）が休止、さらに国費補助事業であ
る簡易軌道整備事業（旧 簡易軌道補強事業）が1970（昭
和45）年度で廃止となったことから、町村単独では支
えられない簡易軌道は生き残ることができなくなる。
1971（昭和46）年に標茶線（標茶町営軌道）・風蓮線（別
海村営軌道）、また道北でも問寒別線（幌延町営軌道）・
歌登線（歌登町営軌道）が、そして1972（昭和47）年に
は茶内線・若松線（浜中町営軌道）が廃止となり、大正
末期からの約50年間、北の大地の開拓を支えてきた簡
易軌道はその歴史に幕を閉じた。

簡易軌道の車両

馬鉄形態で運行をはじめた殖民軌道は、沿線の発展とともに移ろって
いく軌道への期待に応えるため、路線を新設、延伸させるとともに動力
化による輸送力と輸送速度の向上を図ってきた。軌道に導入された
車両は時代や路線の事情によって異なるため総括することは難しいが、
簡易軌道時代に導入された特徴的な車両を中心に紹介していこう

文・写真：佐々木正巳（特記以外）

　北海道各地に敷設された殖民軌道は馬力が基本で
あった。だが、初めて敷設された根室線は総延長50km
にも及ぶ長大路線だったため、沿線の開拓が進み旅客
数、貨物数が増加すると輸送力増強が必要となった。
そこで1929（昭和4）年にガソリン機関車（アメリカ・ホ
イットコム社製）4両を導入し動力化された。

　動力化に伴い根室線は軌道法に基づく根室殖民軌
道となり北海道庁直営となる。同年に道北の枝幸線も
動力化され、根室線同様、枝幸線も道庁直営の軌道と
なった。

　第二次世界大戦終戦前の各軌道の動力化状況をみ
ると真狩線、藻琴線（開通当初から動力線）、仁宇布線
（一時期北海道庁林務部所管となって森林軌道として
使用）、問寒別線（鉱山会社が実質経営。蒸気機関車、
ガソリン機関車を導入）、雪裡・幌呂線（個人導入した
バス改造のガソリン〈木炭〉カーを運行）など一部路線
が動力化された。

　戦後に新設された路線のうち、1949（昭和24）年使
用開始とされる馬力線の勇知線（勇知〜下勇知）のよ
うな例外はあるものの、新設路線はすべて動力路線だっ
た。既設路線も沿線の事情によって動力化が進められ
ていったが、馬力線のまま使用を終えた路線も多い。

　馬力線として使用が開始された各路線ではトロッ
コのほか貨車、客車を牽引していた。牽引された車両
は路線事情や年代によって異なっている。戦前動力化
された路線の車両も同様だが、牽引車両として軌間
（762㎜）を同じくする森林鉄道などで使用されたディー
ゼル機関車が多く導入されている。

　バラエティ豊かな簡易軌道車両に統一化の兆しが
みられたのは軌道の新設、改良工事を北海道開発局が
所管するようになって以降のことである。1956（昭和
31）年以降に配備がはじまった自走客車、牽引客車、機
関車、貨物車といった車両のほとんどは、北海道の車
両メーカーの手によるものだった。軌道末期にはメイ
ド・イン・北海道の車両たちが原野に敷かれた線路を
走っている光景が各地でみられた。

馬鉄と馬力線

　レール上の車両を馬によって牽引する形態を一般
的には「馬鉄」と称しており、馬鉄形態での「鉄道」は
日本では1880（明治13）年に新橋〜日本橋間で運行を
開始した馬車鉄道（東京馬車鉄道）を起源としている。
公共の鉄道が動力によって運行されるようになった
明治期以降でも馬鉄は各地でみられた。馬がトロッコ
を牽引したことから「馬トロ」と呼ばれる場合もある。

　殖民軌道は「〜設備してある貨車の配給を受け、各
自所有の馬力に依り運行させ」（北海道第二期拓殖計
画実施概要）とあるように、馬で牽くことが基本であっ
たのであえて「馬力線」という呼称は使われていない。
貨客車の牽引に機関車が導入されるようになると、文
献によって異なるが「機械化」あるいは「動力化」と称
された。馬鉄形態路線と動力化路線が混在すること
により、それを区別するために「馬力線」や「動力線」と
いう表現が使われるようになった。

別海村営軌道 奥行臼停留所跡で静態保
存されている自走客車。1963(昭和38)年
11月釧路製作所製。製造番号304。形
式:KSC-8。エンジン:DS60(日野自動
車)。自重:8t。定員:60人。
2022(令和4)年9月撮影

自走客車

　自走客車とは簡易軌道に導入された気動車の呼称で、
北海道開発局の命名とされている。一般にはレールバ
スに分類され、バスに使用されたディーゼルエンジン
を搭載したボギー車両で、窓など各部にもバスの部品
が流用されていた。

　自走客車は北海道開発局が仕様書を作成し、落札し
たメーカーが仕様書をもとに設計、製造した。湯口徹
氏によると、当初の仕様書は単端式を想定したとしか
思えない内容であったという(『鉄道ファン』連載「レー
ルバスものがたり」ほか複数の雑誌で同様の記述あり)。

　事実、1956(昭和31)年に鶴居村営軌道と歌登町営
軌道に2両が試験的に導入されたが、この2両はいずれ
も片側に運転台がある単端式のものであった。終点で
転回する必要があったため実運用には不便なことが
多く、1958(昭和33)年以降に導入された自走客車は
両端に運転台を持つ両運車となった。

　北海道開発局が発注した自走客車は全19両あるが、
全車両を北海道内の車両メーカーが製造している。内

訳は泰和車両工業11両、運輸工業4両、釧路製作所4両
となっている。車両の設計はメーカーに委ねられてい
たので、デザインや塗装が異なるだけではなく、前照
灯の数や形状、補助灯などは同じメーカーが製造した
車両でも異なる点がみられるなど、厳密な意味でまっ
たく同じ車両はないといえる。

　この19両の自走客車のほかに、歌登町が独自に運輸
工業に発注した2軸の小型単端自走車両(1958〈昭和
33〉年運輸工業製造。定員公称15人。ダットサンの自
動車エンジンを搭載)が導入されたが、自走客車に分
類する研究者もいる。

別海村営軌道に導入された鋼製2軸ボギーの牽引客車。
上風蓮停留所で撮影されたものと思われる。1963(昭
和38)年泰和車両工業製。自重8t。撮影年不明
写真提供：瀬下光起

浜中町営軌道に3両導入された牛乳タンク車。製造年、
製造会社不明。容量5400ℓ。タンクはステンレス製で、
表面にウロコ模様と呼ばれるスピン研磨が施されている。
撮影年不明
写真提供：佐々木正巳

牽引客車

　軌道には殖民軌道時代から様々な形態の客車が導入されてきた。牽引客車は北海道開発局による呼称であり一般的には客車に分類される。鋼製中央扉の2軸ボギー車で鶴居、標茶、浜中、別海の各路線に導入され、乗客の多かった時期に混合列車として運用された例が多い。乗客数が減少した軌道末期には自走客車で事足りるため、牽引客車の多くは使用されなくなり構内に放置されるようになった。軌道廃止まで牽引客車を使用していたのは別海村営軌道のみだった。

牛乳運搬車（ミルクゴンドラ車）

　酪農家が生産した生乳は乳業会社の工場に輸送されて牛乳や乳製品に加工される。現在は生乳はミルクタンクローリーが集荷して輸送しているが、昭和40年代までは集乳缶といわれる27ℓ容量の金属容器に入れられて工場に輸送されていた。

　集乳缶の輸送には一般的にトラックが使われていた。しかし、簡易軌道が敷設された地域は道路整備とトラックの普及が遅れていたため、軌道が生乳輸送の役割を果たしていた。軌道沿線の多くは酪農地域であり、馬力線の時代からトロッコや無蓋貨車に集乳缶を載せて輸送する姿が数多く写真に残されている。

　昭和30年代に入ると増加した生乳生産量に対応すべく積載量の多い2軸ボギーの無蓋貨車が導入された。車両管理簿では牛乳運搬車となっておりこれが正式名称であるが、現在は鉄道趣味者による命名と思われるミルクゴンドラ車の呼称が定着している。牛乳運搬車は浜中、別海の2路線に導入され、集乳缶を二段重ね

廃止後に間寒別停留所構内に放置されていた幌延町営軌道の客車。全長：6m。定員30人。1950（昭和25）年に日本鉄道自動車で製造され、当別町営軌道に配備。同線の運行休止に伴い1956（昭和31）年に移管された。内部が木製、外部が鋼鈑張りの構造だったが鋼鈑の腐食が著しく、1963（昭和38）年、1964（昭和39）年に1両ずつ、泰和車両工業によって内外の鋼板取り付け、窓枠の更新などの改修が行われた。車体にはさよなら列車運行の際に取り付けられた装飾がまだ残っている。1971（昭和46）年北海道開発局撮影
写真提供：幌延町

別海町奥行臼停留所跡で静態保存されている牛乳運搬車（ミルクゴンドラ車）。1964（昭和39）年釧路製作所製。2軸ボギー車。2022（令和4）年9月撮影

にした牛乳運搬車を牽引する貨物列車の姿が鉄道ファンによって撮影されている。これらの写真は末期の簡易軌道が果たしていた役割を如実に物語っている。

牛乳タンク車

生乳の輸送には品質確保のために到着地までに要する時間の短縮が求められるが、同時に輸送費用の節減のための効率化も求められる。

輸送の効率化には集乳缶による輸送形態の解消が課題であったが、輸送量が増加するにつれて軌道貨車への積み込み作業や乳業工場での積み下ろし作業、空容器の返送の手間がかかるようになり、軌道職員や工場職員の作業負荷が増していった。

集乳缶単位での輸送が割高であったことも輸送費用削減の妨げとなっていた。この問題を解消すべく浜中、別海の軌道終点に乳業会社によるクーラーステーション（地域の生乳を集約し、冷却したうえで一括して工場に輸送するための拠点。設置した雪印乳業〈当時〉は集乳工場と呼称した）が設置され、ここから生乳を一括して輸送するために導入されたのが牛乳タンク車である。

浜中町営軌道には5400ℓ容量の牛乳タンク車が3両、別海村営軌道には5000ℓ容量の牛乳タンク車が2両導入された。タンクはいずれもステンレス製で、生乳の品質確保と輸送費用の削減に効果を上げた。

牛乳タンク車の導入効果は大きなものがあったが、導入するためには沿線の生乳生産量が多く、クーラーステーションが設置されていることが「条件」となる。その条件に合致しない軌道では、生乳は廃止まで集乳缶で運び続けられた。

COLUMN

集乳缶あるいは輸送缶の容量、規格は？

酪農家が生乳を出荷するために使われた容器は、過去の鉄道雑誌等では「牛乳缶」「ミルクカプセル」などと説明されているが、酪農乳業関係者の間では「集乳缶」もしくは「輸送缶」と呼ばれている。昭和初期まで集乳缶は一斗缶を加工したものや釣り手の小型容器など形状、容量もまちまちだった。その後、規格が定められ、一斗五升（約27ℓ）容量で統一されている。ブリキ製の容器重量は8kgほどなので、生乳を入れた集乳缶の総重量は35kgほどになる。

集乳缶は本州で使われたものと北海道で使われたものとでは形状が異なっている。「本州型」が「なで肩片取手」であったのに対して、鉄道ファンが撮影した北海道の簡易軌道の写真に写っているのは「いかり肩両取手」の「北海道型」のものである。

この北海道型の集乳缶は、昭和初期に集乳缶製造を行っていた浜田鈑金（札幌市豊平区）が札幌市に工場のあった煉乳会社の求めにより、アメリカで使われていた集乳缶の形を参考にして一斗五升容量のサイズに設計、製品化したものである。初期の型からは何度か形状変更が行われているが容量自体に変更はない。

集乳缶の製造は浜田鈑金から土屋製作所（札幌市苗穂区）に移り、酪聯（保証責任北海道製酪販売組合連合会。雪印の前身）が北海道各地の組合員向けに採用したことから、この集乳缶が北海道のスタンダードとなった。

その後、集乳缶の製造は土谷製作所とその関連企業である土谷特殊農機具製造所（帯広市）によって1972（昭和47）年まで続けられた。

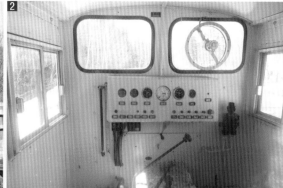

❶❷枝幸町歌登健康回復村内に静態保存されているディーゼル機関車。1965（昭和40）年釧路製作所製。エンジン：DS60（日野自動車）。自重：8t。2022（令和4）年4月撮影　❸❹別海町奥行臼停留所跡で静態保存されているディーゼル機関車。1962（昭和37）6月加藤製作所製。エンジン：KE21（三菱）。自重：6t。2022（令和4）年9月撮影　❺鶴居村ふるさと情報館みなくるで静態保存されているディーゼル機関車。1960（昭和35）年泰和車両工業製。エンジン：DA120（いすゞ）。自重：6t。写真は2009（平成21）年当時のもので補修および移設前のもの

機関車

　軌道の動力化は車両牽引を馬匹から機関車に置換することによって実現された。

　初期の軌道に導入されたのはホイットコム、プリマスなどアメリカ製のガソリン機関車で、蒸気機関車を採用した路線もあった。動力化にあたっては軌条、路盤の強化も行われたが、簡易軌道の沿線は脆弱な土壌が多いこともあり、導入された機関車はすべて2軸で整備重量8t以下のものであった。

　戦前の動力化路線には輸入機のほか加藤製作所、協三工業などの国産機も導入されていて、いずれもガソリン機関車であった。

　ディーゼル機関車の導入は昭和10年代から一部の森林鉄道ではじまっていた。ただ、戦前のディーゼルエンジンはエンジン重量に対して低出力であったことや戦時中は軍用に向けられた事情もあり、機関車がディーゼル化されるようになったのは戦後以降のこと。加藤製作所、酒井工作所（当時）、協三工業などが製造した国産ディーゼル機関車が各軌道に導入された。ガソリン機関車もディーゼルエンジンへの換装が行われるなどして、軌道の機関車はすべてディーゼル機関車となった。

　北海道開発局が新規車両を選定するようになって以降は泰和車両工業、釧路製作所など北海道の車両メーカー製の機関車が多く導入された。

道東の簡易軌道

根室線
ねむろせん

文：石川孝織

交通困難解消のため根室線が誕生

　酪農地帯として知られる根釧台地。中標津はその中心地として発展を続けているが、入植が本格化したのは大正時代になってからである。

　北海道の交通史を語るうえで欠かせないものの一つに「駅逓所」がある。これは官設の人馬継立所と宿を兼ねたもので、鉄道が未発達だったころは重要な存在であった。駅逓所は入植が内陸部へと進行するにつれ整備が進められる。中標津に駅逓所が置かれたのは1914(大正3)年のことであった。

　その後、中標津への入植は1918(大正7)年ごろから急増する。1919(大正8)年には省線釧路線(現在のJR根室本線)が厚床まで到達、1921(大正10)年に厚床と中標津を結ぶ道路が完成するなど、交通の整備も進められるが、積雪・融雪期の交通困難・途絶が大きな問題として存在していた。その解決策として登場したのが殖民軌道根室線(厚床〜中標津、48.8km)であった。1924(大正13)年7月から工事を開始、12月に開通式が行われた。

　これにより、中標津はその終点として人やものが集まってくる。1926(大正15)年の(旧)釧路新聞では、「中標津終点が俄に家屋建築され密居住宅軒を並べている」「五、六十坪の倉庫さえ出来た中標津の如き駅逓一軒であったのが今や二、三十戸」とその発展を、また積雪期は運休し馬橇が輸送を担っていたが、運賃は馬橇の1里10銭に対し殖民軌道は半額の5銭であること、また馬橇は乗り物酔いしやすく、さらに転覆する危険があることから「女子供は軌道が開通するまで厚床に出ない」などと報じている。

　その1926(大正15)年、根室線は中標津から三本木までの31.7kmが、さらに1927(昭和2)年には標津まで1.7kmが延長され、同線はここで全通となる。海に面した標津は、海路での輸送や水産業における重要な場所であった。

　根室線は全長80kmを超える長大路線であり、馬が牽く台車(トロッコ)では時間がかかり、輸送量も小さく、

入植者が増え続けていた状況に対応できていなかった。そのため、1929(昭和4)年に動力化が行われる。米国ホイットコム社製ガソリン機関車4両(さらにミルウォーキー社製も追加)、連結する無蓋貨車や小型客車が導入され、同年8月から運行を開始した。全線約7時間と、所要時間はそれまでの約3分の1となり、輸送力も格段に向上した。運賃は厚床から中標津まで1円44銭、標津まで2円46銭であった。

　1927(昭和2)年に中標津から計根別まで計根別線(7.4km)が、さらに1930(昭和5)年から1932(昭和7)年にかけて標茶から計根別まで標茶線(38.5km)が開通、両線は馬力によるものであったが、国鉄標津線の原形となる根釧台地を縦・横断する殖民軌道ネットワークが完成する。こうして厚床とともに標茶が根釧台地への「玄関」として機能するようになる。省線(国鉄)釧網線が標茶まで開通したのは1927(昭和2)年のことであった。

　また、根室線の北標津から分岐し古多糠までの忠類線(8.9km)が1934(昭和9)年に開通している。

　1933(昭和8)年から、主畜農業を中心とする「根釧原野農業開発5ヶ年計画」が実施され、交通の整備も進められる。動力化した殖民軌道であったが、地域の発

展には追いついていなかった。貨物輸送力の不足が深
刻化し、同年の(旧)釧路新聞では「貨物と均衡の取れ
ぬ根釧原野の軌道」と、軍用の燕麦や甜菜などの輸送
に「一方ならぬ苦心を重ねて居る」こと、また「夜間運
転も余儀なくされるだろう」と報じている。同年、根
室線の輸送量は年間3万5000人・貨物1万7000tを数え
た。殖民軌道根室線の開通前、すでに1922(大正11)年
の「改正鉄道敷設法」では、第149号「根室国厚床附近
ヨリ標津ヲ経テ北見国斜里ニ至ル鉄道」第150号「根室
国中標津ヨリ釧路国標茶ニ至ル鉄道」という、省線(国
鉄)標津線と根北線に相当する予
定線が掲げられ、1933(昭和8)年
の厚床〜西別(別海)を皮切りに
1937(昭和12)年までに全線が開
通する。簡易線規格ではあったが、
殖民軌道にくらべれば輸送力は
大きく、なにより貨物の集散地で
あった釧路、また全道とレールが
つながることで円滑な輸送が可
能となった。
　標津線が開通した区間から殖
民軌道は役割を終える。1933(昭
和8)年は厚床〜西別(別海)の並
行区間のうち、中間の風蓮〜矢臼
別が廃止となり、両端の厚床〜風
蓮は風蓮線、矢臼別〜西別は、矢
臼別〜矢臼別渡船場の支線とと
もに矢臼別線(1936〈昭和11〉年
廃止)として分離された。矢臼別
渡船場は、海路での輸送が中心
だった時代は、この地域の物資の
集散地として大きな存在であった。
　翌1934(昭和9)年には西別〜
中標津が廃止となり、この時点で
根室線は中標津〜標津のみとな
る。さらに1936(昭和11)年には
標茶線が、1937(昭和12)年には
計根別線が廃止となる。そして
1938(昭和13)年には根室線の残
存区間のうち開陽〜川北、北標津
〜標津が廃止、中間の川北〜北標

津は忠類線に編入され、根室線は中標津〜開陽のみと
なり動力も馬力に戻る。不要となった機関車やレール
などは他線へ転用された。
　残存区間の中標津〜開陽は、戦時下の1943(昭和18)
年、海軍中標津飛行場建設の支障となったため、翌
1944(昭和19)年に付け替えとなり、起点を中標津か
ら省線(国鉄)標津線上武佐駅に変更する。由緒ある根
室線の名称は、当初とはまったく異なる路線として戦
後まで残ることとなったが、1954(昭和29)年にこの
区間も廃止となり消滅した。

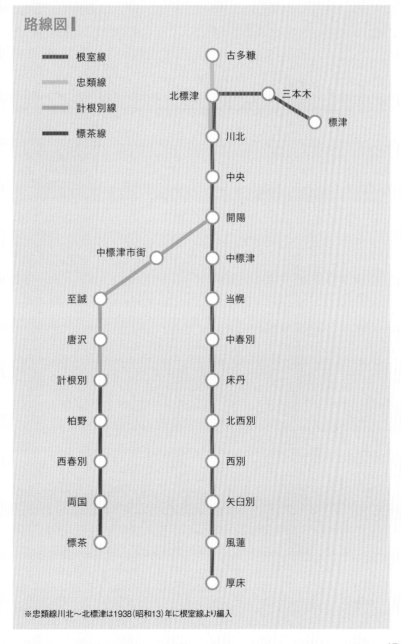

路線図

‒‒‒‒‒‒ 根室線
‒‒‒‒‒‒ 忠類線
‒‒‒‒‒‒ 計根別線
‒‒‒‒‒‒ 標茶線

古多糠
北標津　　　三本木
　　　　　　　標津
川北
中央
開陽
中標津市街　　開陽
　　　　　　　中標津
至誠　　　　　当幌
唐沢　　　　　中春別
計根別　　　　床丹
柏野　　　　　北西別
西春別　　　　西別
両国　　　　　矢臼別
標茶　　　　　風蓮
　　　　　　　厚床

※忠類線川北〜北標津は1938(昭和13)年に根室線より編入

17

道東
2
鶴居村営軌道
つるいそんえいきどう
（簡易軌道雪裡線）

文：石川孝織

左 上幌呂発・中雪裡発が落ち合う。下幌呂にて。1966（昭和41）年10月12日撮影　写真：金子元博　下 秋色のなかをゆく新富士行き自走客車。下幌呂にて。1966（昭和41）年10月12日撮影　写真：金子元博

運行系統 ▌ 1959（昭和34）年ごろ

新幌呂
上幌呂
旧駅逓
支幌呂
茂幌呂入口
中幌呂
製粉所前
ブロック工場入口

中雪裡
北11線
北8線
北6線
下雪裡
下幌呂
南4線
坂の上
温根内
三号複線
丸松
鶴野
国道口
市内方面バスのりかえ　鳥取
国鉄線のりかえ　新富士

▬▬ 雪裡線
▬▬ 幌呂線

標茶
新幌呂
中雪裡
下幌呂
釧網本線
根室本線
新富士
釧路

現在、鶴居村ふるさと情報館前で保存されている泰和車輌工業製自走客車。中雪裡にて。1965（昭和40）年8月26日撮影
写真：今井啓輔

雪裡線の終点、中雪裡停留所と車庫。1967（昭和42）年2月26日撮影
写真：萩原俊夫

本線は雪裡線で幌呂線は支線

　1924（大正13）年12月、最初の殖民軌道として開通した根室線（厚床〜中標津）は、北海道への入植を推し進めた「第一期北海道拓殖計画」（1910〜1926年）の最終期に開通したものだ。その成功から、続く「第二期北海道拓殖計画」（1927〜1946年）では道内各地で殖民軌道の敷設が進められていく。そのトップを切って開通したのが雪裡線・幌呂線である。

　雪裡線（新富士〜中雪裡、28.786km）は、鶴居村（当時は舌辛村の一部。舌辛村は現在の釧路市阿寒町）雪裡地区を結ぶ路線として1925（大正14）年に測量開始、1926年（大正15）年6月に着工となり、同年11月20日付（旧）釧路新聞では「今月末竣功の雪裡殖民軌道、本年開通八哩六分、明年延長を待て開式挙行」との見出しで、先行して鶴野〜下幌呂間で利用が開始されたとある。翌年も工事が続けられ10月末に全線が完成、11月5日には中雪裡から新富士へ燕麦20余俵が「初荷」として出荷されたと（旧）釧路新聞が報じている。

　支線となる幌呂線（下幌呂〜上幌呂、15.489km）は、雪裡線から分岐し同幌呂地区と結ぶ路線であり、1927（昭和2）年に着工し同年内に完成する。両線で合計44.275kmとなり、全通開通式が同年11月26日に行われた。運行は馬力で、雪裡線運行組合と幌呂線運行組合がこれを担った。1932（昭和7）年に両組合が合併し、雪幌線運行組合（組合員400名）となる。

　雪裡線・幌呂線は、「陸の孤島」とも称されていた両地域に光をもたらす、大きな存在であった。交通の利便は入植者の増加にも大きく寄与した。なお、両線を合わせて「雪幌線」という呼び方もあった。殖民軌道は、道路がぬかるみ馬車が運行不能となる融雪期も運行し、積雪期も数倍の運賃が必要な馬橇に頼ることなく、沿線農家に大きな経済的利便をもたらした。

　根室本線との接続点は釧路駅ではなく、その西隣となる新富士駅であった。1920（大正9）年に釧路市街などを襲った水害により、1921（大正10）年から大規模な釧路川治水工事が開始され、新たに開削される釧路川新水路（現在の新釧路川）を渡る必要があったためである。（旧）釧路新聞（1927.8.14付）では、釧路市街は、中継する荷馬車や貨物自動車の運賃が加算となり、大規模倉庫も必要で、経済価値が著しく減殺、と報じている。砂糖の原料となるビートなどは、新富士駅で根室本線の貨車に載せ替えられ製糖工場へ向かったが、それ以外の貨物は釧路市街か釧路港が発着点であり、街と村を行き来する人々もあいまって、鳥取停留所はその結節点としてにぎわった。

　戦前期、根室線や枝幸線のように動力化はされなかったが、1941年（昭和16）年10月、幌呂線でバス改造

中雪裡にあった車庫。ディーゼル機関車と
ロータリー式除雪車。1960年代前半撮影
写真提供：鶴居村教育委員会

雪裡線の終点、中雪裡停留所と運輪工業製自走客
車、28kmポスト。1960（昭和35）年11月24日撮影
写真：湯口徹

の「木炭カー」の運行が開始され、翌月開通式が行われた。すでにガソリンは入手が難しい時代となっていた。日産札幌支店に8000円（当時）で発注したもので、その運行（経営）は藤村敏一が担った。馬力では6時間ほどかかっていた新富士〜上幌呂が2時間にまで短縮された。しかし、線路は整備が完了していなかったため木炭カーの重量に耐えられず、木炭カーの機関故障もあって、間もなく馬力に戻されている。翌1942（昭和17）年、線路の補強や機関の修理も完了したことから幌呂線での運行が復活、また木炭カーも増備され、雪裡線での運行も開始された。同年の「軌道開通十五周年記念」式典での記念写真にはこの木炭カーも写っている。

　また、幌呂線は1943（昭和18）年12月に上幌呂〜新幌呂3.819kmが延長され、総延長48.094kmとなった。

　戦後も雪裡線・幌呂線は、鶴居村の発展に大きな役割を果たした。1952（昭和27）年に刊行された『鶴居村地域社会の研究』では、ガソリンカーが5月から12月まで新富士と中雪裡を運行し、所要2時間、1948（昭和23）年現在、貨車数120台（「官製車」77台、「私製車」43台、現在使用車70台）、旅客車（ガソリンカー）2台、現在使用車1台、などとある。また、1950（昭和25）年にはバス改造のガソリンカーが1両増備されている。なお、戦後の燃料事情の好転により、燃料は木炭からガソリンへ戻るがその時期は不明である。

改良事業が開始される

　1952（昭和27）年には、北海道開発局の開墾建設事業の「簡易軌道改良事業」として、雪裡線・幌呂線の改良事業が着手となる。翌1953（昭和28）年、鶴居村と釧路開発建設部が管理委託仮協定を締結し、管理（運営）は村に移管、雪幌線運行組合は解散となり、「鶴居村営軌道」として運行される。このとき、幌呂線は雪裡線の支線としての位置付けとなる（雪裡線幌呂支線）。

　ガソリンカーは1941（昭和16）年の運行開始以来、1954（昭和29）年まで藤村敏一の運行（経営）だったが、施設や権利を村が買収し、「村営ガソリンカー」となった。1953（昭和28）年の運行ダイヤが残されているが、それによれば、釧路へ向かうガソリンカーは朝7時に中雪裡を出発して新富士に9時着、鶴居への戻りは新富士を夕方16時30分に出発して中雪裡に18時30分に到着している。馬がトロッコを牽く「馬トロ」は夜22時に出発し、途中の温根内で1時間休憩（馬が水を飲み、草を食んだのだろう）、新富士には翌朝6時30分に到着、戻りは朝9時30分に出発し、同じく温根内で1時間休憩、上幌呂に18時着となっている。馬トロが「夜行」であったことは興味深い。また、あくまで「村民が『街』で用事を足すため」のダイヤであり、これは他の簡易軌道でも同様で、鉄道趣味者にとっては訪問しにくい鉄道であった。

鶴居村営軌道の車両たち

　改良では動力車として、まずディーゼル機関車が導入された。初年度末である1953（昭和28）年3月には酒井工作所製の6t機が、1954（昭和29）年7月には日本輸送機製の8t機が投入された。さらに1959（昭和34）年に運輸工業製の6t機、1960（昭和35）年に泰和車輌工業製の6t機が導入される。

　1956（昭和31）年3月には、簡易軌道初となる自走客車（ディーゼルカー）が導入された。札幌にあった泰和車輌工業製で半鋼製、運転台が片側にしかない「単端式」の車両で、終点での折り返しには転車台での方向転換が必要だった。定員は48人、窓下にはウインドシルがあり、窓にはHゴムも使用されず、クラシカルなデザインだった。製造年にちなんで『31号』、また『若鶴号』という愛称が付けられた。当初は茶色に白帯という塗色だった。雪裡線（新富士〜中雪裡）のレール交換も完了し、自走客車は雪裡線で運行され、所要時間はガソリンカーの2時間から1時間20分へとさらに短縮した。引き続き幌呂支線（下幌呂〜新幌呂）の改良（レール交換等）が進められていく。

　改良事業では動力化（ディーゼル化）に耐えられるようなレールへの交換も重要であり、1953（昭和28）年に廃止された簡易軌道真狩線の12kgレールも再利用された。レールの長さにかなりばらつきがあり、苦労があったという。工事用の機関車も、同線のガソリン機関車2両（米国ホイットコム社製・ミルウォーキー社製）が再利用された。これは経歴をたどれば、殖民軌道根室線の動力化時（1929年）に導入された使い込まれた車両で故障が続発、ミルウォーキー社製は途中で

今現在の国土地理院電子地形図に加筆のうえ転載

自走客車は荷物や新聞も輸送。運転席後ろには広告も掲出。1965（昭和40）年8月26日撮影
写真：梅村正明

夕方、国鉄新富士駅前で発車を待つ雪裡線・幌呂線の自走客車。1960（昭和35）年11月24日撮影
写真：湯口徹

新富士で転回中の『若鶴号』。
1960（昭和35）年11月24日撮影
写真：湯口徹

離脱したようだ。その後、ホイットコム社製は茶内線の改良工事へ、ミルウォーキー社製は鶴居村が購入して村有車両となっている。

1958（昭和33）年には運輸工業製のディーゼルカー、33号『丹頂号』が導入される。定員は60人、単端式から両運転台となり、側面に2本のリブが入る。上段窓は固定でHゴムが使用されるなど（いわゆる「バス窓」）、スマートな印象の車両だった。その後の簡易軌道用自走客車の基本形となった車両でもあった。続いて1960（昭和35）年に釧路製作所製（35号）、1964（昭和39）年に泰和車輌工業製（39号）の自走客車が入る。釧路製作所製はシンプルなデザインで、同社製の自走客車では前面窓・側面窓が小さい前期タイプに属する。

牽引客車は1961（昭和36）年に投入され、48人乗りで多客時などに使用されていたようである。書類上では釧路製作所製とされているが、形態的には泰和車輌工業製である。このほか、村有の釧路製作所製の牽引客車があり、こちらは沿線に住む中学生の通学用として、温根内（あるいは坂の上）〜中雪裡で運行された。片エンドにデッキがあり、窓が小さい独特なスタイルをしていた。

このほか、1960（昭和35）年に酒井工作所製の除雪用ロータリー式機関車、また同年に無蓋貨車が13両、翌1961（昭和36）年には有蓋貨車が投入されている。

運行は中雪裡・上幌呂を朝出庫し、中雪裡・新幌呂（上幌呂）発で朝1往復、午後から夕方にかけて1往復が基本だった。16時台に新富士を出発する便では、車内に装備されたラジオで相撲中継が流されることもあった。

先に述べた中学生の通学便のほか、釧路市内の高校へ通う生徒のために、6時台に中雪裡・上幌呂を出発し、新富士で根室本線の列車や路線バスに乗り継げる便が運行されていた。この便が運行されるまで、村内からは高校進学を諦めるか、釧路市内での下宿生活を余儀なくされていた。なお、これらの通学便は当然ながら日曜・祝日は運休となり、運行区間は利用する通学生の有無により変更された。また、当時の『道内時刻表』にも掲載があり、村広報紙掲載の時刻表にも乗車を制限する記載がないことから、一般客も混乗できたと思われる。

運賃は1966（昭和41）年現在で新富士〜中雪裡が100円、新富士〜新幌呂が130円であった。車内で乗車券が発行されたほか、定期券（通勤・通学）、回数券（一般・通院）も発売されていた。

1964（昭和39）年には旅客6万2937人、物資（貨物）1644tを輸送した。街から村へ米、味噌などの生活物資や雑貨、新聞や郵便物が、村から街へは木材や木炭、雑穀や乳製品が輸送された。簡易軌道で輸送した貨物の代表的存在である牛乳（生乳）は、当時、沿線には酪農家が少なく、当線ではその輸送量は多くなかった。

新富士の停留所、詰所・待合室と釧路製作所
製の自走客車。1965(昭和40)年8月26日撮影
写真：梅村正明

運輸工業製のDL(現在、丸瀬布いこいの森
で動態保存)と通学用に使用された村有牽
引客車。奥は釧路製作所製の自走客車。
釧路製作所製の自走客車は前期型と後期
型があり、鶴居と標茶は前期型(正面窓が小
さい、など)。1960(昭和35)年11月24日撮影
写真：湯口徹

はっきりしない運行休止日

　鳥取〜国道口は国道38号線に並行していたが、交通
量の増加で道路拡幅が必要となり、1日数往復だけの
簡易軌道は「邪魔」となってしまう。改良が完成とな
る1961(昭和36)年、鳥取〜鶴野のルートが変更され、
途中には新たに昭和地区停留所が設置された。

　開通時から雄別炭砿鉄道(釧路〜雄別炭山)との交
差があり、簡易(殖民)軌道側が築堤と橋梁で乗り越え
ていたが、その位置も変更となった。雄別炭砿鉄道と
はこのほかにも、「鳥取側線」と呼ばれた鳥取信号所〜
新富士を結ぶ貨物用線路(構外側線)との平面交差が
あり、珍しい異軌間の乗越菱形轍叉が存在した。

　鶴居村営軌道は都市(釧路市)と村(鶴居村)を結ぶ
路線として、枝幸線(歌登町営軌道)とともに『道内時
刻表』にも掲載されるなど、歴史の古さだけでなく、道
内簡易軌道のなかでも重要な路線として扱われていた。
だが、並行する釧路〜鶴居(中雪裡)〜弟子屈を結ぶ道
道も重要な道路として整備が早期に進められ、路線バ
スは釧路市街に直接乗り入れることから、簡易軌道の
利用者は減少していく。累積赤字も2000万円を超え、
1967(昭和42)年8月、全線で運行を休止する。1970(昭
和45)年以降に廃止となった路線では「廃線式」が催さ
れるなどしたが、そのようなものも行われなかった。

　さらには、今をもって運行休止日が8月「何日」だっ
たのかわかっていない。鶴居村営軌道OBの小野正彦
氏は「お盆が終わったな」というころを記憶し、当時中
学生だった村役場OB氏は、簡易軌道で通学していた
友人から「夏休みが終わったら軌道がないので、歩いて
通学することとなる」という話を聞いたと記憶している。
8月21日には新たに温根内〜中雪裡で通学バスの運行
がはじまっていることなどから、小野氏の証言どおり「お
盆が終わったな」というころに休止となったと考えら
れる。当時の村議会会議事録などでは新富士〜温根内の
み運行停止などとしているが、実際は全線休止であった。

　施設の委託管理契約としては、釧路開発建設部に保
存されている文書によれば、12月15日に新富士〜温根
内が用途廃止、翌1968(昭和43)年3月18日に残る区間
が用途廃止となっている。同月の村議会でも「簡易軌
道条例等を廃止する条例」が可決され、簡易軌道雪裡
線・幌呂支線(鶴居村営軌道)は、北海道開発局・鶴居村
とも1967(昭和42)年度末をもって、公式に消滅する
こととなった。

　なお、1967(昭和42)年7月20日付の釧路新聞では、
「子どもの国実現へ　春採湖周辺に豆汽車運行」との見
出しで、釧路市が車両と線路(軌道等)の払い下げを受
け、交通公園を設け利用する計画を検討中と報じてい
る(実現せず)。

標茶町営軌道
しべちゃちょうえいきどう

（簡易軌道標茶線）

文：石川孝織

上日本輸送機製の6tディーゼル機関車。開運町にて。1968（昭和43）年撮影　写真提供：標茶町史編さん室　左スノープラウを付け除雪作業にあたる酒井工作所製DLと日本輸送機製DL。1960年代撮影　写真提供：標茶町史編さん室

戦後開拓を支える路線として

　簡易軌道標茶線（標茶町営軌道）は、標茶町の市街地と、戦後から開拓がはじまったオソベツ地区を結んだ路線である。前述したとおり、殖民軌道（簡易軌道）の多くは戦前の開通で、当線のような戦後生まれの路線は、当別線（道央・石狩地方）など少数派である。なお、戦前にも「標茶線」が存在していたが、これは標茶と計根別（中標津町）を結んだまったく別の路線であり、国

運行系統

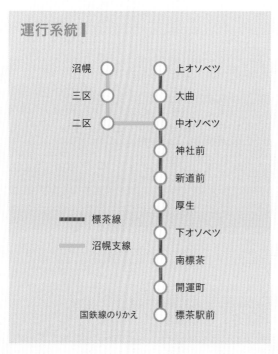

沼幌	上オソベツ
三区	大曲
二区	中オソベツ
	神社前
	新道前
	厚生
▬▬ 標茶線	下オソベツ
▬▬ 沼幌支線	南標茶
	開運町
国鉄線のりかえ	標茶駅前

左 木炭を多数積載した貨物列車。木炭は農家の貴重な現金収入だった。1960年ごろ撮影　写真提供：標茶町史編さん室
右 雪により脱線した機関車と貨車、牽引客車　写真提供：標茶町史編さん室

左 脱線した牽引客車。1958（昭和33）年撮影　写真提供：標茶町史編さん室
右 融雪の濁流で不通となった標茶線。新道前〜神社前にて。1960（昭和35）年3月撮影　写真提供：標茶町史編さん室

鉄標津線の前身となるもので、1936（昭和11）年に廃止となっている。

　軍用馬を育成する広大な「国営牧場」であった陸軍軍馬補充部は終戦により廃止されたが、標茶にはその「川上支部」があった。空襲で焼け出された人、外地からの引揚者など、戦争で生活基盤を失った人びとを収容すべく、その跡地に「緊急開拓事業」による開拓地が設定される。西熊牛・西標茶・上オソベツ・中オソベツ・厚生の各地区に368戸が入植する。1950（昭和25）年に測量に着手、翌年から工事開始となる。

　開拓地は丘陵地上にあり、釧路川沿いにある標茶市街からは、急勾配を避けるべく一度南下する迂回ルートをとる。北海道開発局（釧路開発建設部）に残されていた図面からは、当初はトンネルを掘削し最短距離で結ぶルートも検討されていたことが読み取れるが、実際は建設が容易な迂回ルートが選択されたようだ。ちなみに、北海道の簡易軌道においてトンネルは、歌登線（歌登村営軌道）の1ヶ所のみしか存在しない。

1955年から仮運行

　1951（昭和26）年からの3ヶ年で開運町（標茶市街）〜上オソベツ24kmの建設が予定されていたが、緊縮財政のあおりを受けて予算が不足、工事は起点（開運町）から14kmあまりでストップしてしまった。不便な生活を強いられていた地域住民による要望により、完成区間での仮運行が1955（昭和30）年5月1日より開始された。このときの中オソベツ停留所は仮のもので、正式開業時とは異なる。

　仮運行開始時は8tディーゼル機関車（酒井工作所製）と「木造台付」貨車30両が使用され、運転速度は平坦部で時速15km、曲線・一部区間では時速4kmに制限されていた。翌年度には8tディーゼル機関車が増備され2両体制に、貨車28両、「客代用車」1両、保線車1両、排雪器2個に増強され、翌年1月までの10ヶ月間に旅客2万134人、貨物2541.8tを輸送したという記録が残されている。

手押しで川を渡る集乳缶を多数積んだ貨車。
新道前〜神社前にて。1960（昭和35）年撮影
写真提供：渋谷六男

開運町到着後、標茶高校に向かう生徒
たち。1971（昭和46）年6月26日撮影
写真：今野繁利

運賃は、戦前に制定された「北海道殖民軌道旅客及び貨物運送規則」に、その後の物価変動を考慮して設定された。仮運行時の運賃表では、停留所は市街、佐藤前、丹野前、学校前、新道前、終点と表記されており、旅客運賃は全線で55円だった。冬期間である11月1日〜4月30日は旅客運賃は1割増となる。試し刷りと思われる仮運行時の乗車券が標茶町史編さん室に保存されているが、そこには「軌道事故に依る生命の保証は致しません」と記されている。このころは高校への進学率が上がっていく時代であり、通学運賃（定期）も設定された。中オソベツ7時発、標茶8時着が、高校生の通学便としての役割を果たしていた。すでに小口扱・車扱貨物運賃も設定されており、農産物・肥料輸送に対する運賃割引、牛乳・木材・木炭は運賃の別途設定なども行われている。

路線の完成と再延長

1957（昭和32）年に（本来の）中オソベツまで、さらに1958（昭和33）年12月に上オソベツまで延長され、開運町〜上オソベツ23.2kmの第一期工事が完了し、12月15日に全線開通式が行われた。1959（昭和34）年には「標茶町簡易軌道条例」、「標茶町簡易軌道運賃条例」を制定し、名実とも仮運行から脱却した。開運町〜上オソベツの普通旅客運賃は90円、車扱貨物運賃は

1tあたり550円であった。

中オソベツまで開通の1957（昭和32）年に運輸工業製の牽引客車を導入、ようやく「お客さんを乗せる」体制となった。この客車には暖房はなく、寒冷期は一斗缶を半分にしただけの簡易ストーブで木炭を燃やし暖をとったが、不完全燃焼により乗客や車掌が一酸化炭素中毒になりかかる、ということもあったそうだ。

自走客車（ディーゼルカー）は1958（昭和33）年に釧路製作所製を導入、正面窓が小さい前期タイプである。1961（昭和36）年と1965（昭和40）年に泰和車輌工業製が各1両増備された。自走客車には温風式暖房が装備され、その面でも画期的な改善となった。

釧路製作所製は車高が低く、夏の花火大会での臨時運行時は多数の乗客で車高がさらに下がり、床下のラジエーターが枕木などと接触し破損することもあった。一方、泰和車輌工業製は車高が高く、走行中の揺れが大きかった。草を踏む初夏などには車輪の空転が多数発生し、車掌がレール上に砂を撒きながら走ることもあり、時に通学の高校生も手伝うこともあった。まさに住民の足、地域の鉄路だった。

路線のさらなる延長

路線は第二期工事として、釧路川を渡る延長104mの「第3号橋」を架設、1961（昭和36）年に開運町〜旭町

（標茶駅前）1.7kmを延長した。この橋は国鉄標茶駅から標茶高校への「近道」となり、禁止されていたにもかかわらず、多くの生徒が歩いて渡っていたという。また、道道16号（現在の国道391号線）との交差には道路優先の信号機が設置された。

　簡易軌道標茶線の全体計画は、この旭町（標茶駅前）～上オソベツ24kmの完成をもって事業終了の予定であったが、さらに沼幌への支線延長を関係自治体でつくる「北海道簡易軌道強化促進協議会」などを通じて農水省へ陳情、1963（昭和38）年に中オソベツ～沼幌の支線6.5kmが着工となった。そして1965（昭和40）年12月に完成し翌年6月から運行開始、総延長はこのとき最長の30.7kmとなる。なお、通常は本線から支線への直通運行はなく、沼幌方面へは中オソベツで乗り換えとなっていた。

標茶町営軌道の輸送状況

　第一期工事（開運町～上オソベツ）完了の1959（昭和34）年度には、客車3往復・貨車1往復で年間4万9984人の乗客、8233tの貨物を輸送した。貨物の内訳は農産物1802t、牛乳1300t、木炭1642t、木材1345t、「米噌日用品」813tなどとなっている。別の資料では、延べ1万5048本の集乳缶で牛乳を輸送したとある。開運町でトラックに載せ替えられ、町内の雪印乳業工場へ運ばれる。機関車は1961（昭和36）年に加藤製作所製、1964（昭和39）年に同じく加藤製作所製と、町有車（町予算）により、簡易軌道唯一である北炭機械工業製が各1両増備される。別途、1962（昭和37）年に泰和車輌工業製のロータリー式除雪機関車が導入され、プラオ式（スノープロー式）の除雪車（機関車で推進）とともに冬期の交通確保に活躍した。

　1964（昭和39）年放送、NHK番組「明るい農村」では、標茶町営軌道を「村の風土記 ローカル駅 お客さんは牛乳カン」と題して取り上げ、運転手や乗客の様子、またリヤカーやオートバイで線路際の集乳台まで集乳缶を運ぶシーンなどが記録されている。

輸送量減、そして終焉

　しかし、時代が過ぎるにつれ、離農による過疎化（農家戸数は半減）、そして道路の整備（舗装化）と自動車の普及も進む。貨物輸送も1960年代後半に入るとごくわずかとなり、牛乳輸送は1965（昭和40）年度から

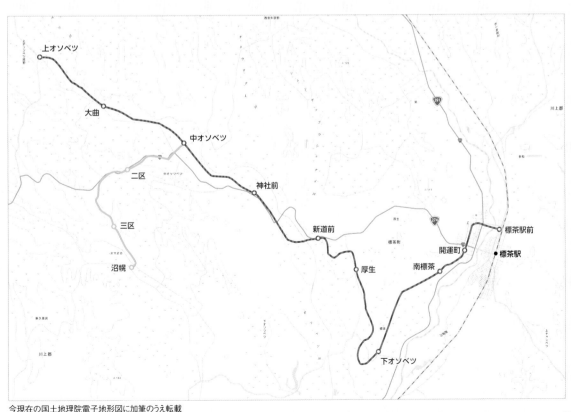

今現在の国土地理院電子地形図に加筆のうえ転載

自走客車の車内。1971(昭和46)年撮影
写真提供：渋谷六男

オソベツ川を渡る。軌道にはタンポポが咲く季節。厚生〜新道前にて。1971(昭和46)年撮影
写真提供：渋谷六男

車庫と機関車たち、一番右は東藻琴から移ってきた機関車。
開運町にて。1971(昭和46)年撮影
写真提供：渋谷六男

軌道運行最末期の2〜3月は全面運休。4月1日より運行再開。南標茶〜下オソベツにて。
1971(昭和46)年4月1日撮影　写真：遊佐洋

道路状況が悪化する降雪・融雪期のみとなる。そして1969(昭和44)年度をもって貨物輸送を取りやめる（小口貨物は継続）。学生（高校生）は年間2万人以上の利用が続いていたが、一般旅客は同年度に2万人を割り込み、1970(昭和45)年度には年間3141人、つまり1日あたり9人以下にまで激減する。

　収支は仮開業当初から赤字であったが、そのようななか、路線の縮小が行われる。おもな輸送が季節限定の牛乳と高校生となり、国鉄標茶駅との乗り換えの需要は減少、開運町〜旭町（標茶駅前）は1967(昭和42)年に、沼幌支線は軌道用地を広域農道に転換することなどを理由に、1970(昭和45)年11月に運行をとりやめた。沼幌支線は完成からわずか4年ほどの運行期間だった。また、1970・71(昭和45・46)年は、2〜3月を全線運休とした。

　維持補修費を国費で85％補助していた「簡易軌道整備補助事業」が1970(昭和45)年度で終了となり、簡易軌道各線は相次いで運行を取りやめるなか、標茶町営軌道も1971(昭和46)年7月をもって運行停止、8月14日の廃線式で16年間の歴史に幕を閉じた。標茶町内ではすでに町営バスが運行されており、簡易軌道の代替もバスがその役割を果たした。

　釧路川に架けられた「第3号橋」は簡易軌道の廃止後は水道橋として活用、さらに歩道が設置され人道橋としても利用されたが、老朽化で2011(平成23)年に撤去された。事務所や車庫が設けられていた開運町停留所跡では建物が再利用され、また沼幌停留所の車庫や詰所、ヌマオロ川を渡る橋は現在も放置され、往時を偲ぶことができる。

　残念ながら車両はすべて解体され、現存しない。

オレンジ色の塗色も鮮やかな泰和車輌工業製自走客車『DS60号』。開運町にて。
1971(昭和46)年撮影
写真提供：渋谷六男

左にある牽引客車はすでに倉庫となっているようで、窓から煙突が突き出ている。
開運町にて。1971(昭和46)年撮影
写真提供：渋谷六男

大曲停留所の待合室と『DS60号』。
1971(昭和46)年撮影
写真提供：渋谷六男

終点の上オソベツは道道の移設
もあり、現在はその面影をたどる
ことは難しい。上オソベツにて。
1971(昭和46)年6月26日撮影
写真：今野繁利

浜中町営軌道
はまなかちょうえいきどう

（簡易軌道茶内線・若松線）

文：石川孝織

上 残雪の根釧台地をゆく自走客車（4列車）。乗り心地はいかに。国道～秩父内にて。1971（昭和46）年3月29日撮影　写真：遊佐洋
下 藻琴線から1966（昭和41）年に移ってきた運輸工業製の自走客車。国道～秩父内にて。1971（昭和46）年3月29日撮影　写真：遊佐洋

大正末期に開通

　関東大震災の翌年となる1924（大正13）年、道東の浜中村「茶内原野」へ114戸が入植、その後も入植者は増加していく。当時の村長は、「移民部落健全なる発達を企画せんとせば先ず交通機関の整備を第一とせねばならぬ」と述べている。やはり交通の不便が、入植者の定着を阻んでいたのである。

　茶内原野の殖民軌道は1926（大正15）年に計画着手、1927（昭和2）年、国鉄根室本線茶内駅（1919〈大正8〉年開業）を起点に工事が開始、11月までに竣工した10マイル（約16km）が「試運転として一般使用」となり、12月1日に茶内小学校で開通式が開催された。動力は馬力に依った。1929（昭和4）年の一斉告示で「茶内線」茶内～秩父内～奥茶内（のちの若松）13.036km、「円朱別線」秩父内～中円朱別3.397kmとして公式に使用開始となるが、完成した区間から使用が開始された。

軌道運行組合による運営

　1928（昭和3）年には、沿線住民全員を組合員とした「北海道庁茶内円朱別軌道運行組合」が設立され、北海道庁の管理指導下で運行や施設維持にあたった。維持のための予算がごくわずかだったため、組合員各戸から「成人換算6人分」の労働力の寄付を受けた。

　組合事務所は茶内移住者世話所内に置かれ、常任役員として組合長、庶務会計係として移住者世話所の所員が兼務していた。ほかに副組合長、幹事各1名、各停留所の地区から各1名が選ばれており、あわせて13名体制だったとされている。

　1937（昭和12）年から1972（昭和47）年の軌道廃止まで、長年にわたり保線業務に従事した人物に原中勤氏がいる。同氏はもともと道庁の職員として1930（昭和5）年に殖民軌道雪裡線・幌呂線へ、その後茶内線・円朱別線へ異動。1972（昭和47）年の廃止時の釧路新聞の記事では、「馬は農家の自前、トロッコだけを貸して賃貸料を取る。旅客はない。知った人が通ったときに手を

上げて載せてもらうという具合」、「来た当時はトロッコ1台5円だった。安くはなかったけど、木炭、木材、肥料、マキを運ぶのに農家もよく借りに来た。茶内から西円朱別までざっと3時間、冬は雪が多いと休業」などと当時を回想している。

「労働力の寄付」によって路線が延長

1931（昭和6）年に「円朱別線」中円朱別～円朱別（のちの東円朱別）の延長が完成、さらに1932～33（昭和7～8）年ごろから、さらに「完全なり道路無く軌道に至るに二里乃至三里余を隔て居り貨物の入搬出全く困難」だった西円朱別地区にも軌道を、という動きがあり、毎年北海道庁への陳情を続ける。

1939（昭和14）年、戦時体制下で資材・予算が乏しいなか、工費の半額3万5000円を同地区670戸で負担することで着工が決まり、翌年から運行組合の協力も得て、樹木の伐採や抜根の作業を開始する。枕木の切り出し、軌道の敷設など、4年間で延べ4500人にもなった「労働力の寄付」は、入植者の農業経営がまだ安定しない状況で重い負担ともなったが、1941（昭和16）年に萩の里～16線、1942（昭和17）年に西円集乳所、そして1943（昭和18）年に終点・西円朱別に到達し、全長28kmとなった。

輸送実績として、1930（昭和5）年度、茶内線は貨物1971.61t、旅客586人、円朱別線は貨物292.52t、1940（昭和15）年度、茶内線は貨物1654.722t、旅客647人、円朱別線は貨物2224.452t、旅客144人などと記録されている（「北海道移民事業施設概要 殖民軌道運輸実績」・「殖民軌道馬鉄線使用成績表」による）。薪炭、木材の輸送量が多く、当時の沿線住民が開拓地の開墾による木材や木炭生産で生計を立てていた実態がうかがわれる。

大冷害をきっかけに
酪農へ転換

軌道沿線の農家は、1932（昭和7）

年の大冷害を機に酪農を主体とする農業に転換していく。各地区からの生乳は、茶内駅前まで専任の運搬人により馬鉄によって輸送された。輸送効率を高めるために、各戸で生産される生乳を集める「集乳所」が東円朱別、西円朱別、中茶内に設置されていた。

東円朱別集乳所は停留所近くに設置されたが、中茶内、西円朱別は水源を求めて軌道から離れた場所に設置されたため、集乳所までの引込線が敷設された。中茶内の集乳所は中茶内停留所から沢に下った場所だったので、馬鉄としては急勾配の路線になっていた。中茶内停留所に隣接した牧場の住民によると、急勾配であえぐ馬を大声で励ます運搬人の声が家の中まで聞こえてきたという。

改良に着手し利便性が向上

戦後はほかの路線と同じく、内務省北海道庁から農林省に移管された簡易軌道は、1953（昭和28）年、浜中村への管理委託となる。だが、運行は引き続き軌道組合があたった。

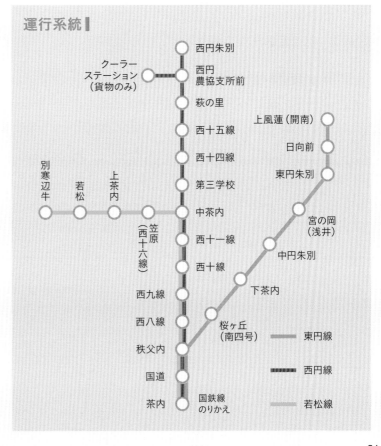

運行系統

西円朱別
クーラーステーション（貨物のみ）
西円農協支所前
萩の里
西十五線
上風蓮（開南）
西十四線
日向前
第三学校
東円朱別
別寒辺牛　若松　上茶内
中茶内
宮の岡（浅井）
笠原（西十六線）
西十一線
中円朱別
西十線
下茶内
西九線
西八線
桜ヶ丘（南四号）
秩父内
東円線
国道
西円線
茶内
国鉄線のりかえ
若松線

茶内7時54分着、西円線上り通学車。茶内
～国道にて。1971（昭和46）年7月17日撮影
写真：今野繁利

空缶返却の西円線下り貨物車（左）と東円線上り貨物車（右）。秩父内にて。
1971（昭和46）年7月17日撮影　写真：今野繁利

追って1955（昭和30）年、北海道開発局による改良（動力化）が着工され、まず1957（昭和32）年に茶内～中茶内（7190m）が完成し、この区間はディーゼル機関車（加藤製作所・6t）1両と貨車35両で「浜中村営軌道」としての運営となる。それ以外の区間は従来どおり馬力による運行で、集乳缶などは中茶内で載せ替えが行われた。客車は導入されなかったため、旅客は貨車に乗り込むか、あるいは地元大工による木造小屋を貨車に載せたという客車を利用した。軌道組合は前年の1956（昭和31）年、財産や関係諸帳簿一切を浜中村（当時）に引き継ぎ解散している。

引き続き1958（昭和33）年に茶内線中茶内～西円朱別（5899m）が延長される。翌年4月1日現在の時刻表では、茶内～西円朱別には「旅客車」が朝・昼・夕の3往復、「貨物車及び牛乳集荷」が朝・昼の2往復運行されていた。

改良は沿線各地区からの茶内市街地への通学を可能とし、始業と終業時刻に合わせて「通学車」（通学列車）の運行も開始された。これにより沿線の中学校では統廃合が行われた。1960（昭和35）年に茶内第三、1961（昭和36）年に西円朱別、1963（昭和38）年に茶内第一の各中学校が茶内中学校に統合される（円朱別中学校は1981年に統合）。

なお、浜中村は1963（昭和38）年に町制を施行し、浜中村営軌道から「浜中町営軌道」となる。

路線の延長とともに車両も増備される。ディーゼル機関車は協三工業（6t）2両と釧路製作所（8t）2両が、また自走客車（ディーゼルカー）は1960（昭和35）年の運輸工業製を皮切りに、1962（昭和37）年に釧路製作所製、1964（昭和39）年と1965（昭和40）年に泰和車輌工業製が各1両増備された。廃止となった藻琴線から1966（昭和41）年に運輸工業製が転入してきた。最後に増備された1965（昭和40）年泰和車輌工業製の車両は1969（昭和44）年にワンマンカーに改造、その車内アナウンステープは鉄道趣味者により録音されており、釧路市立博物館の展示室で聴くことができる。

生乳が輸送の大半を占める

軌道沿線では酪農専業化が進み、それに伴って生乳生産量が増加してきた。1956（昭和31）年に雪印乳業が茶内工場を新設、工場構内へ軌道の引込線が敷設される。輸送された生乳を工場に直接搬入できるようになり、積み下ろし作業が軽減された。馬鉄による輸送能力は限界に達していた。また、生乳の鮮度を保って

左 雪印乳業茶内工場（現・高梨乳業北海道工場）と工場引込線。茶内にて。1971（昭和46）年7月10日撮影　写真：今野繁利　**中** 集乳缶には農家ごとの番号が。赤色は雪印乳業向けで、青色は明治乳業向け。茶内にて。1971（昭和46）年7月17日撮影　写真：今野繁利　**右** トラックの荷台から牛乳運搬車への積み換え。西14線にて。1971（昭和46）年7月17日撮影　写真：今野繁利

工場に輸送するためには輸送時間の短縮も必要となってきた。昭和30年代は牛乳、乳製品の需要が急増した時期でもあった。茶内駅前には雪印乳業茶内工場があり、明治乳業根室工場（根室本線厚床駅近く）への集乳拠点を茶内駅前に設置した結果、両者が競合することになった。

各線の貨物列車の積載物には甜菜などの農産物も含まれていたが、やがてそのほとんどは生乳の入った集乳缶になった。現地を訪れた鉄道ファンの撮影した写真には、集乳缶を満載した貨物列車の姿が写されており、あたかも生乳輸送専用列車の様相を呈していた。

輸送された生乳は茶内駅前で雪印向けと明治向けに仕分けされることになるが、その仕分けを容易にするために集乳缶の「色分け」が行われていた。集乳缶には各生産者を識別するための番号（缶ナンバー）が記入されていたが、雪印向けは赤色、明治向けは青色で書かれ、色で出荷先がわかるように工夫されていた。

簡易軌道の改良（動力化）が進むと、東円朱別、中茶内、別寒辺牛に設置された集乳所は廃止され、集乳缶は貨車に直接積み込まれるようになった。沿線には集荷台

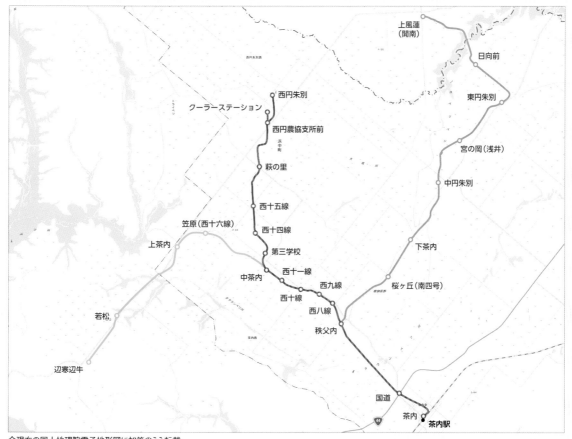

今現在の国土地理院電子地形図に加筆のうえ転載

左上 スリップ防止のため走行中に砂を撒く。1971（昭和46）年7月14日撮影　写真：平田邦彦　左下 東藻琴村営軌道から移ってきたロータリー除雪車。1970（昭和45）年ごろ撮影　写真提供：井上崎男　上 西円線下り旅客車。茶内～国道にて。1971（昭和46）年7月17日撮影　写真：今野繁利

と呼ばれる置き場が設置され、列車は集荷台ごとに一時停止をして集乳缶を積み込んでいた。これ以外にも列車の通過時間を見計らって集乳缶をリヤカーや小型トラック線路脇まで運んで積み込む人もいた。

　沿線の生乳生産がさらに増えると、生乳輸送の効率化が課題になってきた。集乳缶の積み込み、積み下ろし作業は簡易軌道職員の大きな負担になってきた。また、別の問題もあった。動力化後、集乳缶が「手小荷物扱い」となり、集乳缶1缶あたりで貨物運賃が徴収されることになった。トロッコで共同輸送していた馬鉄時代にくらべて輸送費用は割高になった。

　輸送効率の向上・輸送費の低減には大容量容器での一括輸送が効果的であり、そのため「牛乳タンク車」が導入されるようになった。タンクは保温機能を持ったステンレス製で当初は3600ℓ容量が導入されたが、生乳生産の増加に対応するためにのちに5400ℓ容量が3両追加導入された。西円朱別地区に設置された雪印乳業西円朱別集乳工場（クーラーステーション）に集められた生乳は工場内の設備で冷却されたあと、牛乳タンク車に積み込まれて茶内工場に輸送された。これにより、輸送費の大幅削減とともに、集乳工場で冷却されてから工場に搬入することで品質も向上した。

　当時の浜中町と雪印乳業との契約書によれば、西円朱別集乳工場（クーラーステーション停留所）から茶内工場の往復運賃は牛乳タンク車3600ℓ1台2000円・5400ℓ1台3000円（27ℓあたり15円）、脱脂乳・クリーム

は内容量にかかわらず330円、そして集乳缶は1本（27ℓ）23円となっている。

　なお、この牛乳タンク車の運行は西円線のみであり、東円線、若松線では集乳缶による輸送が続けられた。

町外へ延長し別海村へ乗り入れる

　さらに1962（昭和37）年に茶内支線秩父内～東円朱別（9135m）、1964（昭和39）年には若松線中茶内～若松の改良が、さらに厚岸町内となる若松～別寒辺牛が新設される（計7811m）。そして1965（昭和40）年には東円朱別～上風蓮（開南）が別海村（当時）との町村境を越え延長される（4220m）。

　最後の延長区間の終点、上風蓮停留所は別海村（当時）上風蓮の開南集落内にあり、別海村営軌道の上風蓮停留所とは約8km離れている。開南集落は別海市街よりも茶内市街に近く、入植当初から東円線（茶内支線）の沿線住民との交流が続いていた。開南集落も生乳の輸送に苦慮していた。開南在住の瀬下健二郎氏ら、別海村開南と浜中町東円朱別の代表者が北海道や北海道開発局（国）への陳情を繰り返し、また地元選出の道議で浜中町農協の組合長でもあった二瓶栄吾氏の尽力もあって延伸が認められた経緯があった。

　東円朱別～上風蓮の完成により、総事業費2億7190万円をかけた簡易軌道茶内線・若松線の改良はこれで完了（竣工）となり、完成を祝して茶内小学校、開南小学校で記念式典が挙行された。

1964(昭和39)年当時は牛乳タンク車と無蓋車を連結。集乳缶の上に荷物が載せられている。茶内〜国道にて。1964(昭和39)年撮影
写真：井上一郎

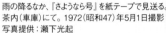

雨の降るなか、『さようなら号』を紙テープで見送る。茶内(車庫)にて。1972(昭和47)年5月1日撮影
写真提供：瀬下光起

約50年にわたった簡易軌道の終焉

　1960(昭和35)年度以降の軌道収支を見ると、旅客収入は1965(昭和40)年度をピークにその後は減少に転じている。一方、貨物収入は生乳生産の急増により1960(昭和35)年度は約260万円だったものが1970(昭和45)年度には約850万円へと大きく増加した。貨物収入の増加は旅客収入の減少を補って余りあるもので、運賃収入は増加を続けた。しかし運行費、保線費が急増したため、収支としては北海道による簡易軌道補強事業(維持・修繕が対象)での補助金を組み入れても赤字を計上するようになった。そのため浜中町は毎年特別会計を組んで赤字分を補填していた。その補填額は年を追うごとに増加し、1970(昭和45)年度には約800万円にまで拡大した。簡易軌道補強事業の補助金がなければ2000万円以上の赤字となる。

　毎年の赤字補填については、町議会で厳しい質問が相次いでいたが、浜中町内では道路整備が遅れており、代替する交通機関がないことを理由に存続させてきた。しかし、「頼みの綱」だった補助が1970(昭和45)年度をもって終了となる見込みが出てくると、その存続について多くの議論が交わされるようになる。簡易軌道補強事業は、国による簡易軌道整備事業(新設・改良が対象)とともに1970(昭和45)年度をもって打ち切りとなるが、住民からの継続要望もあり浜中町は独自に運行を続ける。牛乳生産量は増加する一方でマイカーの普及も途上、また道路事情はまだ良好とはいえず、1972(昭和47)年までを目途として運行を継続する。

　浜中町役場で保存されている円朱別・茶内第一・西円朱別の各連合会会長連署の「客車運行継続についての陳情書」では、1971(昭和46)年度以降、旅客輸送は通学車のみとなる計画に対し自家用車を持たない住民の足の確保を、また茶内第三酪農振興会からの陳情書では、道路整備と同年4月末をもって休止予定だった若松線について、トラック集荷が実現するまでの運行継続(厚岸町との境まで)などを求めている。

　若松線の終点「別寒辺牛」は厚岸町、茶内支線(東円線)の終点「上風蓮(開南)」は別海村(当時)であり、浜中町域外となる区間の赤字分は、所在町村に補填を求めるべきという意見が出されていた。施設としての簡易軌道は国有資産(土地改良施設)であるが、運行ではあくまで「町営」であり、欠損が出れば浜中町が補填しなくてはならない。1971(昭和46)年5月の時刻改正では、町外区間の茶内支線(東円線)の日向前〜上風蓮、若松線の上茶内〜辺寒辺牛が、さらに同年11月には浜中町内であるが東円朱別〜日向前の運行が休止となる。

　1969(昭和44)年から北海道の補助(50%)によって各農家では生乳搬出道路が整備されはじめ、さらに1970(昭和45)年度から「国営総合農地開発事業」が着手となり道路の整備が進む。旅客は町営バスや急速に普及が進んだ自家用車へ転換、また牛乳もトラックによる庭先集荷となっていく。

　そして1972(昭和47)年3月末で運行を停止、5月1日に「軌道運行終業式」を開催、記念列車が運行され別れを惜しんだ。この廃止で全ての簡易軌道が姿を消し、大正末期からの約50年間の歴史に幕が下ろされた。

別海村営軌道
べっかいそんえいきどう
（簡易軌道風蓮線）

文：石川孝織

上 馬鉄は国鉄厚床駅前が起点だった。1963（昭和38）年9月23日撮影　写真：金子元博
右 集乳缶を積んで厚床に到着（馬力線時代）。1962（昭和37）年9月8日撮影　写真：金子元博

「殖民軌道根室線」の時代

　別海と簡易軌道（殖民軌道）の縁は古く、1924（大正13）年、初の殖民軌道として開通した「根室線」48.8kmは、根室本線厚床駅から北上、別海を経由し中標津を結んでいた。これは沿線を中心に、根釧台地の発展への大きな礎となった。根室線はさらに標津（臨港）まで延長、また1929（昭和4）年にガソリン機関車を導入、運営も運行組合から軌道法第32条での北海道庁直営（国営）による「根室殖民軌道」となるなど輸送量の増大に対応するが、入植の進展によって輸送力が根本的に不足する。

　1932（昭和7）年の釧路・根室地域への許可移民数は4306戸で、北海道全体の51.8％を占めた。（旧）釧路新聞 1931（昭和6）年5月26日付では「殖民軌道輸送不足し標津原野行の肥料停滞」の見出しで、「日常生活必需品たる米噌及び飲料品の輸送を満たすに止まり」、「拓殖上の重大問題と云ふのは即ち之である」と報じている。ガソリン機関車が導入されても1日2往復の運行しかできず、それはたった25tの輸送力に過ぎなかった。厚床〜標津は片道約7時間を要している。

根室線の一部区間が風蓮線に

　釧路・根室地域では、1933（昭和8）年から主畜農業

（家畜飼育を主とする）を中心とする「根釧原野農業開発5ヶ年計画」が実施されることとなり、あわせて交通網の整備も促進される。同年から1938（昭和13）年にかけ、1922（大正11）年の「改正鉄道敷設法」での予定線とされていた国鉄標津線が、殖民軌道と並行するように順次開通した。厚床〜西別（別海）が1933（昭和8）年、西別〜中標津が翌1934（昭和9）年に開通し、並行する殖民軌道は廃止となる。そのレールは標津線の駅を起点とする路線に転用され、入植地のさらなる奥地化に対応した。ガソリン機関車は枝幸線、藻琴線、真

左 奥行臼停留所と道路優先の信号。1969（昭和44）年
10月撮影　写真：大野眞一　上 秋の根釧台地をゆく混
合列車。1969（昭和44）年10月撮影　写真：大野眞一

狩線に転用された。

　その殖民軌道根室線のうち厚床～風蓮の7.17kmは、1933（昭和8）年に「風蓮線」と改められ、1936（昭和11）年に風蓮～上風蓮5号5線の5.75kmが、1938（昭和13）年にはさらに上風蓮5号9線まで2.24kmが延長された。運営も運行組合に、動力も馬力に戻り、沿線住民や農作物、生活必需品を運ぶ鉄路として運行された。

　戦後、1956（昭和31）年には別海村議会で改良への要望が採択され、「別海村開発構想概要」でも動力化・新設改修が提唱され、改良（動力化）が検討されていく。しかし、姉別川、風蓮川の橋梁を自走客車、ディーゼル機関車の重量に耐えられるように架け替えせねばならず、工事費が大きくなることが予想された。また、風蓮川の橋梁上では1933（昭和8）年に列車転覆事故が発生、死者も出ていた。

奥行臼に起点を変更

　そのため国鉄線との接続地点を厚床駅から、標津線を中標津方面に1駅進んだ奥行臼駅に変更することで、これらの架橋を回避することとなった。

　1960（昭和35）年、「簡易軌道改良事業」として北海道開発局により（新）風蓮線が着工となる。1963（昭和

38）年にまず奥行臼停留所から途中の学校前停留所までの9.88kmが完成し、12月14日に開通式が行われた。釧路開発建設部と別海村の間で「管理委託仮協定」が結ばれ、ここに「別海村営軌道」がスタートする。釧路製作所製の自走客車、加藤製作所製の6tディーゼル機関車、泰和車輌工業製の牽引客車、同じく泰和車輌工業製のロータリー式除雪車などが導入された。

　そして上風蓮停留所までは翌1964（昭和39）年10月に完成、全線13.2kmとなる。このとき、泰和車輌工業製の自走客車、釧路製作所製の6tディーゼル機関車、釧路製作所製の牛乳運搬車（集乳缶を積載）、牛乳タンク車2両などが増備された。このほか、投入時期は不明だが無蓋貨車5両と手荷物運搬車（釧路製作所製）、木製貨車15両、プラオ式（ラッセル型）の除雪車、保線用トロリーなどが配置されていた。

　馬力線の（旧）風蓮線は同年6月30日に廃止されているが、利用は続いていたようだ。学校前～上風蓮の改良工事中は、保道車（タイヤ馬車）が代替輸送を担い、集乳缶などは2号停留所で（旧）風蓮線に載せ替えられ厚床へ向かっていたが、（旧）風蓮線の廃止、（新）風蓮線の完成後も、しばらくの間このルートで運ばれていた。同年11月26日に放送されたNHK「新日本紀行 根室～

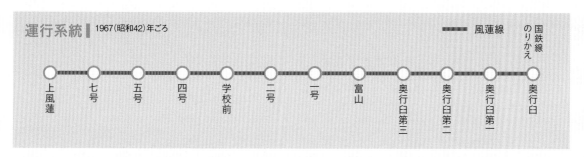

運行系統　1967（昭和42）年ごろ　━━━ 風蓮線

上風蓮　七号　五号　四号　学校前　二号　一号　富山　奥行臼第三　奥行臼第二　奥行臼第一　奥行臼　国鉄線のりかえ

左 泰和車輌工業製の自走客車。終着停留所でもホームは木製の台。上風蓮にて。1970(昭和45)年ごろ撮影　写真提供：平田邦彦　上 牛乳タンク車は奥行臼からはトラックに載せ別海市街の工場へ。上風蓮にて。1970(昭和45)年ごろ撮影　写真提供：平田邦彦

北海道〜」では、「去年の暮れ、ディーゼルカーが走るようになってから、馬車鉄道は沿線農家に払い下げられ、今は乳の集荷や街の用足し、そして子どもの通学などに利用され」というナレーションがある。

改良最終期の簡易軌道として

1961(昭和36)年に北海道開発局開拓課がまとめた「簡易軌道実態報告書」では、動力化予定線として風蓮線のほか、久著呂線、若松線、円朱別線、幌別線が挙げられ、風蓮線、若松線、円朱別線(改良後は茶内支線)は完成するが、久著呂線、幌別線は改良着工されないまま廃止となっている。

(新)風蓮線は、改良(動力化)が実施された最後の路線の一つであり、電話に代わる通信施設として、「FM超短波無線装置」(業務用無線)の導入や牛乳タンク積荷装置など、新たな技術が盛り込まれている。牛乳タンク車(5000ℓ)はタンクコンテナのように下回りとタンクが分離できるもので、上風蓮停留所に隣接していた雪印乳業のクーラーステーション(集乳施設)で牛乳はタンクに積み込まれ、奥行臼停留所に設けられた積荷装置で吊り上げタンクのみトラックに載せ替え、西別(別海市街)の雪印乳業別海工場へ輸送された。完成時は手動チェーンブロックであったが、間もなく電動化された。しかし、タンクごと積み換えは面倒だっ

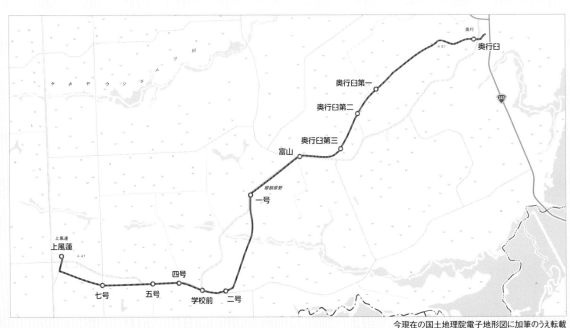

今現在の国土地理院電子地形図に加筆のうえ転載

たようで、タンクを吊り上げ、トラックに積んだ別の
タンクとサイフォンの原理での移し替えとなった。

運行は1日4往復

　奥行臼停留所や上風蓮停留所には、ブロック造りの
停留所建物（きっぷ売り場や待合室、事務所）や機関庫、
転車台、さらに奥行臼停留所には木造の修理工場も設
けられていた。奥行臼停留所は国鉄奥行臼駅から国道
243号線（当時）を挟んで100mほど離れた場所にあっ
たが、簡易軌道の線路は奥行臼駅前まで延びていて、
集乳缶など貨物・荷物は駅前で積み下ろしが行われて
いた。国道との交差部分には、道路側優先の交通信号
機と遮断機が設置されていた。

　郵便物の輸送も風蓮線が担い、当時の郵便線路図（郵
便物の輸送ルートを示した地図）でも、奥行臼から上
風蓮郵便局へ向かう「鉄道郵便線路」が伸びている。
別海町郷土資料館には、郵便局前に設けられた仮設停
留所で待つ郵便局員の姿や、自走客車の運転席横に積
まれた郵袋（郵便物が入った袋）の写真が残されている。

　列車は学校前までの部分開通当初は1日3往復、その
後は朝2往復・午後1往復・夕方1往復の計4往復が運行
されていた。午後の1往復が混合列車で、ディーゼル機
関車が牽引客車と牛乳タンク車など貨車を牽いていた。
全線の運行時間は自走客車で30〜32分、混合列車で
37〜40分だった（1969〈昭和44〉年6月現在）。

　上風蓮から奥行臼までの片道運賃は65円で、当初は
冬期運賃が設定されていたが（95円）、1966（昭和41）
年度からは冬期運賃はなくなり、90円に改定された。

開通当初から運営は厳しく

　昭和30年代半ばまでは、期待を持って建設が進めら
れていた簡易軌道であったが、その後の自動車の急速
な普及で、役割や期待は急速に小さくなっていく。風
蓮線（別海村営軌道）でもその状況は同じだった。開通
時の村広報（広報べつかい）にも「今後における運営管
理面での課題は種々ありましょうが」とあるなど、村
役場においてもその将来を危ぶむ状況があった。遠く
ない廃止が想定されていたことから、赤字を圧縮する
ためできるだけ費用をかけないようになる。なお、保
線や除雪などは、「簡易軌道愛護組合」が果たした役割
も大きかった。経費は別海村の交付金と雪印乳業の協

上 牛乳列車と軽トラック改造保線車。上風蓮にて。1970（昭和45）年ごろ撮影
写真提供：平田邦彦　　下 別海でも活躍した除雪用ロータリー式ディーゼル機関
車。学校前にて。1970（昭和45）年ごろ撮影　写真提供：平田邦彦

力金、労力は沿線住民らの動員によった。

　簡易軌道整備事業（国庫負担による道事業、維持補
修費に対する85％補助）が1970（昭和45）年度をもっ
て打ち切られる見通しになるなか、1969（昭和44）年
ごろからは施設の保守状況はさらに悪化、保線作業も
ままならず、脱線も相次いだ。車輪の空転を防止する
砂撒き管も故障したまま、電動化されていた牛乳タン
ク積荷装置も再び手動に戻ってしまった。

大雪運休のまま廃止を迎える

　1971（昭和46）年1月19日、大雪により7号停留所付
近に大きな吹きだまりが発生、通常のプラオ式除雪車
では手に負えず、ロータリー除雪車が出動したが、破
損して除雪不能となってしまった。すでに乗客・貨物
とも簡易軌道の利用はわずかとなっており、以降運休し、
年度末である3月31日をもって廃止された。運休中は
スクールバスが代替となり、廃止後は町営バス風蓮線
（奥行臼〜上風蓮）が運行されることとなる。

　そして同年6月13日、簡易軌道愛護組合の解散総会
にあわせて、村長らを乗せたさよなら列車が運行され、
沿線住民が別れを惜しんだ。

仁々志別線

ににしべつせん

文：石川孝織

自動車の廃ボディをトロッコに乗せた「客トロ」も活躍。1940年代撮影
写真提供：釧路市立博物館

木炭輸送のため昭和初期に開通

1918（大正7）年ごろから仁々志別にも入植者が増加し、道路も敷設されていく。木材などの発送のため、雄別炭砿鉄道穏禰平駅が釧路市内の実業家・鈴木宗竹の寄附により1926（大正15）年に開業（1956年に山花駅へ改称）、同駅と仁々志別は道路が結ばれた。

仁々志別は山林が多く木炭の生産が盛んで、1935（昭和10）年ごろは一戸あたり年間200俵、なかには500俵を生産する入植者もいたが、駅までの輸送費が嵩むことが問題となっていた。

そのため殖民軌道敷設の要望が高まり、陳情の結果、1937（昭和12）年に殖民軌道仁々志別線が開通する。隠禰平は仁々志別地区の物資集散地としてにぎわった。

貨物の輸送はトロッコを2台連結し、1日1往復が運行された。旅客の輸送は当初は便乗であったが、その後「客トロ」も運行された。トロッコの上に自動車の古いボディを載せ、馬が曳いていたという。

輸送が容易になったことから、国有林の立木払い下げによる木炭生産が盛んに行われた。戦時下、石油不足により木炭が代用燃料として重用され、1942（昭和17）年にはその生産がピークを迎える。

路線図
○ 仁々志別
○ 住吉
○ 繁岡
○ 穏禰平

戦後間もなくの1949（昭和24）年度は旅客1320人、貨物1104tを輸送、管理委託により仁々志別線運行組合から阿寒町へ移管されたが、道路交通の利便性も高まり、利用減により1964（昭和39）年、廃止となる。代わって翌1965（昭和40）年からは、山花駅と仁々志別（四十六線）を結ぶ雄鉄バスが運行されるようになった。1970（昭和45）年、雄別炭砿の閉山に伴い阿寒バスに移管、現在は乗合タクシーが運行されている。

今現在の国土地理院電子地形図に加筆のうえ転載

阿歴内線

あれきないせん

文：石川孝織

「文化的建設」としても地域に貢献

釧路市の北東、標茶町阿歴内では昭和に入り入植が進み木炭製造や馬産が盛んとなったが、ほかの入植地と同様に、交通の不便さが開拓と定着の障害になっていた。第二期拓殖計画の予定線には含まれていなかったものの、地域住民と標茶村の陳情により、釧路・根室地域での殖民軌道建設が一段落した1937（昭和12）年、塘路～中村の8.252kmが着工し翌年使用開始となる。さらに中村～阿歴内3.97kmは1939（昭和14）年に着工、同年内に使用開始となる。動力は馬力、運営は阿歴内線運行組合が担った。

「七曲がり」と呼ばれた箇所は難工事で、住民総出の労働奉仕で完成させた。開通は木炭、牛乳、雑穀、木材を中心に沿線から釧路への輸送を容易とし、また阿歴内停留所は集乳所前に設置され、酪農の発展にも寄与した。戦時中は保守整備も行き届かず疲弊し、戦後、その復旧では沿線住民の労力・資材提供や「部落請負」が果たした役割は大きかったようだ。

また、部落請負の請願書（1952〈昭和27〉年）では「阿歴内部落の文化的建設と云えば軌道線以外に何物もなき」と記しており、簡易軌道の果たした重要性が読み取れる。当時の状況として、1951（昭和26）年の「簡易軌道実態調査書」では「布設レール12封度（約5.4kg）」「貨車14台、車軸摩滅にて使用不能車6」という記載がある。

なお、同年の「簡易軌道5ヶ年計画」では、新設予定線として、仁々志別線の延長（仁々志別～共和部落、5km）、白糠線の新設（白糠市街～恋隠看守舎、16km。

軍馬補充部内の林用軌道を転用）とともに、阿歴内線の北片無去開拓地への延長（阿歴内～片無去、10km）が挙げられている。

1953（昭和28）年には他線と同様、自治体への管理委託となり、運営は運行組合から標茶町へ移管された。1955（昭和30）年度の年間輸送量として、旅客3125人、農産物380t、肥料種子藁工品210t、米噌日用品420t、飼料150t、牛乳400石、木材2000石、木炭2万俵、その他148tという記録が残されている。木炭は家庭燃料などとして当時は重要な存在であり、釧路市内をはじめ各地へ出荷されていた。これは開拓農家の貴重な現金収入源でもあった。

その後、並行する道道（塘路上尾幌線）の整備が進み、1960（昭和35）年には釧路～阿歴内の路線バスが開通し、阿歴内線は翌年廃止となった。動力は最後まで馬力のままだった。撤去されたレールは、町道補修のための砂利採取場、客土での馬トロ運搬を名目として標茶町が北海道より払い下げを受けているが結局、敷設されないまま売却されている。

おもな貨物は木炭と牛乳だった。年代不明
写真提供：
標茶町史編さん室

今現在の国土地理院電子地形図に加筆のうえ転載

久著呂線
くちょろせん

文：石川孝織

映画の舞台になった「挽歌橋」で有名

釧路から標茶、弟子屈など北へ向けての交通は、明治・大正時代は釧路川が重要な存在だった。汽船も用いられ、物資や人々の輸送に舟運が大きな役割を果たしていた（明治20年代には硫黄輸送を主目的とした「釧路鉄道」が標茶〜跡佐登で運行）。

その後、1927（昭和2）年、釧網本線が標茶まで開通し、輸送力に劣る舟運は運航されなくなる。ただし、鉄道の恩恵にあずかったのは同線の沿線のみで、鉄道から距離がある釧路川右岸地域の久著呂やコッタロといった集落では舟運という手段を失い、農産物の輸送にそれまでの2倍の費用がかかることとなってしまった。

そこで久著呂地区の住民は、殖民軌道敷設の請願と署名を北海道庁、釧路国支庁へ提出する。すでに1927（昭和2）年からはじまった北海道第二期拓殖計画の予定線に久著呂線は含まれていたが、1928（昭和3）年に調査設計、1929（昭和4）年には塘路から久著呂川に沿って中久著呂まで20.5kmが開通し、1930（昭和5）年8月15日に久著呂小学校で開通祝賀会が行われた。さらに1934（昭和9）年には中久著呂〜川又（上久著呂）の8.3kmが開通している。

1937（昭和12）年には年間、旅客6798人、木材や薪炭など貨物7488tが記録されている。また、久著路郵便局（局名は久著呂ではない）への郵便物輸送も重要な使命の一つだった。

戦後は他線と同様、1953（昭和28）年に維持管理が久著呂線運行組合から標茶町に移管される。運行は運行組合が引き続き行った。同年、標茶町では動力化を試み、問寒別線（宗谷管内）で不要になった中古のガソリン機関車（5t）を購入し、補修工事に使用するが、軌条（6kg）や枕木が耐えられず、2ヶ月半の使用のみで1956（昭和31）年、廃棄処分となってしまった。

1955（昭和30）年度には旅客4760人、農産物492t、肥料種子藁工品275t、米噌日用品548t、飼料140t、牛乳650石、木材3300石、木炭4万8000俵、その他185tを輸送した。他線も含め、簡易軌道が木炭輸送に果たした

役割も見逃せない。

1956（昭和31）年、鶴居主畜農協により牛乳輸送等のため「動力機械」（積載荷重2000kg・牽引荷重4000kg）が導入された。久著呂川はおおよそ標茶町と隣接する鶴居村の町村境となっていて、久著呂線は標茶町が管理を受託したが、鶴居村民も利用した。冬期は除雪せず、雪が積もった線路の上を馬橇が走った。

釧網本線塘路駅を出て釧路川を渡る木造橋「久著呂橋」は、原田康子原作の小説『挽歌』の映画化（1957〈昭和32〉年）の際、ロケ地となった。映画にちなみ「挽歌橋」と呼ばれるようになった。

久著呂線は馬力線としては戦前・戦後を通じて輸送量が大きく、町は北海道開発局へ改良（動力線化）を陳情する。1961〜62（昭和36〜37）年度での改良（動力化）が予定され、機関車・客車各2両、賃車17両、路盤工3万878mなどを内容として、2億365万円の予算が見積もられていた。『簡易軌道実態報告書』や『北海道の開発1961』（北海道開発局）でも、風蓮線、若松線、円朱別線、幌別線（宗谷管内）とともに「改良着工予定線」としている（その後、久著呂線以外は改良完了）。

一方で標茶町は北海道知事あてに1959（昭和34）年12月、「沿線道路の補修の充実」による「利用漸減」を理由に中久著呂〜上久著呂の一部廃止を申請、また標

左 釧路川に架かる通称「挽歌橋」は「久著呂橋」が正式名称。1955（昭和30）年ごろ撮影　写真提供：標茶町史編さん室　上 釧路湿原をゆく馬トロ。1958（昭和33）年ごろ撮影　写真提供：標茶町史編さん室

茶町発行の『事務報告書』1960年度では、「改良不必要」としている。久著呂線はその位置から標茶・鶴居の両町村民が利用するが、赤字は標茶町だけで補填しなくてはならないことに加え、延長を求めていた標茶線沼幌支線（中オソベツ～沼幌）へ傾注のためと思われる。

1961（昭和36）年には木造橋「久著呂橋」の鉄橋への架け替えは行われたものの、結局、同線の改良は着手されないまま、逆に中久著呂～上久著呂の撤去工事が同年6～7月に行われた。これはどうも北海道開発局・北海道・標茶町での調整が済んでいない「フライング」であったようで、北海道農地開拓部長から出先機関である釧路支庁長にあてて「終点上久著呂より久著呂間馬鉄線6k軌条の1部を標茶町が撤去した旨を風聞」、「軌条等については勝手に撤去することのないよう、当該町村に対し厳重注意方配意願います」などとした文書が残されている。

とはいうものの、1962（昭和37）年秋には、全線にわたりほとんど利用していない状態となっ

ていたと記録されている。すでに簡易軌道の改良（動力化）より、道路の整備を求める時代へ入っていた。実際の廃止は鶴居村との協議などに時間がかかり、1965（昭和40）年7月6日に正式廃止となった。

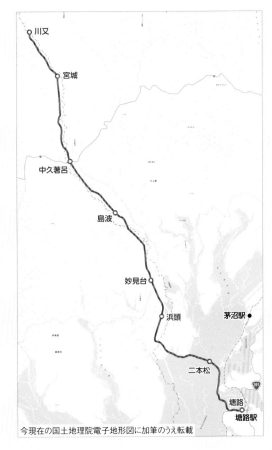

今現在の国土地理院電子地形図に加筆のうえ転載

路線図

川又
宮城
中久著呂
島波
妙見台
浜頭
二本松
塘路

チャンベツ線

ちゃんべつせん

文・写真：佐々木正巳

運行実態が不明な謎多き馬力線

　殖民軌道チャンベツ線は標茶駅前から上チャンベツに敷設された路線である。

　チャンベツ地区（現在地名はチャンベツとカナ表記であるが、旧地名は茶安別と漢字表記されているので、固有名詞についてはそれぞれの表記としている）は現在は標茶町であるが、軌道敷設当時は厚岸郡太田村（1955〈昭和30〉年に厚岸町、標茶町に編入されて消滅）に属していた。太田村は屯田兵村として明治年間から開拓がはじまった。チャンベツ地区の開拓は1916（大正5）年、静岡県、福島県からの入植にはじまり、大正期、昭和初期に多くの入植があった。しかし、入植者たちはその多くが冷涼な気候に開拓を阻まれて定着しなかった。開拓促進のためには畑作中心の農業からの転換と交通路の確保が必要であった。

　標茶から厚岸に至る交通路は1888（明治21）年に釧路集治監の服役者たちによって開削された道路（囚人道路と呼ばれている）があったものの、チャンベツ地区の西側の雷別を通過するルートであったため、新たな交通路が期待された。

　1919（大正8）年、菱川線と呼ばれる鉄道路線敷設が計画された。菱川線は標茶から菱川（厚岸町辺寒辺牛）に至る路線で、チャンベツ地区を通過する経路で計画されていたため地元は期待で沸き返った。翌年、国会で敷設が正式決定され、1923（大正12）年6月に測量が開始された。しかし、同年9月10日に発生した関東大震災の影響で工事は中止となり、鉄道開通は実現しなかった。

　その後厚岸側からチャンベツ原野を通過して標茶に至る道路開削が進められた。幅員4mの未舗装道路ではあったが、チャンベツ原野の交通路が確保されたことで徐々に開拓が進んでいった。

　チャンベツ地区は釧路根室の他の地区と同様に冷涼な気候に適応する農業として畑作主体から酪農への転換を図り、1929（昭和4）年上チャンベツ地区に22頭の乳牛が導入されて以降、次第にその頭数を増やしていった。酪農が進展すると、生産物である生乳の輸送が課題となった。『釧路酪農史』（釧路主畜農業協同組合連合会、1959〈昭和34〉年刊行）によると、チャンベツ地区の酪農家は標茶に生乳を輸送していた。輸送作業は個別の酪農家にとって大きな負担であり、その効率化のために1932（昭和7）年に上茶安別集乳所が設置されたのを皮切りに、その後中茶安別、徳富にも設置された。集乳所の設置によって生乳は集乳所に一括して輸送されるようになり、酪農家の負担は大きく軽減された。

　このような状況下で敷設されたのがチャンベツ線である。チャンベツ線敷設に関する記録、文書は現在確認されておらず、敷設の経緯は不明であるが、上チャ

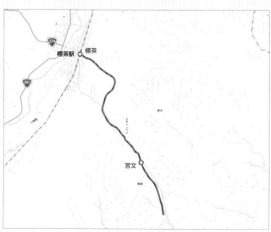

路線図 標茶　宮文

今現在の国土地理院電子地形図に加筆のうえ転載

左 標茶側オモチャリ川沿いの湿地に築堤が残っていた。ここはかつての道路との重複区間である　中 築堤は浸食により一部崩落している　右 この地点で軌道と道路との重複区間が終わる。道路は右にカーブし、軌道は写真奥に向かっていた。いずれも2023（令和5）年4月撮影

左 道路との分岐点の先に軌道の築堤跡が残っていた。この先で軌道の痕跡は確認できなかった　右 宮文停留所跡。付近には学校もあり市街地だったが、現在は商店街の建物だけが残っている　右下 軌道の終点地点。青草の生えている部分が軌道跡と思われる。いずれも2023（令和5）年4月撮影

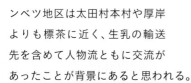

ンベツ地区は太田村本村や厚岸よりも標茶に近く、生乳の輸送先を含めて人物流ともに交流があったことが背景にあると思われる。

標茶町史などによると、敷設工事は1937（昭和12）年12月に着工されたものの降雪による中断もあり、翌年5月に竣工した。使用開始告示は同年6月22日（6月17日より供用開始）に出されている。敷設工事は札幌の地崎組が請け負い、地元住民も参加した。路線は標茶市街から太田村チャンベツ原野西一線南二号までの区間で、粁程は7.075kmとされている。途中、上チャンベツ市街地に電話と列車交換設備を持つ宮文停留所が設置された。軌道終点には停留所は設置されず、唐突に軌条が終わっていたという。軌道がその先までの敷設を予定していたか否かについては史料がないため不明である。

1938（昭和13）年12月1日現在の殖民軌道現況調によると、軌道には貨車15両が配備され、電話2台、倉庫1棟が付属物として配備されていた。

敷設区間の土地の所有者移転は使用開始後のことで、1939（昭和14）年以降、内務省および土地所有者から殖民軌道への土地寄付と所有者移転登記手続きが行われている。

敷設から間もなく標茶～宮文間で土砂崩落により不通となるが、復旧工事は行われなかった。軌道については上チャンベツ付近で住民が上茶安別集乳所まで集乳缶を積載したトロッコを手押しで利用したという証言があるのみで、馬鉄での運行は確認されていない。

今井啓輔氏の聴き取り調査（『北海道の殖民軌道』2021年レイルロード発行）や地域誌（『足跡　茶安別入殖90年・中茶安別小学校開校75年・旧太田村分村標茶町合併50年』2010年発行）でも同様の証言が記されている。

チャンベツ線が他の路線と異なるのは、軌道運行組合が結成されなかったことで、北海道庁の路線別使用実績に実態報告は記載されていない。

チャンベツ線は満足な運行がなされないまま、開始告示から4年後の1942（昭和17）年2月26日（2月25日限り）に廃止告示が出された。廃止からすでに80年以上が経ち、軌道は記憶を含めてその痕跡をたどることは難しくなっている。

チャンベツ線の路線図作成にあたっては、旧版地形図、道立図書館資料などから有効な情報が得られなかったため、長年各地の軌道を研究されてきた今井啓輔氏にご指導を仰いだ。今井氏のご教授に対してこの場を借りて謝意を表したい。

弟子屈線

てしかがせん

文・写真：佐々木正巳（特記以外）

弟子屈線開通を祝い虹別停留所にて。1932（昭和7）年撮影
写真：『虹別五十年』より転載

交通へき地に敷設された馬力線

弟子屈線は釧網本線弟子屈（現在の摩周）駅前から内陸部の標茶村（当時）虹別地区に敷設された馬力線である。

終点の虹別地区は1929（昭和4）年に最初の許可移民が入植して以来、徐々に入植者が増加していた。標茶町史によると、周辺地区との交通路に乏しかった虹別の住民は虹別拓殖軌道期成同盟会を結成して、計根別線を虹別経由とするルート変更、あるいは上春別線の虹別への延伸を求める請願書を北海道庁長官に提出したが（1929〈昭和4〉年10月）、この願いは聞き入れられなかった。

一方、標茶村の磯分内地区、弟子屈村の仁田地区で

も軌道の敷設を望んでいた。他の路線でも説明しているが、昭和初期にたびたび発生した冷害によって困窮した入植者への救済事業の一つとして道路の開削工事と殖民軌道の敷設工事が実施され、入植者たちはこの救済事業に出役して報酬を受け取り、生活の糧を得ていた。昭和初期の軌道の敷設要望には交通路の確保だけでなく、工事への出役で得られる現金収入による入植者の救済の両面が含まれていた。

今現在の国土地理院電子地形図に加筆のうえ転載

路線図

弟子屈　東弟子屈　峠下　仁田山　磯分内　北虹別　虹別

左上 虹別市街に停留所があったが、現在はそれを示すものはない　右上 磯分内停留所跡は人里から離れた森の中　左中 弟子屈線は急カーブのΩループで川を越えていた　右中 正面が仁田山。軌道はその山麓に敷設されていた　右下 現在の北虹別停留所付近。往時を偲ぶものはない。いずれも2023（令和5）年4月撮影

各地区からの敷設要望が寄せられた結果、弟子屈駅前を起点として仁田地区と磯分内地区を経由して虹別に至る路線が計画された。工事は1932（昭和7）年に着工し、翌1933（昭和8）年に竣工した。告示上の使用開始は同年11月10日とされている。

路線別粁程表によると軌道総延長は22.030kmで弟子屈、東弟子屈、峠下、仁田山、磯分内、北虹別、虹別停留所が設置された。停留所に設置された施設・設備は以下のとおり。弟子屈（倉庫、工夫詰所、電話）、虹別（倉庫、電話）。全線約22kmの運行時間は3時間余りであった。

輸送実績をみると、開通当初の1933（昭和8）年度は、運行期間がわずか50日だったにもかかわらず、輸送貨物量は4988.932tという非常に高い数字が記載されている。短期間に大量の輸送量となった貨物の内訳は記載されていないが、ほとんどが沿線からの木材搬出によるものとみられている。

この貨物需要は一時的なもので、翌1934（昭和9）年には2121.280t（運行日数245日）に落ち着いている。輸送貨物は木材と沿線農家が収穫したビート（甜菜。

砂糖の原料となる根菜類）が主体であったとされている。なお、両年度とも旅客人数の記載はない。

弟子屈線は虹別線敷設に際して1939（昭和14）年4月10日限りで仁田山〜虹別間が使用廃止となり、その区間の軌条や電話線などの設備の一部は虹別線に転用された。路線は弟子屈〜仁田山間の約10.5kmに短縮、やがて峠下〜仁田山間での運行もなくなったため、実質的な運行区間は弟子屈〜峠下のみ約6.7kmと軌道開通時の約3分の1となった。

残された路線も沿線住民の減少により輸送する貨物が激減し、戦時中にはすでに実質的な廃止状態になっていたとみられている。弟子屈線の告示上の使用廃止は1949（昭和24）年1月31日限りとされている。

虹別線
にじべつせん

文：佐々木正巳

軌条の転用で生まれた標津線への連絡路線

　殖民軌道虹別線は現在の標茶町虹別市街（開業当初は北虹別）と標津線西春別駅（別海町）間に敷設された馬力線である。

　弟子屈線の開通によって終点の虹別地区の交通事情は改善されたものの、標茶村（当時）にある虹別は農産物の出荷を含めて西春別方面への交通路を望んでいた。弟子屈線の項でも触れたとおり、虹別地区は1929（昭和4）年から許可移民の入植がはじまり、1932（昭和7）年には342戸の新規入植を数えるまでになった。しかし、同年に発生した大冷害によって、開墾をはじめたばかりの農作物に壊滅的な被害を受けた入植者は生活に困窮し、その多くが帰郷あるいは他地域への転出を望むようになった。

　この大冷害は釧路、根室全域で深刻な被害を及ぼし、北海道庁の方針で寒冷地に適した酪農主体の農業に転換する計画が立てられた。根室、釧路地域に酪農主体の農業を進めるいわばモデル地区が指定され、虹別はその指定地区となり積極的に乳牛導入が進められた。

　酪農が興ると生乳の輸送手段が必要となってきた。1934（昭和9）年12月21日に虹別に生乳の出荷拠点である集乳所が開設されたが、近隣に乳業工場がなかったため出荷先は当初は酪聯中標津工場、次いで同計根別工場になった。中標津に運ぶには西春別から標津線を利用する必要があり、虹別周辺の酪農家は悪路を苦労して西春別まで生乳を運んでいた。そのため弟子屈線に代わって西春別に接続する新たな軌道敷設が求められた。標茶村に属する虹別住民が標茶市街への接続を望んでいたことも虹別線敷設への期待となった。

　虹別線敷設工事は1938（昭和13）年に開始された。敷設工事では弟子屈線北虹別〜仁田山間の軌条、電話

路線図
- ○ 北虹別
- ○ 虹別
- ○ 興進
- ○ 西春別

線が転用された。この撤去、移設工事は同年10月7日付で着手の予定だった。だが、移設工事によって軌道が利用できなくなるとビートの搬出に影響が出ることを懸念した沿線農民から、11月末まで工事を延期する要望が出されたため開始時期の見直しを余儀なくされた。

　虹別市街に設置された殖民軌道事業所は農民に対してはビートの収穫期を早めることを求め、工事業者に対しては軌道の解体と搬出および運搬の日程を短縮することを求めるなど調整した結果、最終的に工事がはじまったのは11月6日で、12月6日に竣工となった（殖民軌道事務所報告による）。この工事によって弟子屈線北虹別〜仁田山間は事実上の廃止となった。

　虹別線の告示上の使用開始は1939（昭和14）年4月8日である。軌道総延長は12.181kmで、西春別〜北虹別間に興進、虹別停留所が設けられた。虹別〜北虹別間は弟子屈線の路線を継承したものだが、北虹別停留所の場所が変更されており、弟子屈線時代から1.677km虹別寄りに設置された。

　弟子屈線からの軌条等設備の移設工事と虹別〜西春別間の敷設工事が完了して運行が開始されたのは1939（昭和14）年のことで、4月8日に使用開始告示が出されている。北虹別、虹別、興進、西春別の4停留所が設置され、開通に伴い虹別線運行組合が設立され、運行管理にあたった。

左 軌道開通と虹別入植10
周年を記念して式典が挙行さ
れた。1939（昭和14）年撮影
写真：『虹別五十年』より転
載　右 軌道開通入植10周
年記念式典での集合写真。
1939（昭和14）年撮影　写
真：『虹別五十年』より転載

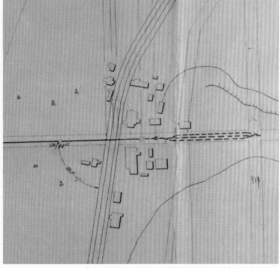

左 西春別停留所平面図。原図を北が上になるよう回転した。中央が標津線西春別駅。右の破線が春別線。『殖民軌道虹別線第1回設計変更平面図』（北海道立図書
館所蔵）より転載　右 虹別停留所平面図。原図を北が上になるよう回転した。『殖民軌道虹別線第1回設計変更平面図』（北海道立図書館所蔵）より転載

　軌道の貨物輸送の主役は生乳で、馬トロで西春別ま
で運ばれた。生乳輸送の便宜を図るために虹別集乳所
までの引込線が設置された。北虹別にも集乳所が設置
されたが、引込線の有無については確認ができていない。

　軌道は敷設されたものの路盤は軟弱で、融雪期には
泥濘となったため馬の牽引もままならず、人手でトロッ
コを押していた時期もあるという。それでも輸送の苦労
は格段に軽減された。軌道には客トロも運行されてお
り、郷土誌には運行に携わった人の名前も記されている。

　開通後、西春別駅近くに日本陸軍航空隊計根別第4
飛行場が建設される際、飛行場予定地にかかる区間の
路線が迂回する形に付け替えられている。付け替え工
事の時期は明らかではないが、飛行場の開港が1941（昭
和16）年なのでそれ以前と考えられる。

　虹別線は戦時中の影響下で1940（昭和15）年度の輸
送量は貨物約1500t、旅客約2000人と他の軌道にくら
べると実績は少ないが、輸送手段に乏しい地域住民に
とっては重要なものだった。

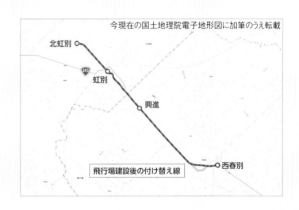

今現在の国土地理院電子地形図に加筆のうえ転載

北虹別
虹別
興進
飛行場建設後の付け替え線
西春別

　その後、周辺住民の減少により虹別〜北虹別間が廃
止となった。廃止告示は1949（昭和24）年2月23日（1月
31日限り）に出されているが、この区間は実際には
1942（昭和17）年には使用されなくなったようだ。

　虹別〜西春別間となった虹別線は戦後も運行が続
けられたが、道路整備などによって次第に利用が低
下していった。軌道の廃止告示は出されていないが、
1952（昭和27）年ごろには運行が停止されたとみられる。

道 東

12 養老牛線

ようろうしせん

文：佐々木正巳

簡易軌道の象徴ともなった馬力線

　殖民軌道養老牛線は標津線計根別駅前から奥地の養老牛市街まで敷設された馬力線である。

　養老牛線は1938（昭和13）年7月7日に供用が開始された。粁程は11.082kmであり、計根別、上標津、養老牛停留所が設置された。

　軌道は計根別郊外にあった日本粉化工業株式会社の工場敷地内を通過する設計だった。澱粉を加工する同社は軌道で馬鈴薯が直接搬入できることを歓迎する一方、計画ルートで軌道が敷設されると原料馬鈴薯の地下貯蔵施設に影響が及ぶとして、1937（昭和12）年9月7日に北海道庁長官宛に敷設ルートの見直しを求める要望書を提出した。要望書では工場敷地中央部を縦断する形で計画されているルートを、敷地南端を通過するルートに変更するよう求めている。要望に対してどのような回答がなされたのかの記録はないが、養老牛線電話線架設工事図面および旧版地形図ともに敷設工事図面と相違が認められないので、原設計どおり敷設されたことになる。

　軌道の開業に際しては運行管理のため養老牛線軌道運行組合が設立され、沿線住民82名が加入し、組合顧問として計根別移住者世話所長が就任した。

　軌道関連施設として電話線が架設され、各停留所に電話機が設置されたほか、計根別に軌道倉庫が設置された。この軌道倉庫は設置されたものの使用実態はほとんどなかった。その反面、終点の養老牛では集積された貨物が野ざらしとなって農産物が傷む状況だったため、1942（昭和17）年6月3日に北海道庁長官宛に軌道倉庫を養老牛に移築する陳情書が提出された。倉庫移築は同年8月7日に許可されたが、移転費用は許可者負担との付帯条件が付いていたため、組合員に寄付

を募り、1058円の移転費用をねん出した。移転工事は8月22日に着手、9月8日に竣工と記録されている。

　定期列車は午前・午後各2便運行されていた。午前1便は6時20分に養老牛出発、上標津で10分間停車して計根別到着は8時10分。折り返し午前2便は計根別8時30分発、10時30分養老牛着となっている。午後便は16時10分に3、4便が養老牛、計根別を同時刻に出発して上標津で列車交換して午後6時にそれぞれ終点に到着する時刻表が残っている。

　簡易軌道利用規則細則によると貨車使用料は組合員は1日当たり25銭、組合員外は35銭で、このほか特殊貨物輸送の場合は貨車使用料に加えて軌道損料として木材百石につき8円、木炭1俵につき1銭をそれぞれ前納する定めとなっていた。

　軌道起点の計根別は1932（昭和7）年に殖民軌道標茶線開通により交通の便が開き、4年後の1936（昭和11）年省線標津線標茶〜計根別間が開業し、周辺には亜麻の製麻工場（帝国製麻計根別工場）、澱粉工場（日本粉化工業根室工場）の操業によって人流、物流量が増加して計根別市街地は発展を続けていた。

　一方、軌道沿線の上標津、養老牛地区は大正年間から昭和初期にかけて多くの入植者があったが、相次ぐ冷害による凶作に苦しんでいた。計根別周辺でも根釧

路線図

養老牛　　上標津　　計根別

集乳缶を積載した馬トロ。『アサヒグラフ』の表紙を飾るなど殖民軌道の代表的な写真となっている。1957（昭和32）年7月下旬撮影　写真提供：中標津町

地方の他の地域と同様に根釧原野開発5カ年計画によって畑作主体から酪農を中心とした農業への転換を進めていた。軌道沿線でも乳牛が導入されていった。生乳集約拠点として酪聯（北海道製酪販売協同組合連合会の略称。雪印の前身）は1932（昭和7）年に計根別集乳所、1934（昭和9）年には養老牛集乳所を設置したが、処理施設は同会の中標津工場のみだったので、集乳所から工場までのクリーム輸送（当時は集乳所で生乳からクリームを分離して、クリームだけをバターの原料として輸送していた）の苦労は並大抵のものではなかった。

たが、酪聯が新たに計根別に工場を建設する計画を立てたことで、輸送の苦労が軽減されることが見込まれ、同時に生乳（あるいはクリーム）輸送手段として軌道敷設への期待が高まった。冒頭で述

べたように軌道上に澱粉加工工場があったので、馬鈴薯輸送の役割も期待されていたと思われる。

軌道開通の翌年1939（昭和14）年2月から酪聯計根別工場が操業を開始すると、軌道を利用して沿線地区からの生乳輸送、養老牛からのクリーム輸送が行われるようになった。また、軌道から工場構内に引込線が設置されたため直接搬入も可能となった。引込線は旧版地形図でも確認できるが、写真を見る限り路盤整備は

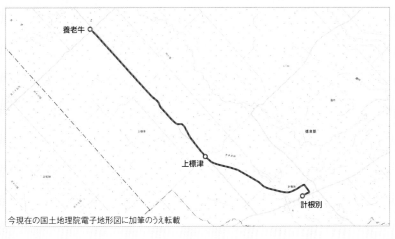

今現在の国土地理院電子地形図に加筆のうえ転載

左 酪聯計根別工場。養老牛線から工場構内に引込線が敷設されていた。1950（昭和25）年ごろ撮影　写真提供：中標津町
右 P.51の写真と同じ日に撮影されたと思われる。1957（昭和32）年7月下旬撮影　写真提供：中標津町

充分ではなく、一見すると仮設線のような状態だった。

軌道の輸送実態に関する記録は少なく、1940（昭和15）年度の殖民軌道馬鉄線使用成績表によると養老牛線の貨物輸送量は330.380t、旅客数はわずか137人だった。中標津町に保管されている1940（昭和15）年5月11日から7月4日にかけての貨物使用票によると、限定的な期間ではあるが、上り（養老牛→計根別）の輸送貨物は野菜類、木炭、薪材などもあるものの生乳輸送が大部分を占めている。下り貨物は肥料が主体で、上り貨物量が圧倒的に多く、軌道が沿線の生乳を工場に輸送する交通機関として貢献した実態がうかがえる。記録はないが、秋の収穫期には日本粉化工業の澱粉工場に搬入するために、馬鈴薯を満載した馬トロが運行されたこともあっただろう。

生乳輸送では定期便のほかに専用便も運行されていたようで、1973（昭和48）年雪印乳業（株）計根別工場発行の『計根別工場小史』には、当時の酪聯が計根別移住者世話所長と交渉してトロッコを安く借り受け、牽引する馬を購入してクリーム輸送に使っていたという関係者の述懐が記されている。

戦後の軌道の状況を示す資料はほとんどなく実態は

左 養老牛線は午前・午後1往復する運行時刻表が作成されていた　写真提供：中標津町
右 1940（昭和15）年7月4日の貨物使用票。牛乳のほかに客人の輸送があったようだ　写真提供：中標津町

不明であるが、『農地』（41号、農林省農地局編集、1954〈昭和29〉年1月20日発行）によると、1953（昭和28）年9月21日に農林省と中標津町との間で軌道の委託管理協定が締結されており、これ以降の軌道運行は中標津町の管理下に置かれることになった。

養老牛線の廃止告示は1961（昭和36）年12月11日であるが、数年前からすでに運行を終えていたという証言もある。沿線ではトラクター等の大型農業機械が導入されて酪農の近代化が進み、道路整備によって生乳輸送が自動車に代わり、養老牛線は馬力線のまま約30年の歴史に幕を下ろした。

西別線・春別線
（上春別線・中春別線）

にしべつせん　しゅんべつせん

文・写真：佐々木正巳（特記以外）

3路線が延伸によって結ばれる

軌道の敷設された別海町（軌道ルートは一部中標津町内も含まれる）は1319.63km²の面積を持つ広大な町で、大正期から本格的な開拓がはじまったものの交通機関の整備が遅れていた。1924（大正13）年に敷設された殖民軌道根室線や1927（昭和2）年開通の計根別線はあったものの、軌道が敷設されたのはごく一部にすぎず中央部の開拓促進のためには新たな軌道の敷設が必要であった。

後述するが西別線・春別線（上春別線・中春別線）は年代によって各路線の延伸、路線の統廃合が行われたのでここでは一つの路線として説明する。

西別線は1929（昭和4）年に運行を開始した（一斉告示は同年11月10日に出されている）。運行当初は西別（現在の別海町市街地）から広野（西別原野）に至る16.093kmで、起点の西別では殖民軌道根室線と接続していた。停留所は西別、大曲、下然内、然内、中西別、広野が設置された。各停留所に設置された施設・設備は西別（移住者世話所、倉庫、工夫詰所、電話）、中西別（移住者世話所、倉庫、工夫詰所、電話）となる。

軌道の開通によって奥地開拓の道が開かれた。1930（昭和5）年に軌道沿線の中西別に移住者世話所が開設されると入植者が相次ぎ、市街地を形成するようになっていた。

また、西春別からは上春別線の敷設工事が行われ、1933（昭和8）年11月2日西春別～上春別間が使用開始

となった。西春別には1931（昭和6）年12月13日に標茶からの殖民軌道標茶線が通じたことによって入植がはじまっていた。上春別線の開通はすでに市街地を形成していたものの交通機関に乏しかった地区を発展させる機会となった。

一方、春別（のちの中春別）からは中春別線の敷設工事がはじまり、1935（昭和10）年に春別～豊岡（告示上は春別～上春別三十四線南十号）間が運用開始となっている。

そして翌1936（昭和11）年に上春別線の西春別～西春別駅間が延伸されて、標津線との貨客輸送の利便性が高まり、次いで中春別線の豊岡～上春別市街の延伸工事が完了すると標津線西春別駅と春別駅を結ぶ31.257kmの路線が完成し、2路線は合併されて春別線となった。なお、停留所名について注釈しておくと、

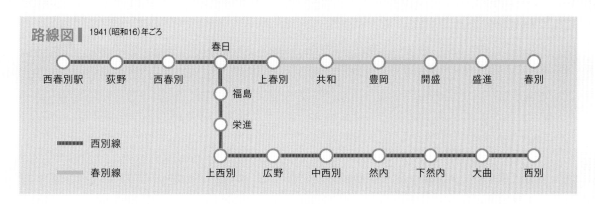

路線図 1941（昭和16）年ごろ

西春別駅　荻野　西春別　春日　上春別　共和　豊岡　開盛　盛進　春別

福島

栄進

━━━ 西別線
──── 春別線

上西別　広野　中西別　然内　下然内　大曲　西別

西別線の中西別停留所。軌道倉庫は集積された貨物で埋め尽くされている。撮影年不明　写真提供：別海町郷土資料館

左上 中西別市街には現在も軌道倉庫が残っている。庇は撤去されているが当時の姿をよくとどめている　右上 春別線上春別停留所跡。写真中央が停留所跡でその両側には現在も軌道倉庫が2棟残っている　左下 上春別の軌道倉庫は正面が改造されている　右下 春別線の春別川軌道橋跡。木橋の橋脚が確認できる。軌道橋の前後には築堤も残っている。
いずれも2021（令和3）年12月撮影

開盛、盛進、春別の10停留所であった。各停留所に設置された施設・設備は、西春別駅（電話）、西春別（移住者世話所、倉庫、工夫詰所、電話）、春日（電話）、上春別（移住者世話所、倉庫、電話）、共和（電話）、豊岡（電話）、春別（移住者世話所、倉庫、工夫詰所、電話）である。

西別線は1937（昭和12）年に西別〜西別駅間0.388kmが延伸され標津線と接続した。翌1938（昭和13）年には広野〜春日間の延伸工事が完成して春別線と接続した。広野〜春日の延伸区間には上西別、栄進、福島停留所が設置された。

西別線と春別線が接続されたことにより、別海の原野を横断して標津線の西別、春別、西春別の各駅を結ぶ総延長45.513kmに及ぶ軌道のネットワークが完成した。1940（昭和15）年度の『殖民軌道馬鉄線使用成績表』によると、西別線の輸送貨物量は5284.590t、旅客人数は1075人、春別線は輸送貨物量1845.093t、旅客人数7716人となっている。

軌道の動力化と運行組合の設立

長大な路線は馬力線として運行されていたため運行速度は遅く、『別海町百年史』によると西別から春日〜上春別間を往復して西春別駅に到着するまで2日を要するほどだったという。このような事情から、運行時間の短縮と輸送能力向上のために軌道の動力化が求められた。

別海村は軌道の動力化に向けて北海道庁に要請を行ったが、動力化には当時の金額で17万5000円とい

粁程表で西春別駅とされている停留所は別文献では新西春別と記されている。西春別は沿線途中の同名停留所が市街中心であったが、標津線開業後に西春別駅前が市街中心になったため、旧市街と区別するために「新」が冠されたものと思われる。

路線別粁程表によると、春別線となったのちの停留所は西春別駅、萩野、西春別、春日、上春別、共和、豊岡、

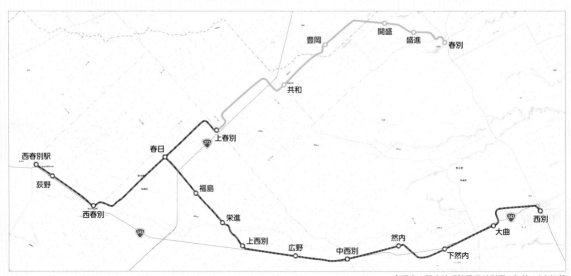
今現在の国土地理院電子地形図に加筆のうえ転載

左 西別線に導入された加藤製作所製造のガソリン機関車。木炭ガス発生装置が取り付けられている。広野停留所にて。1941（昭和16）年撮影　写真提供：別海町郷土資料館
右 中西別市街に設置された中西別集乳所には軌道の引込線が敷設されていた。写真は集乳所開設15周年記念式典の際に撮影されたもの。1949（昭和24）年8月15日撮影　写真提供：別海町郷土資料館

う多額の予算が必要だった。その費用負担を調整した結果、北海道拓殖費からの支出9万5000円、別海村負担分4万5000円のほか、民間からの3万6000円の寄付によって賄われることとなった。

　費用確保によって動力化工事が行われ、軌条、路盤の改良のほか木炭ガス発生装置を取り付けられたガソリン機関車3両、客車3両が導入された。動力運行がはじまったのは1941（昭和16）年10月25日とされている。

　動力化に際して北海道庁殖民軌道西別線運行組合が設立され、村長が組合長を務め、村会議員全員と沿線7地区の住民代表が代議員となり、軌道運営にあたった。

　軌道の動力化に合わせ、西別線の西別〜春日間、春別線の西春別駅〜上春別間が西別線となり、春別線は上春別〜春別間となった。

　軌道は馬力線時代には木炭や燕麦、根釧原野開発5ヵ年計画で栽培が推奨されたビートなどがおもな貨物だった。その後、酪農振興によって生乳輸送も軌道の大きな役割となった。生乳集荷と効率的な輸送のため西別線の中西別停留所近くに集乳所が設置され、本線から引込線が敷設された。集乳所に集められた生乳は西別停留所近くにあった酪聯（北海道製酪販売協同組合連合会。雪印の前身）西別工場に輸送され、西別工場にも本線からの引込線（0.64km）が敷設された。

　春別線沿線にも酪農生産者がいたが、芳賀信一氏の調査（『謎の殖民軌道』2006〈平成18〉年6月発行。非売品）によると、軌道は生乳輸送には使われていなかったようだ。これは春別沿線の酪農生産者の出荷先が軌道ルートから外れた酪聯計根別工場だったためで、馬車や馬橇等を使った直接運搬が選ばれたためであろう。

　西別線は動力化によって貨物、旅客輸送に活躍したが、第二次世界大戦の勃発により沿線農家の担い手が徴兵されて農業が衰退するとともに輸送量も減少する。また、機関車が軍に徴用されたため路線は再び馬力線となった。徴用された機関車はその後行方不明となり、代替機関車も導入されなかった。

　春別線は馬力線のまま運行していたが、馬トロの運行人（前出の芳賀氏の著書では「トロ追い」と記述されている）の出征によって運行自体が難しくなっていた。春別線の告示上の廃止は1949（昭和24）年2月24日であるが、芳賀氏の調査によると、すでに終戦前に軌条の撤去は行われており、終戦時には廃線状態になっていたと考えられている。

　戦後、別海村（当時）では1947（昭和22）年度より災害によって被害を受けた道路、道路橋の復旧工事を皮切りに7年間にわたって大規模な道路整備が行われた。この道路整備によって融雪時や降雨時に泥濘と化して車両の通行を阻んでいた国道や村道には砂利舗装が施され、徐々に交通事情が改善されていった。

　機関車の徴用によって馬力線に戻った西別線は戦時中の整備不足により運行に支障が生じるようになっていたが、戦後しばらくは貨物、旅客輸送でにぎわった。しかし、その後は道路整備により貨物輸送が次第に自動車に移行したために輸送量は減少していった。

　西別線は西春別駅〜上春別間、春日〜栄進間を順次廃止し、1953（昭和28）年7月25日の告示では西別〜栄進間19.914kmとなった（廃止告示は1954〈昭和29〉年7月20日）。

　残る区間も1956（昭和31）年3月2日告示で中西別〜然内間4.680kmに区間変更で短縮され、同月30日に全線廃止となった。路線の統合、部分廃止など様々な変遷をたどった路線は道路と自動車に役割を譲り、その歴史の幕を閉じた。

東藻琴村営軌道
ひがしもことそんえいきどう
（簡易軌道藻琴線・東洋沢支線）文：佐々木正巳

軌道開通時の記念写真。根室線から機関車が移管され、開通当初から動力化された 写真：『東藻琴村誌』より転載

動力車編入で動力線として開業

　東藻琴村営軌道は釧網本線藻琴駅から内陸部に敷設された路線で、藻琴～山園間の本線（25.4km）と福山～東洋間（7.4km）の東洋沢支線が敷設された。

　軌道敷設の発端は大正末期に藻琴の金谷深恵氏と旭川の岩崎清一氏が藻琴軌道株式会社を設立し、軌道敷設運動をはじめたことである。現在の東藻琴村は当時網走町の一部であり、この運動は町の同意を得て北海道拓殖計画に軌道敷設を組み込む要望が上程された。

　ところが近隣の止別駅～小清水市街間にも軌道敷設の要望が出されており、その敷設が優先されたために軌道の敷設は実現されなかった。皮肉なことに止別線（止別～野川間）は要望が叶って第二期拓殖計画で計画線に編入されたものの実際は敷設されず、のちに止別～小清水間8.7kmに北見鉄道が開業している。

　東藻琴の軌道敷設計画は一度頓挫したが、開拓が進むにつれて再び住民要望は高まり、金谷深恵氏らは北海道議会議員の支援も受けて再び敷設誘致運動を行った。その結果、藻琴線が計画線として編入され、軌道敷設が実現されることになった。軌道に必要な敷地は住民の寄付によって確保された。

　工事は1934（昭和9）年に起工し、翌1935（昭和10）年に藻琴駅前から東藻琴市街間で使用開始された。路線

別粁程表によると、運行開始告示は1935（昭和10）年9月13日で粁程は15.200km、開通当初の停留所は藻琴、沼ノ上、山里、豊栄、稲富、西倉、東藻琴の7停留所であった。各停留所に設置された施設・設備は以下のとおり。藻琴（事務所、工夫詰所、電話）、山園（電話）、稲富（電話）、西倉（電話）、東藻琴（事務所、倉庫、機関庫、工夫詰所、電話）。その後、東藻琴～山園間の延長工事が実施され、1938（昭和13）年に藻琴～山園間が完成（総延長25.42km）した。

　藻琴線は他の軌道と同様に馬力線での運行を計画していたが、標津線の開通によって廃止された根室線の動力車両を移管することで開業当初から動力線となった。昭和初期に新設された路線で、当初から動力線として開業したのは珍しい。根室線からは車両のほかに機関庫などの建物も移管されている。

　軌道の管理を行う殖民軌道の事務所は網走町役場に置かれた。組合長は網走町長、副組合長は助役が兼務していた。事務所と路線の敷設された東藻琴は離れているので、地元の副組合長兼運輸主任会計が選任され、実質的な業務管理者となった。牽引車両としては根室線から移管されたガソリン機関車が導入された。乗客は「マッチ箱」と呼ばれる定員10人ほどの小型木造客車やトロッコに積まれた荷物の上に便乗する形で乗車していた。

上 根室線から移築されたと思われる軌道機関庫　写真：『東藻琴村誌』より転載　右 軌道の客車は定員10人ほどの小さなもので、住民からは「マッチ箱」と呼ばれていた　写真：『東藻琴村誌』より転載

　貨物輸送を主体に軌道の利用状況は良好で、『東藻琴村誌』(1959〈昭和34〉年)によると1日あたり5〜18円程度の売り上げがあったため、当初の運営費として北海道拓殖銀行から受けた800円の融資を1年で返済することができたという。軌道の敷設は奥地で伐採された木材や農産物の輸送が目的であったが住民の乗車も多く、1941(昭和16)年には貨物約1万8000t(換算数値)、旅客数約6万8000人の輸送が記録されており、その盛況ぶりがわかる。

　しかし、戦況が悪化の一途をたどり物資統制が厳しくなると、機関車燃料のガソリンが配給制となり運行に必要な燃料確保が厳しくなった。そのためガソリン機関車に木炭ガス発生装置を取り付ける改造を行い代替燃料での運行を可能とするとともに、蒸気機関車を導入してかろうじて運行が続けられた。

　終戦後、緊急開拓事業によって入植する人たちを迎えるために藻琴山麓の東洋地区が開拓地に指定された。開拓者の入植促進と周辺森林からの木材搬出のためには軌道の敷設が必要であり、福山〜東洋間の東洋沢支線が計画された。1948(昭和23)年に測量開始、翌1949(昭和24)年7月に起工、同年12月18日に7.48kmの軌道敷設工事が竣工して運行が開始された。支線の敷設にあたって工事は2工区に分けられ、第2工区は網走刑務所の服役者が工事に従事していた(『東藻琴の歴史』の沿線住民の証言による)。

　軌道は他の路線と同様に沿線町村への管理委託手続きが進み、1953(昭和28年)10月5日北海道知事と東藻琴村(1947〈昭和22〉年10月に網走の市制施行に伴い分離して村制施行されている)との間で管理委託協

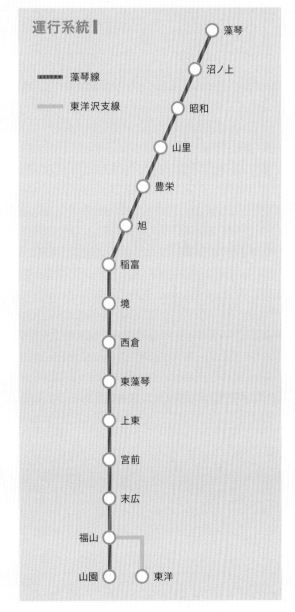

運行系統

┈┈┈┈ 藻琴線
──── 東洋沢支線

藻琴
沼ノ上
昭和
山里
豊栄
旭
稲富
境
西倉
東藻琴
上東
宮前
末広
福山
山園　　東洋

定が締結し、「村営軌道」となった。

　軌道の村営化に先立ち、国鉄と連携運輸を行うことによって軌道が輸送した貨物の載せ替え手続きを容易にするため、軌道法の適用を受ける検討が行われた。簡易軌道は土地改良財産の扱いだったので、連携運輸を実現するには軌道法の適用が必要とされたための措置である。連携運輸を求める議案は村議会で1952（昭和27）年12月24日に議決され、翌年7月29日の村議会で軌道法適用を求める議案が可決された。

　軌道法の適用については村営化直後の1953（昭和28）年10月17日に北海道知事名で農林大臣（当時）宛に文書が提出され、同年11月17日に承認を受けた。その後1954（昭和29）年9月10日に運輸大臣、建設大臣（いずれも当時）連名での軌道法の許可申請を認める特許状が発行された。

　特許状には1955（昭和30）年9月9日までを申請期限とされていたが、実際は申請されることはなく、軌道は廃止まで簡易軌道であり続けた。

軌道の運営と路線改良、そして廃止

　軌道は当初、殖民軌道運行組合によって運営されていたが、運行組合が1948（昭和23）年11月に軌道と並行した自動車の運行権利を北見バス株式会社から買収したことから経営に変化が生まれた。

　軌道とバス路線を同時に経営することによって旅客はバス主体、貨物は軌道主体という貨客分離体制がとられた。2年後の1950（昭和25）年に東藻琴村長を社長とする東藻琴交通株式会社が設立されると、同社は運行組合のバス事業を吸収するとともに軌道の運営

も受託することとなった。設立の際、軌道職員24人も同社の所属となっている。軌道村営化時にも運営管理は同社が委託を受けたため、いわば第三セクター方式での経営が続くことになる。

　東藻琴交通株式会社はその後バス路線とトラック事業の拡充を図り、1959（昭和34）年4月に網走交通株式会社に社名変更、1962（昭和37）年5月に東京急行電鉄株式会社の傘下となり、現在に至っている。

　貨物輸送主体となった軌道は沿線の酪農家の生産する生乳、農家の生産するビートの輸送が主体となった。生乳、ビートは沿線に加工工場がないため藻琴駅を経由して網走（雪印乳業網走工場）、磯分内（日本甜菜製糖磯分内工場）に送られていた。

　軌道の村営化後の1958（昭和33）年から2年をかけて北海道開発局による改良工事が実施された。改良工事では橋梁の永久橋化、路盤の整備、軌条と枕木の交換が行われたほか、自走客車1両が導入されている。すでに軌道とバスの貨客分離がなされた後の自走客車導入は時機を逸した感は否めない。自走客車は本来の目的ではなく、東藻琴〜山園間を1日1往復生乳輸送のために運行されていた。

　この間、道路の整備は着々と進んでいた。1954（昭和29）年に山園〜藻琴停車場線が道道に昇格するとともに積雪寒冷特別措置法の指定路線となって凍結防止の改良工事が行われ、通年の使用が可能となってきた。主要道路の整備とトラックの普及に伴って軌道の旅客、貨物輸送量は減少の一途をたどった。

　1961（昭和36）年3月13日、東藻琴村は北海道開発局網走開発建設部より道道の改良と自動車による代替

藻琴線の軌道工事は地元業者が請け負い、住民を雇用した救済事業の側面も
持っていた　写真：『東藻琴村誌』より転載

可能を理由として軌道改良工事の打ち切りと利用実
績の少ない東洋沢支線の廃止を通告された。東洋地区
は開通前に広島県からの集団入植があったほか、パル
プ会社や製材会社の作業所や宿舎もあって支線は木
材輸送などで栄えた時期もあったが、入植者の離農や
製材会社作業所の廃止もあって軌道の利用は激減し、
開通後数年を経たずして廃線状態になっていた。

　この通告を受けた村では藻琴〜東藻琴間の廃止を
容認する代わりに、残った路線の改良工事を完遂する
要望を議決した。しかし、北海道庁からは同年5月16日
付で藻琴〜東藻琴間15.00kmは並行する道道の整備
が行われたこと、福山〜東洋間（東洋沢支線）7.44km
は数年来運行の形跡が認められないことを理由とし
てこの区間の無条件廃止が勧告された。

　勧告を受けた東藻琴村は改めて藻琴〜東藻琴間の
廃止申請を行うとともに、翌1962（昭和37）年8月16日
付で東洋沢支線も廃止された。

　路線の部分廃止の結果、軌道は道路が未整備で冬期、
融雪期に代替交通手段のない東藻琴〜山園間10.22km
のみとなった。

　路線の部分廃止によって軌道の輸送量はさらに減
少し、それに伴って軌道経営も急速に悪化して累積赤
字も増加した。軌道存続の理由の一つであった東藻琴
〜山園の道路も凍結防止改良工事によって通年通行
が可能となる目処が立ったため、東藻琴村は1964（昭
和39）年3月17日の議会で軌道の廃止を議決し、直ちに
軌道供用廃止の申請書を提出した。告示上の廃止は
1965（昭和40）年9月25日とされている。

今現在の国土地理院電子地形図に加筆のうえ転載

道東 ── 15

斜里線
しゃりせん

文：佐々木正巳

海産物も運んだオホーツク沿岸の馬力線

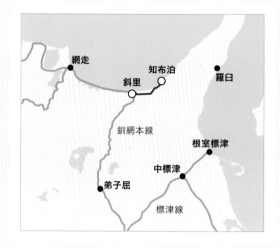

斜里線は釧網本線斜里駅（現在の知床斜里駅）と知布泊（現在の日の出地区）を結んでいた馬力線である。

1925（大正14）年11月10日に当時の網走本線が斜里駅まで開通して旅貨客輸送の動脈が整備されたものの、内陸部や知床半島沿岸の開拓には軌道の敷設が必要とされた。当初、斜里村（当時）は斜里駅から内陸部の越川への軌道敷設を北海道庁に要望していたが、国鉄が斜里～越川を経由して根室標津に至る根北線を計画していることがわかったために、斜里～知布泊間の路線に変更することを村会で決定、変更届を提出した結果、軌道の敷設が認められた。

敷設工事は1931（昭和6）年5月に起工し、6ヶ月後の11月に路盤が完成した。工事は誘致活動に尽力した地元有力者が請け負い、工区を四区に分け、各々分担して工事が行われた。開通前には斜里駅前の軌道用地の買収がこじれて村長が更迭される事態も発生したものの、翌1932（昭和7）年には枕木と軌条が敷設されて工事が完了し、運行が開始された。建設事業費は22万755円（『農地』農林省農地局　1954〈昭和29〉年発行、第41号）とされている（斜里町史では総工費15万6000円、うち土木工事費7万3000円と記述）。

運行開始告示は1932（昭和7）年12月23日に出されている。粁程は17.901kmであった。沿線には斜里、東斜里、一本木、赤上、朱円、海別、島戸狩、幌泊、知布泊の9停留所が設置された。施設の設置状況は以下のとおりである。斜里（事務所、電話）、東斜里（電話）、赤上（倉庫、電話）、朱円（工夫詰所、電話）、島戸狩（電話）、知布泊（倉庫、電話）。軌道の運行にあたっては沿線住民からなる運行組合が設立された。北海道庁から殖民軌道の監督官が派遣され、運行組合員の加入促進のほ

か住民から寄付された軌道用地管理に当たった。その結果、組合員は300人まで増加した。

軌道は沿線の農産物や漁港である知布泊からの海産物、木材輸送で栄えた。旅客定期便も午前と午後の2往復運行され、旅客運賃は斜里～知布泊間で50銭だった。

沿線の道路整備が遅れていたため、軌道の利用頻度は高かった。1933（昭和8）年度の輸送実績は旅客6781人、貨物3185.623t、1934（昭和9）年度は旅客1万1845人、貨物3454.420tであった。なお、1934（昭和9）年の運転台数は上り（知布泊→斜里）1014台に対して下りはわずか77台であり、軌道の役割が沿線各地からの農海産物輸送主体であった実態がうかがわれる（以上、『北海道移民事業施設概要』による）。

軌道の全盛期は1937（昭和12）年から1941（昭和16）年の間とされている。この時期、軌道終点の知布泊沿岸はマグロの豊漁でにぎわった。当時、エトロフマグロと呼ばれていたが、マグロ1尾で軌道トロッコ1両が一杯となる百貫（375kg）を超えるものもあったという。

路線図

斜里　東斜里　一本木　赤上　朱円　海別　島戸狩　幌泊　知布泊

上 糠真布（ぬかまっぷ）川の軌道橋梁。石積みの擁壁や複雑な支柱など他の殖民軌道にはない立派な橋梁が架けられていた　写真提供：斜里町知床博物館　右 軌道沿線の農産物はトロッコに積載されて運ばれ、斜里停留所構内の斜里産業組合（農協の前身）農業倉庫に搬入された　写真提供：斜里町知床博物館

これら海産物をはじめ農産物や物資輸送は約5200tを記録し、輸送人員約1万3500人（1940〈昭和15〉年実績）にのぼった。

　軌道がにぎわいをみせた一方で、路盤、軌条は重量車両の往来によって老朽化が進んでいった。とくに戦時下になると修繕に必要な資材や要員の確保もままならないため、脱線転覆事故が発生する状態まで軌道の状態は悪化していた。

　戦後になると輸送量は減少の一途をたどった。戦争による農漁村の荒廃がその原因だった。幹線道路の整備は遅れていたが、1950（昭和25）年6月に以久科、越川経由で斜里〜知布泊の定期バスの運行がはじまり、貨物も次第にトラック輸送に移行するなかで軌道は次第に利用が減少し廃止に至った。

　供用廃止告示が出されていないため廃止年度は不明であるが、斜里町史では1951（昭和26）年限りで事業を停止し、翌年2月に運行組合の解散総会が開かれたと記述されている。

　廃止後、軌道の電話設備はそのまま使用され、軌条、枕木その他の施設は斜里町（1939〈昭和14〉年に町制施行）が払い下げを受けて、町内の宇津内、アッカンベツ開拓地の客土工事に利用された。

　軌道敷設にあたり寄付を

石造りの倉庫前に並んだ馬鉄トロッコ。右端のトロッコの奥にあるのが軌道客車
写真提供：斜里町知床博物館

受けた用地は、使用が20年以内に返還請求があった際はそれに応じるという条件が付されていたため、寄付者からの請求に基づいて返還手続きが進められた。

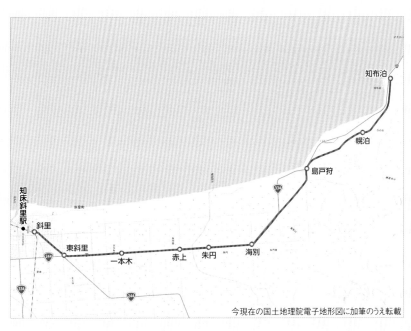

今現在の国土地理院電子地形図に加筆のうえ転載

道 東

16

おるべせん

居辺線

文・写真：佐々木正巳

十勝地方で唯一敷設された殖民軌道

北海道第二期拓殖計画では殖民軌道47路線が計画された。そのうち十勝地方では8路線が含まれていたが、実際に敷設されたのは居辺線のみだった。

居辺線は網走本線（当時の路線名でのちの地北線）高島駅前から居辺川上流の下居辺市街まで敷設された馬力線である。

軌道の起点、高島駅周辺には駅名の起こりともなった高島嘉右衛門が開設した高島農場が所有する広大な耕作地が広がっていた。終点の下居辺地区は明治期から入植がはじまり、大正期には開拓道の開削、駅逓所が設置されるなど発展を続け市街地を形成していたが、周辺地域は開拓の途上にあった。

下居辺を中心とした居辺川沿いの集落では高島駅に至る交通機関として軌道の敷設を望み、殖民軌道誘致期成会を結成して活動を行った結果、敷設が決定した。敷設工事に先立ち1932（昭和7）年に測量、設計が行われ、同年9月下旬に起工した。

工事は前年に発生した冷害被害に対する救農対策事業として実施された。『しほろ村史』によると、この工事には所得の多かった3戸を除いて地元住民総出で出仕したという。同年12月までに路盤工事が終わり、翌年枕木、軌条の取り付けが行われて使用が開始され

路線図

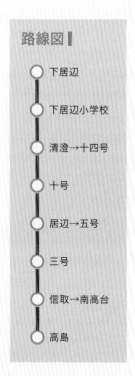

- 下居辺
- 下居辺小学校
- 清澄→十四号
- 十号
- 居辺→五号
- 三号
- 信取→南高台
- 高島

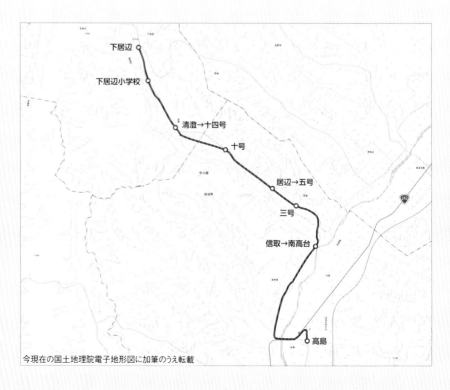

今現在の国土地理院電子地形図に加筆のうえ転載

上 高島停留所を出た軌道は利別川を橋梁で越えたあと、山際に沿って敷かれていた。軌道跡は舗装道路になっている　右 高島〜信取間には急こう配があり、軌道は掘割を切って越えていた　下 軌道ルートは池田町と士幌町の境界線付近で道路から離れる。牧草地とコーン畑の間に軌道の路盤跡と思われる個所が残っている。いずれも2022（令和4）年8月撮影

た。ただし、告示上の使用開始は1935（昭和10）年12月14日であり、村史とは2年の乖離がある。

粁程は18.832kmで、当初は高島、信取、居辺、清澄、下居辺の5停留所が設置された。軌道に設置された施設・設備は以下のとおり。高島（事務所、電話）、信取（電話）、居辺（電話）、清澄（電話）、下居辺（倉庫、工夫詰所、電話）。

なお、居辺の読み仮名であるが、軌道敷設時は「おるべ」であったが、現在は「おりべ」と呼称されている。郷土史研究家の小林實氏の研究（十勝郷土史『トカプチ』第2号）によると、開通後に停留所の追加があったほか、地元では路線別粁程表とは異なる名称があったようだ。

同誌によると停留所名は高島、南高台、三号、五号、十号、十四号、下居辺小学校、下居辺であったという。居辺線に限らず、地元では地名を説明する場合は開拓時に設定された殖民区画名（四号、北十号など）で呼ばれることが多く、居辺線でも同様に住民の呼び名が定着したのであろう。

1938（昭和13）年に発行された『北海道移民事業施設概要』（北海道庁拓殖部殖民課発行）によると、居辺線の「軌道建設及維持実績」として1932（昭和7）年度は貨車50両、電話器5台、電話線延長18.558km（11.531哩）、建物5棟（118.5坪）、経費として8万5054円400銭が計上され、1933（昭和8）年度は軌道建設18.832km（11.702哩）、経費8517円30銭、1934（昭和9）年度は経費のみ1

左上 清澄停留所付近では道路は丘陵部分を越えているが、軌道は勾配を避け丘の際に敷かれていたようだ 左下 下居辺小学校の近くには農道に転用された軌道跡が確認できた 上 下居辺停留所跡にはその痕跡が確認できるものは残っていない。いずれも2022(令和4)年8月撮影

万6281円440銭が実績として記載されている。

これを見る限り、告示前の1933(昭和8)年度には軌道工事は完了しており、同年に軌道の使用開始とする村史の記述が裏付けられる。なお、建物5棟の内訳は軌道倉庫1棟、倉庫3棟、軌道事務所1棟であるが、この倉庫は軌道修繕人夫(当時の表現)小屋として北海道庁から払い下げられたものを信取、清澄、下居辺に分割移転して倉庫として使用したものである。

軌道は下居辺から高島までは緩やかな下りとなっていたため、高島への貨物輸送は比較的容易であったという。貨車(トロッコ)使用料は1日10銭で、馬1頭あたり2両を連結して、所要時間は2時間ほどだった(『しほろ村史』による)。

開通後の軌道は、前出の小林實氏の調査によると居辺川や本流の利別川の水害によって橋梁がしばしば被害を受け、不通になることが多かった。また、沿線住民の記憶として、橋梁に取り付けられた踏板を踏み抜いて馬が脚を怪我したエピソードや、貨車からの転落、貨車の転覆による事故の証言が記されている。

居辺線の存在に大きく影響を及ぼしたのは町村境界線の変更だった。下居辺地区は池田町に属していたが、地勢上高島駅よりも士幌駅に近い位置にあった。

27号道路が整備されると士幌への通行が容易となったため、下居辺地区では士幌村への編入を望む声が高まり、1932(昭和7)年に池田町に対して請願が出された。同年3月には池田町では分村反対の町民大会が開催され事態は紛糾したが、1933(昭和8)年6月1日付で南21線以北は士幌村に編入された。

下居辺地区の士幌村への編入によって、この地区の農産物の流れは徐々に士幌側に向かうことになり、軌道の輸送貨物量は減少した。下居辺停留所に建設された軌道倉庫も不要となったため、1940(昭和15)年7月17日に撤去され、その後移築されて高島産業組合の倉庫として利用された。翌年4月には士幌村部分(町村界である西十二線から下居辺市街まで)が廃止され、軌条も撤去された(告示上の部分廃止は1944〈昭和19〉年5月3日、廃止距離は5.078km)。

部分廃止によって軌道の利用はさらに低下し、やがて廃止となった。路線廃止の告示は1949(昭和24)年2月23日とされている。小林實氏の調査によると、軌条は廃止後ただちに撤去されたのではなく、一部は昭和30年代まで残っていたということだった。十勝地方で唯一敷設された殖民軌道である居辺線は、開通から一部路線の廃止を経て、ひっそりとその姿を消していった。

雄武線
おうむせん

文・写真：佐々木正巳

全通しなかった北オホーツクの未成線

　簡易軌道雄武線は全線の約6割までの路盤工事が終了した状態で工事が凍結され、そのまま開業が見送られた未成線である。だが、国土地理院発行の地形図にも路線が掲載されている珍しいケースなので、紹介させていただくこととした。

　軌道の敷設された雄武町はオホーツク海沿岸に位置する酪農と漁業の町で、1935（昭和10）年9月15日に名寄本線興部駅から敷設された興浜南線が開通したことにより、鉄路で結ばれた。

　雄武町史によると、1928（昭和3）年の事務報告では、軌道は内陸森林からの木材、開拓地からの農産物、雄武威鉱山および北隆鉱山からの鉱石搬出に資するとして、雄武〜上雄武線11.346km、雄武〜幌内線8.047km、幌内〜上幌内線19.393kmの軌道敷設を北海道庁長官に請願するなど誘致活動が行われていた。

　しかし、実際に軌道敷設工事がはじまったのは戦後の1950（昭和25）年のことだった。軌道の役割の一つとして期待されていた鉱石輸送については、両鉱山とも戦前に休山となっている。また、雄武市街から上雄武、上幌内に至る道路整備が進んだことにより、軌道は請願当初とは異なり、雄武市街から音稲府川沿いを北西に進み上幌内に至るルートで計画された。

　請願理由の一つとされていた北隆鉱山には専用軌道が敷設されており、鉱石を輸送するために鉱山と元稲府港とを結んでいた。この専用軌道は1928（昭和3）年鉱山の採鉱開始とともに敷設、運行がはじまったとされ、1943（昭和18）年の休山とともに廃止されている。専用軌道は鉱石輸送や一時期1000人近くいたとされる従業員とその家族の旅客輸送に利用されたほか、沿線住民も便乗していた。

　専用軌道は旧版地形図には記載されていないが、1947（昭和22）年に米軍によって撮影された空中写真でそのルートは確認できる。一方、雄武線は未成線であったが旧版地形図（雄武　1/5万　1956〈昭和31〉年8月30日発行）には記載されている。鉱山専用軌道の推

定ルートと雄武線の工事路線ルートは音稲府川沿いの区間では多くの部分が重複しており、軌道が鉱山専用軌道のルートを「活用」していたことがうかがえる。

　音稲府川沿いの平地には音稲府開拓団地という新興開拓地があったが、軌道はこの開拓地を縦断する形で敷設されている。音稲府団地には戦後の緊急開拓事業とそれに続く開拓事業によって新規入植した者が多くあり、道路整備が遅れていたことから軌道の敷設には、新規開拓者への交通上の利便を図る目的もあったと思われる。

　軌道の終点を上幌内としたのは、上幌内道有林からの木材搬出の役割を期待されたためである。戦後は戦災復興のために木材の需要が急増しており、北海道各地で木材の搬出が盛んに行われていた。

　雄武線の軌道総延長は24.207kmとされ、工事費総額2億584万9000円で札幌市内の企業が建設を請け負った。工事は3年間行われ、1953（昭和28）年度までに路盤施工15.100km、軌条は14.540km敷設された。このほか橋梁8ヶ所、伏樋29ヶ所、踏切5ヶ所、停留所、倉庫などの施設や通信施設12kmが整備され、貨車46両、機関車2両が導入された（雄武町史による）。

　軌道敷設工事は起点から約15kmの地点（『雄武町百年史』では約17kmと記述されている）まで路盤施工されたものの、工事は中断され再開されることはなかった。1953（昭和28）年度に国営事業費が大幅に縮小されたことが工事中止の理由の一つとされている。また、開

左上 工事停止地点の先には北隆鉱山軌道の橋梁跡が残っている。2010(平成22)年4月撮影 中 北隆鉱山跡には精錬所の遺構が残っている。木々が生い茂り古代遺跡の様相を呈していた。2010(平成22)年10月撮影 右 未舗装道路に沿って雄武線の路盤跡が残っている。2010(平成22)年4月撮影 左下 クマザサには覆われているが、早春に訪れると軌道跡が確認できる。2010(平成22)年4月撮影

拓地の土壌や度重なる冷害による影響で農作物の収穫は思うに任せず、入植者の離農が相次いだことで農産物の輸送が期待できなくなったこと、道路整備によって上幌内道有林からの木材搬出もトラック輸送の目途が立ったことが軌道の全通のみならず軌道自体の意義喪失につながった。

1954(昭和29)年1月20日発行の『農地第41号』(農林省農地局編集)では、雄武線は建設中路線とされている(所在地：自国鉄雄武駅前　至紋別郡雄武町上幌内、着手年度：昭和25年、完了予定年度：昭和31年、建設事業費：211,028千円、延長：24.2km)。雄武線がどの時点で工事中止となり廃線に至ったかを示す文献は確認されていない。前述の1956(昭和31)年発行の旧版地形図も工事中の軌道路線が記載されていることや、軌道が記入されている地図が掲載された雄武町町制要覧がこの年が最後になっていることなどから、1956(昭和31)年に工事の中止が決まったものと思われる。

軌道敷設の請願時期と実際に工事が開始された時期が離れた場合、その間の状況変化によって軌道に期待される役割が失われるケースはいくつかみられる。雄武線はその典型であり、建設が進められながら未成線に終わった悲運な路線であった。

今現在の国土地理院電子地形図に加筆のうえ転載

道央 の 簡易軌道

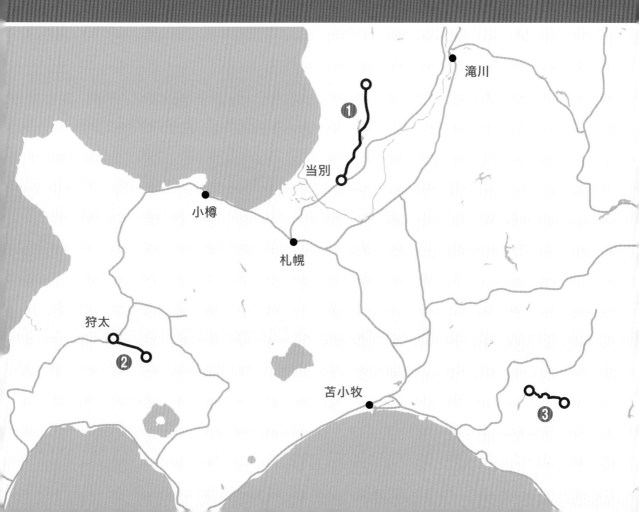

当別町営軌道
とうべつちょうえいきどう
（簡易軌道当別線）

文・写真：佐々木正巳（特記以外）

木材を積載した列車を牽引する酒井工作所製ディーゼル機関車。
撮影年不明　写真提供：当別町

運行系統

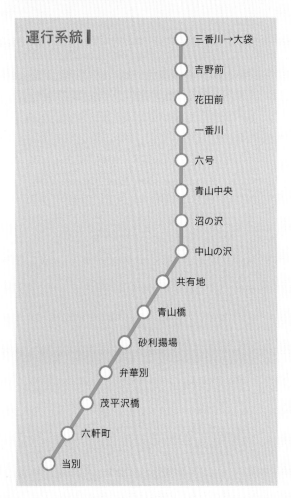

- 三番川→大袋
- 吉野前
- 花田前
- 一番川
- 六号
- 青山中央
- 沼の沢
- 中山の沢
- 共有地
- 青山橋
- 砂利揚場
- 弁華別
- 茂平沢橋
- 六軒町
- 当別

水害に翻弄された悲運の軌道

　当別町営軌道は現在のJR北海道学園都市線（札沼線）当別駅前から当別川上流の三番川地区まで敷設された戦後最初の新設路線である。

　軌道は当別川に沿って敷設されていたが、当別川は過去に何度も流域に水害を発生させてきた過去があり、これが軌道の運命に大きな影響を与えることとなった。

　1946（昭和21）年6月、当別町は特別委員会を設置して、戦後の緊急開拓事業によって入植が相次いだ当別川上流の住民のための軌道敷設を求め、当別青山殖民軌道嘆願書を北海道庁長官と北海道議会に提出した。嘆願は受理されて国に上申された結果、軌道の敷設が

弁華別停留所跡。軌道は弁華別小学校（写真左の建物。閉校）の横に敷かれていた。2022（令和4）年6月撮影

上 青山地区の軌道跡は2012（平成24）年に完成した当別ダムによって多くが湖底に沈んでいる　右 当別湖畔には道路に転用された軌道跡がわずかに残っている。いずれも2022（令和4）年6月撮影

決定した。翌1947（昭和22）年6月からは北海道庁開拓建設課による測量が行われ路線が決定した。当別町史によると、土地の確保に苦労したものの、最終的には関係者の努力もあって敷設予定地は確保された。

　当初の工事計画では4年計画で1947（昭和22）年度に当別〜青山橋間9km、1948（昭和23）年度に青山橋〜中山の沢6km、1949（昭和24）年度に中山の沢〜一番川間8km、1950（昭和25）年度に一番川〜三番川（大袋）間9kmを敷設する予定だったが、予算の削減により工事が遅延していた。この事態を憂慮した当別町長は上京して農林省、大蔵省、安定経済本部に予算配分の円滑化を訴えた。この陳情によって敷設工事は継続されることにはなったが、実際に当別〜青山橋間で運行がはじまったのは計画から2年遅れの1949（昭和24）年6月1日のことだった。軌道は動力線として開業した。

　軌道運行にあたり、1949（昭和24）年6月に関係住民および関係業者による運行組合が設立され、代議員18人が選出された。軌道運行組合では停留所業務、機関区業務、工場業務、保線業務の4係が組織されて業務にあたった。運行組合設立までは当別町役場が開拓業務の一つとして軌道管理をしていた。

　敷設工事は軌道運行と並行して進められたが、当別川の水害による最初の受難を受けることになる。1950（昭和25）年2月末、当別川は融雪による増水によって洪水を発生させ、共有地〜中山の沢間で建設されていた7号橋梁が流出する被害を受けた。復旧工事が行われ、7月11日には青山中央までの運行が開始されたが、7月31日、8月1日の豪雨によって再び洪水が発生して、5ヶ所の橋梁が流出したほか、軌条の流出および路床が欠壊する大被害となった。

　復旧には多額の費用が必要であり、その確保と迅速な工事施工を求めるために、軌道運行組合長は北海道庁開拓建設課長を伴い上京して各省庁に要請を行った。

　政府側は当初復旧工事費用の6割を軌道運行組合で負担することを求めたが、組合では負担できない額だったため交渉は継続協議となった。粘り強い協議の結果、最終的に軌道側の要望は受け入れられ、復旧工事が実施されることになった。

　復旧工事を含めた敷設工事が進められた結果、1952

上 道道28号線青山奥橋近くに残る軌道橋梁跡。対岸には3連の橋脚も残っている。
2022(令和4)年6月撮影

下 二番川付近の橋梁跡。橋脚は倒壊している。
2022(令和4)年6月撮影

関車1両が導入され、鉄板張客車2両、木製客車1両、木製有蓋貨車2両、木製貨車30両、無蓋枠付き貨車4t積20両、同2t積20両が配備された。

　1952(昭和27)年、農林省(当時)は各地の軌道を敷設された町村へ委託管理する方針を明らかにして、各町村は農林省と委託管理協定を締結していった。当別町でも軌道の町営化を検討するために同年3月30日町議会内に軌道常任委員会を設置した。委員会は運行組合とも協議を続けていたが、他の軌道同様に軌道運営に困難をきたしていたこともあり、1953(昭和28)年10月13日付で農林省と委託管理協定を締結し、町営軌道化された。

　軌道は青山地区周辺の道有林の木材輸送、農産物の輸送に活躍したものの、相次ぐ水害や施設の老朽化で保線には大きな負担が伴った。また、降雪によって冬期は長期の運休を余儀なくされたことも軌道経営にはマイナス要素となっていた。

　軌道運行に決定的なダメージを与えたのは1954(昭和29)年4月28日に発生した融雪による洪水で、この水害により青山橋以北の地域で橋梁、路盤が深刻な被害を受けた。さらに同年9月26日に北海道に上陸した台風15号(洞爺丸台風として知られる)でも被害を受け

(昭和27)年に三番川までの全線が開通した。

　一斉告示は1953(昭和28)年7月25日であり、当別市街から三番川までの粁程は31.348kmであった。三番川停留所は1956(昭和31)年3月2日の告示(第280号)により大袋に変更されている。

　当別町史によると軌道には、当別、六軒町、茂平沢橋、弁華別、砂利揚場、青山橋、共有地、中山の沢、沼の沢、青山中央、六号、一番川、花田前、吉野前、三番川(のちの大袋)の15停留所が設置された。

　各停留所に設置された施設・設備は当別(機関車貨車庫、修理工場、倉庫)、六軒町(保線詰所)、中山の沢(保線詰所)、青山中央(倉庫、保線詰所)となる。

　軌条は起点から4kmは9kg軌条、4〜9kmは12kg軌条、9〜12kmは10kg軌条、12km〜終点までは12kg軌条と路線内で異なる規格の軌条が敷かれていた。

　牽引車両としてガソリン機関車2両、ディーゼル機

大袋停留所近くの橋梁跡は道路橋に転用され、現在も使われている。
2022（令和4）年6月撮影

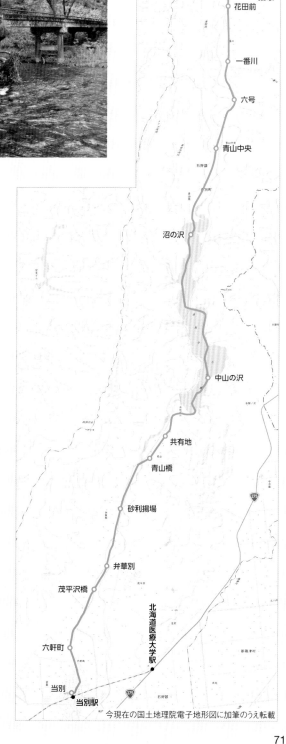

今現在の国土地理院電子地形図に加筆のうえ転載

た軌道は運行休止に追い込まれた。

　一連の水害による被害は甚大で、復旧に要する費用の確保が困難なことから当別町は軌道の継続を断念した。町は1956（昭和31）年3月31日に農林省との委託管理協定を破棄し、軌道の運行を停止した。手続き上の廃止は1958（昭和33）年とされているが、実質的には部分開業から7年、全通からわずか4年での廃止となった。

　運行停止の翌1957（昭和32）年から北海道中央バスの青山線の運行区間が当別駅〜青山ダム（軌道終点の大袋停留所の北）に延長され沿線住民の足となったものの、住民の減少により路線は次第に短縮されて1988（昭和63）年には青山中央が終点となり、その後廃止された。軌道が走っていた当時は林務所の駐在所や診療所のあった青山中央をはじめ、二番川地区にも集落が形成されていたが、次第に戸数が減少して人々の多くがこの地を去っていった。

　現在、軌道のあった場所を訪れると、2012（平成24）年に完成した当別ダムによって青山地区の様相は大きく変わっていた。軌道に並行していた道路沿いには民家が点在するものの、集落は認められない。路線の一部は廃線跡探訪者の間で有名だった7連橋脚とともに当別ダムによって水没していた。明確な遺構は一部の路盤跡と数ヶ所に残る軌道橋の橋脚のみで、水害に翻弄された悲運の軌道はその痕跡を消そうとしていた。

真狩線
まっかりせん

文・写真：佐々木正巳（特記以外）

馬力線として開通した真狩線は根室線からガソリン機関車が導入され動力化された。
撮影年不明　写真提供：ニセコ町

粘り強い住民要望が実って敷設

　真狩線は殖民軌道として狩太駅（現在のニセコ駅）から真狩別村（現在の真狩村）に至る区間に敷設された。

　真狩線には「前史」がある。厚床〜中標津間に初めての殖民軌道根室線が開通した1926（大正15）年からさかのぼること5年前の1921（大正10）年、真狩別村は馬車軌道を狩太〜真狩に敷設するための資金として起債15万円の借り入れを議決した。真狩村に隣接する留寿都村でも1922（大正11）年12月14日の村議会で「軌道敷設事業組合設立ニ関スル件」を審議、議決して狩太村、真狩別村と三村による共同で事業組合を設立し、この組合によって軌道の敷設、管理を行うこととなった。翌1923（大正12）年4月17日の官報第2909号には「本月十二日　北海道胆振国虻田郡真狩村ニ対シ北海道胆振国虻田郡真狩村、同郡狩太村間ニ馬車鉄道特許状ヲ下付セリ（旧字体を新字体に修正）」との記載がある。

　1923（大正12）年7月から10月にかけて道庁土木部道路課技手らによって軌道の設計、測量が行われ工事に向けた準備が進められたが、第一次世界大戦後の経済不況の影響で敷設計画は中断を余儀なくされ、1926

（大正15）年に軌道敷設事業組合は解散した。

　しかし、1927（昭和2）年に北海道第二期拓殖計画が実施され47の殖民軌道の計画路線に真狩線が含まれると、軌道敷設への機運が高まった。

　1929（昭和4）年11月7日には3村長連名で殖民軌道敷設の請願が出されると、翌年には実測設計が行われた。しかし、1931（昭和6）年になっても工事がはじまらなかったため、11月に工事開始を求め北海道庁長官に対して「殖民軌道敷設速成ノ件」の請願書が提出された。だが、実際に工事がはじまったのは2年後の1933（昭和8）年9月28日であった。

　1934（昭和9）年1月26日付で提出された道庁拓殖部殖民課技手の復命書（殖民軌道真狩線再測、設計、工事実行復命書）によると、1933（昭和8）年7月に現地に赴いたところ、1930（昭和5）年に行われた実測設計のために立てられた測量杭はほとんど残っておらず、また

運行系統　1943（昭和18）年ごろ　　　　　　　　　　　　　　　※赤字は路線別粁程表に記載されていない停留所

狩太　　富士見　　元町　　近藤　　冨里　　苗圃　　真狩別
　　　　　　　　　　　　　　　　　　　　　　　　　　　→真狩

狩太停留所跡は「ニセコ鉄道遺産群」として9600型蒸気機関車、ニセコエクスプレス車両、転車台などが展示されている。
2022（令和4）年6月撮影

左 狩太停留所近くには石造りの農業倉庫が保存されている　右上 狩太停留所を出た
軌道は市街地を迂回していたが、その跡は町道に変わっている　右下 町道に姿を変えた
軌道跡はやがてその姿を消していた。いずれも2022（令和4）年6月撮影

その後の道路改良、水田への用水路築設などによって
改測と路線の設計を余儀なくされた。そのため、いっ
たん工事は中断され設計変更、改測を行いながら改め
て工事の入札が行われた。敷設工事は2工区に分けられ、
いずれも同じ事業者が請け負っている。復命書には、
落札後に地方費道と競合する終点（真狩別）付近での
路線変更、沿線開発による踏切および水路等の作上物
増加による設計変更が行われた。この結果、第一工区、
第二工区ともに請負金額が増加するなど、敷設工事の
内容は二転三転した。

　工事は年内竣工を目ざして突貫工事が行われたが
工事作業員の不足、工作物の材料高騰に悩まされた。
また、沿線の地質が重粘土層に礫の混ざる土壌だった
ため工事は難航した。人員不足を補うため東京で募集
した作業員40人を加えたものの、土工事に不慣れな者

が多く効果は薄かった。さらに11月に入ると降雪があ
り、積もった雪を除きながらの工事となった。降雪に
よる工事中断を懸念した道庁は狩太村と真狩別村に
事業所を設置し、工事の進捗管理にあたり工事完遂を
督励した。人員や物資の不足、悪土壌や積雪などに悩
まされた工事は12月15日に竣工し、同月18日に検定
が行われた。しかし、積雪によって十分な検定ができ
なかったため、融雪後に工事に瑕疵が認められた場合

上 冨里から真狩別までの軌道のほとんどは農道に転用されて現在もたどることができる **右上** 真狩別停留所近くの軌道跡。真狩線跡をたどると軌道は羊蹄山麓に敷かれていたことを実感する **右下** 真狩別停留所付近。軌道跡を転用した道路が続いている。いずれも2022（令和4）年6月撮影

は施工業者で無償修理する付帯条件が付けられ、工事が完了した。

　この工事で行われたのは路盤工事であり、ニセコ町百年史（2002〈平成14〉年発行）によると1935（昭和10）年に一部修繕工事を経て同年12月に軌条が敷設された。運行が開始されたのは翌1936（昭和11）年のことで同年1月11日に使用開始告示が出されている。路線別粁程表によると粁程は12.965kmで、狩太、富士見、元町、冨里、真狩別の停留所が設置された。各停留所に設置された施設・設備は以下のとおり。狩太（事務所、電話）、真狩別（工夫詰所、電話）。

　また、1943（昭和18）年4月15日に北海道庁長官の承認を受けた軌道便乗券をみると、元町と冨里停留所の間に近藤停留所、冨里と真狩（真狩別村は1941〈昭和16〉年に真狩村に改称されている）停留所の間に苗圃停留所が設置されていたことが確認できる。

　敷設工事と並行して行われたのが用地の確保だった。軌道用地は基本的に無償寄付に依っていたが、すべての用地の無償提供を受けることができなかったため、真狩別村では1931（昭和6）年2月に開催された村会で用地全面積の3分の2を村が買い取り、3分の1を地主に寄付を要請するという議案を議決した。村は軌道敷設用地の調査に臨時委員を任命（1933〈昭和8〉年8月）して用地確保に向けた準備をはじめた。軌道の路線測量は1934（昭和9）年に行われ、臨時委員による調査が行われた。翌年3月9日に開会された村会では「拓殖軌道敷地買収費ニ充当ノ為」1600円を普通基本財産から支

消する議案が提出、議決されて用地確保が進められた。

　軌道の起点である狩太村でも同様に軌道用地確保のために対象となる民有地の大部分を買い上げたうえで1936（昭和11）年2月6日に寄付願を提出している。

　運行開始に先立って1935（昭和10）年に殖民軌道使用規約が制定され、規約に基づき運行組合（殖民軌道真狩線使用組合）が設立された。組合は狩太村でも設立されており、両組合による連合会が新たに発足、連合会長は真狩別村長が務めた。狩太～真狩別間の軌道は開通したものの、当初計画された留寿都村までの敷設は見送られた。

　規約では軌道の使用料金が定められており、貨物1両往復1円50銭、俵包80銭、その他荷物は1個当たり50銭となっている。

　軌道は馬力線として運行が開始されたが、その後根室線からアメリカ製ガソリン機関車が2両導入されて動力化された。

　動力化によって輸送能力は格段に向上し、1938（昭和13）年度の事業成績は旅客数5844人、出荷農産物として澱粉1万5786袋、雑穀1万235俵、澱粉粕2126俵、ビート（サトウダイコン）1万805俵、沿線への輸送物資として肥料1358俵、石炭3367俵、石灰8195俵、その他貨物7311個が記録されている。翌年度には旅客数

（8626人）、輸送貨物ともに伸長している。それによって軌道収入も1938（昭和13）年度4542円26銭（旅客収入1549円5銭、貨物収入2993円21銭）、1939（昭和14）年度5463円38銭（旅客収入2213円51銭、貨物収入3249円87銭）への増収となっている。

定期列車は運行当初は1日2往復だったが、その後3往復に増便され、1941（昭和16）年の運転表によると真狩別発の列車時刻は6時30分、11時00分、16時10分、狩太発は8時40分、14時10分、17時50分である。運転表上の全線運転時間は1時間9分となっている。

軌道は大いに活躍したが、ここで問題となってきたのが150m以上離れていた狩太停留所から狩太駅への貨物の積卸作業と旅客の乗り換えであった。この問題を解決するために運行組合連合会長名で札幌鉄道局に狩太駅構内へ軌道延長する陳情を行った（1940〈昭和15〉年2月10日）が、延長許可は得られなかった。

戦時下になるとガソリンが統制下に入り配給制となったために機関車燃料が不足するようになった。軌道の機関車も木炭燃料化して対応したが、地元古老の記憶によると機関車の牽引力が低下し、乗客が後押ししなければならなかった（真狩村史）という。

このような事情もあり、軌道使用組合は蒸気機関車の導入を計画していた。しかし、戦時下による鉄道輸送への統制により機関車の移送が停滞していた。真狩村は国から軍需材の搬出を命じられていたが、冬期は積雪によって軌道が運行休止となっていたため、馬橇

で輸送を行わざるを得ない状態であった。目標達成のために、村では全村民を動員して軌道除雪作業の勤労奉仕を手配する一方、札幌で滞留していた機関車の輸送を改めて陳情した（1944〈昭和19〉年3月15日）。その望みは叶わず、蒸気機関車は導入されずに終わっている。

戦後しばらく軌道は農産物や旅客の輸送に活躍したが、沿線では道路の整備が進んでいた。バス運行についてはすでに1922（大正11）年から狩太、留寿都間で定期運行がはじまっていた（のちに北富士自動車会社に発展）。戦後は道南バスが北富士自動車会社を吸収し、路線も引き継がれた。バスだけでなく自動車の通年通行を妨げたのは積雪による道路閉鎖だったが、1952（昭和27）年に冬期バス運行期成会が結成され道路除雪を訴えた結果、土木現業所による除雪が行われ、冬季の自動車運行が実現した。

道路の整備と除雪により旅貨客の輸送が急速に自動車に移行したことにより、軌道はその使命を終えて1953（昭和28）年5月25日に廃止された。

軌道の廃止後、真狩停留所の軌道倉庫は真狩村農業協同組合に払い下げられ、路線のうち真狩村内通過部分は農道に転用する申請がなされた。このなかには民有地も含まれていたが、道庁からは民有地（民有地買収の際に付加された「特約」のあるもののみ）の所有権を真狩村に移転させたうえで農道に転用することが認められ、軌道跡は町道、農道としての新たな役割を果たすことになった。

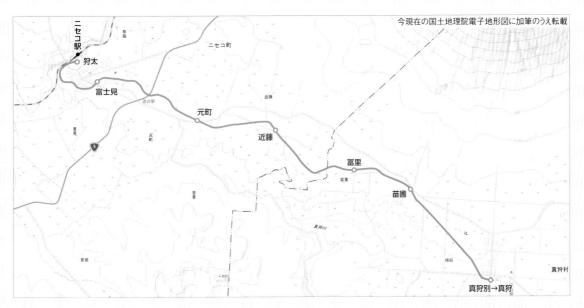

今現在の国土地理院電子地形図に加筆のうえ転載

貫気別線
ぬきべつせん

文・写真：佐々木正巳

短命で消えた日高地方唯一の軌道

　殖民軌道貫気別線は運行期間が短く、使用実績など実態が不明な部分が多い軌道である。

　軌道は平取村（当時）を流れる沙流川沿いの荷負から貫気別川（沙流川の支流の一つ）上流の上貫気別集落（現在の旭地区）間に敷設された。この軌道は始終点、沿線で鉄道との接続がない殖民軌道唯一の路線であり、日高地方に敷設された唯一の路線でもある。

　貫気別地区地域誌（郷土誌貫気別）によると、軌道は佐瑠太（のちの富川）〜平取間に敷設された沙流鉄道が延伸されることを期待して敷設を計画したものの、延伸が叶わなかったため接続線を持たない存在となってしまった。

　軌道敷設にあたり北海道庁殖民課による事前調査が行われたが、その報告書（復命書）によると荷負〜上貫気別は他の地区にくらべて農家戸数が多く出荷物は木炭、木材などが主だが、将来は農産物も伸長すると予想されている。しかし、出荷物の輸送手段に乏しく費用が嵩むことが課題となっており、軌道の敷設は住民に大きな効果があるとされている。

　1933（昭和8）年に敷設工事が起工した。他の軌道でもみられるが、敷設工事は冷害対策救農事業の一つとして行われ、住民は工事に出仕して報酬を得ていた。敷設工事は翌年に完了し、11月より使用が開始された。告示上の使用開始は12月14日になっている。

　路線別粁程表によると粁程は13.427kmで、荷負、貫気別、上貫気別停留所が設置された。各停留所に設置された施設・設備は以下のとおり。荷負（事務所、倉庫、電話）、貫気別（電話）、上貫気別（電話）。

北海道移民事業施設概要（北海道庁拓殖部殖民課発行）によると、軌道には貨車が38両配備された。軌道電話機は沿線住民宅に設置されていたため、列車交換用よりも地域間の連絡用に使われることが多かったという。橋梁は4ヶ所に設置され、1号橋、2号橋は道路橋との併用橋として建設された。

　荷負地区郷土史（郷土誌におい）によると、荷負集落は沙流川上流からの流送（伐採された木材を川の流れを利用して輸送する手段）の中継地で、流送請負人の飯場が置かれるなど小さな集落を形成していた。

　軌道が開通すると荷負は沿線の開拓が進むことを期待して急速に発達した。当時の市街図をみると一般商店や旅館、鍛冶屋や自転車屋などに加えて当時としては珍しいカフェも店を構えていた。荷負停留所には軌道倉庫のほかに木炭倉庫が置かれていた。終点の上貫気別には駅逓所が設置されていた（後年に旅館に転じた）。

　軌道は馬鉄で運行され、定期便は1日2往復で上貫気別と荷負を同時刻に発車し、貫気別で列車交換していたということだが、荷が少なかった場合は1往復の運行で終わる日もあったという。車両としては貨車のほかに10人ほどが乗車できる客車が使われていた。

　軌道の開通によって沿線の貫気別、上貫気別の開拓と木材の輸送なども期待されたと思われるが、川に沿った平地は狭隘で、開拓は思うように進まなかった。冷害により沿線入植者の退去も相次いだこともあり、貨

路線図 ▌ 1943（昭和18）年ごろ

荷負　　　　貫気別　　　　上貫気別

上 荷負市街。軌道跡を一部転用した道路は途切れているが、軌道は正面倉庫を越えて直線に敷設されていた　右 荷負停留所跡。正面の道路が軌道の跡。いずれも2022（令和4）年8月撮影

物輸送量は他の軌道にくらべて極端に少なく、1937（昭和12）年度の輸送実績はわずか41tであった。

軌道は額平川や支流の貫気別川の増水によって橋梁の流出や築堤下の土管の破損によってしばしば運休を余儀なくされており、これも軌道の利用低下に拍車をかけた。起点である荷負も振内地区でクローム鉱を産出していた八田鉱山が活況を呈し関係者が多く居住するようになると商店などが移転、住民も鉱山労働者として流出し急速に寂れていった。

軌道は活躍の場を与えられないまま、廃止の時を迎えた。告示上の廃止は1940（昭和15）年8月14日となっており、同年9月15日に開催された殖民軌道運行組合長会議にも貫気別線運行組合長の名は出席名簿にすでになく、会議資料として供された「昭和十五年度殖民軌道馬鉄線使用成績表」でも実績は空欄となっている。実際には告示上の廃止の2年前1938（昭和13）年に

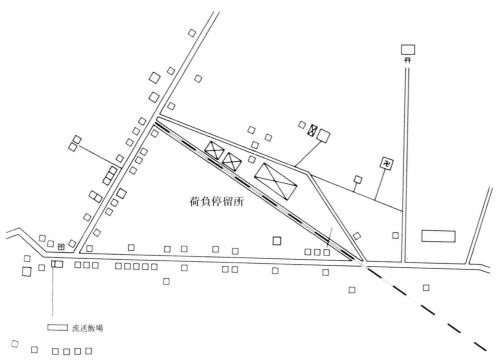

荷負停留所

流送飯場

昭和10年ごろの荷負市街。軌道のほか軌道倉庫の位置も確認できる　写真：『郷土誌におい』に掲載されたものを一部修正

上 軌道は貫気別停留所から貫気別川を橋梁で越えていた。当時の橋梁は道路との併用橋だと伝えられている　左 上貫気別停留所跡。正面の空き地部分に停留所があり、駅逓所(のちに旅館に転用)が設置されていた。いずれも2022(令和4)年8月撮影

は運行が終了していたとみられている。

　貫気別線は短命でひっそりと消えていったため記録はほとんどなく、わずかに住民の記憶にのみ残るだけの薄命の軌道であった。

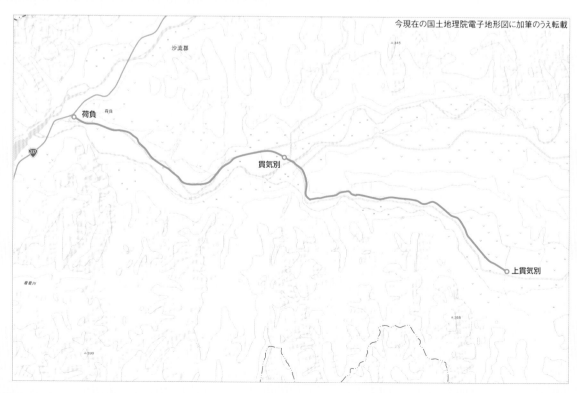

今現在の国土地理院電子地形図に加筆のうえ転載

道北 の 簡易軌道

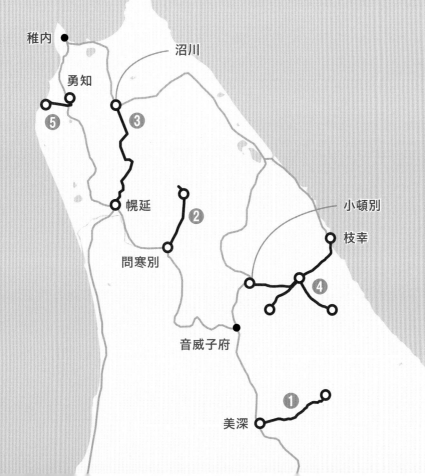

美深町営軌道
びふかちょうえいきどう
（簡易軌道仁宇布線）

文・写真：佐々木正巳（特記以外）

請願開始からわずか2年で開通

美深町営軌道は殖民軌道仁宇布線として宗谷本線美深駅前から仁宇布まで敷設され、奥地の開拓に貢献した。軌道終点である仁宇布周辺には広大な森林があり、木材搬出の輸送手段としても活用されたことがその後の軌道に大きな影響を及ぼすことになった。

仁宇布地区は明治年間に入植がはじまり、駅逓が設置されるなど集落は徐々に発展していた。美深市街と仁宇布間は1913（大正2）年に道路開削が完了していたものの、農産物や物資の輸送は馬運のみであったため、輸送力は乏しかった。

美深町史によると1932（昭和7）年に仁宇布集落を訪れた名寄森林事務所長が森林資源の開発や開拓地の発展のためには軌道の敷設が必要であると唱えたことが発端であるとされている。

これを受けた町議会は軌道敷設を北海道庁長官に請願する提案を1933（昭和8）年2月27日に可決し、直ちに誘致活動がはじめられた。北海道議会議員の協力もあり、北海道庁も軌道敷設に向けた検討が行われ、同庁拓殖部長らによる現地調査の結果、敷設が決定された。美深町史によると総工事費は30万円とされている（1954年発行の農林省農地局編集の『農地』では仁宇布線の軌道建設事業費は9万3785円と記されている）。

同年の8月には早くも工事予定区間の測量が開始され、11月には起点から仁宇布7線までの路盤工事が進められた。そして翌1934（昭和9）年11月には仁宇布7線から25線間の工事も完了した。工事にあたっては、軌道用地の無償寄付や敷設に必要な4万本の枕木を造材から製材まで行うなど地元住民の奉仕があったこ

とが伝えられている。軌道が開通したのは1935（昭和10）年6月のこと。敷設請願開始から2年余りの短期間で運行開始に至ったのは異例のことだが、地元の多大な理解と協力がその要因の一つであったと思われる。

1935（昭和10）年6月19日に軌道の終点である仁宇布の小学校で開通記念式典が催された。なお、告示上の使用開始は同年4月25日であり、区間は「自天塩国中川郡美深町省線美深駅鉄道用地内　至同国同郡同町字ニウプ原野二十五線」で粁程21.396km、美深、七郷、辺渓、緑泉、清瀬、仁宇布停留所が設置された。各停留所に設置された施設・設備は以下のとおり。美深（事務所）、辺渓（工夫詰所）、仁宇布（倉庫）。

軌道は馬力線として運行が開始され、同年4月に沿線住民からなる殖民軌道実行組合が設立された。仁宇布、ペンケ、美深の3地区に組合が設置され、3組合の連合会を束ねる連合会長を仁宇布組合長が務めた。

運行系統

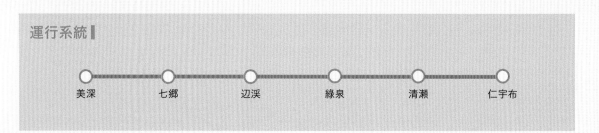

美深　　七郷　　辺渓　　緑泉　　清瀬　　仁宇布

上 軌道開通を祝う人々が乗るトロッコが連なり、開通のよろこびに沸き立った。
1935（昭和10）年撮影　写真提供：美深町
下 軌道開通を記念して美深停留所で撮影された記念写真。
1935（昭和10）年撮影　写真提供：美深町

仁宇布地区は大正年間には馬鈴薯とその加工品である澱粉の出荷で栄えてきたが、軌道の開通によって旅客、澱粉のほか軍用燕麦などの農産物の出荷に大いに役立った。さらに軌道開通前は冬期間の馬橇に頼っていた木材輸送も、軌道開通によって降雪期以外も輸送ができるようになった。

殖民軌道から森林軌道へ

軌道開通の翌年の1936（昭和11）年、停留所間の通信用の電話設備が設置され、農産物の出荷だけでなく木材輸送も増加して戦前の最盛期を迎えていた。第二次世界大戦開戦前に日本全体が戦時体制に移行すると、各地で軍用資材としての木材産出が求められるようになり、木材輸送手段として仁宇布線が重要視されるようになった。そのため開通以来、軌道実行組合が管理してきた軌道は1941（昭和16）年に美深町が管理主体となり、地区別組合は統合されてその組合長は美深町長が兼務した。町が管理主体となったことで、この時点から軌道は実質町営化されたことになる。

軌道終点の仁宇布地区周辺には多くの森林資源があり、その大部分が北海道有林であった。軌道が木材輸送に活躍したことはすでに述べたが、1941（昭和16）年に木材統制法が制定され、林業の国策化が進行するなか、仁宇布事業区の道有林が強制伐採命令（立木売渡命令による伐採）対象となったことで状況は一変する。

横断面が凸型の客車を牽引する客トロ。客車側面には広告が掲示されている。
撮影年不明　写真提供：美深町

上 美深停留所構内に美深林務署
が設置した貯木場。撮影年不明
写真提供：美深町
左 美深森林軌道時代の木材輸送
列車。軌道橋は吊り橋構造のようだ。
撮影年不明　写真提供：美深町

この強制伐採命令により、これまで毎年10万石（石は
旧単位であり0.278㎥に相当）前後の伐採量であった
ものが15万石を超える見込みになった。

　その一方、軌道の経営状態が思わしくなかったため
に町営化後も路盤、軌条、枕木の十分な補修は行われ
ていなかった。この状況では急増する木材輸送に対応
することは難しいと考えた道庁は、軌道の所管を拓殖
部から林務部に移し、無償貸与で森林軌道として管理
することとした。所管替えは1942（昭和17）年3月13日
付で、殖民軌道だった仁宇布線は森林軌道として木材
輸送に貢献することとなった。同年4月1日付で名寄森
林事務所から美深森林事務所が分離・新設されると軌
道は林務部から森林事務所に所管が移された。

　木材輸送力の向上のため、軌道にはガソリン機関車
が導入され動力化された。森林軌道となった翌年の

1943（昭和18）年に、国有林音標事業区からの木材搬
出のために軌道の終点である仁宇布25線から30線ま
で3.660kmが延長され、軌道名称は仁宇布森林軌道と
なった。

　1944（昭和19）年には前年に廃止された落合森林鉄
道から蒸気機関車（Orenstein & Koppel　B5t）の移
管を受けて輸送能力が強化された。

　森林軌道は戦時中造艦船用材、飛行機用材の増産命
令により木材輸送に活躍した。終戦後は軍需資材に代
わって戦後復興のために木材需要が高まり、1949（昭
和24）年に興部内事業区の出材輸送のために幌内越線
（延長4.007km）を、さらに仁宇布事業区北西地域の出
材輸送のために翌1950（昭和25）年に29線支線（延長
1.365km）を新設した。

　支線の整備は続き、1951（昭和26）年に29線支線が

2.015km 延伸されるとともに、27線支線（延長2.100km）が新設された。翌1952（昭和27）年には本線が0.519km延長された結果、仁宇布森林軌道としての総延長は35.062kmとなった。

こうして仁宇布森林軌道は美深林務署（美深森林事務所は戦後の林政機構の改編を受けて1949〈昭和24〉年4月1日に美深林務署となっていた）の所管する道有林以外にも隣接する興部事業区の出材輸送にも貢献した。木材輸送量は1949（昭和24）年度から1955（昭和30）年度までに道有林生産材として35万7000石に及んだ。また、仁宇布森林軌道は本来の殖民軌道として沿線住民の物資輸送も担っていたため、同じ期間に民間材7万2940石、民間物資2456tの輸送実績が記録されている。

貯木のために国鉄美深駅に接して請負側線、貯木場が整備されたほか、林務署直営の製材工場、林業機械や軌道の修理を目的とした修理工場も設置された。修理工場では修理業務のほかに重機などの製作を行っており、木材を積み下ろしさせる移動起重機（2t）も製作された。

森林軌道は支線の新設、延長を行ってきたが、伐採による資源枯渇のため1953（昭和28）年に29線支線全線が廃止され軌条は撤去された。

翌1954（昭和29）年9月に発生し、全国に甚大な被害を及ぼした台風15号（洞爺丸台風として知られている）は北海道内にも猛威を振るったが、森林資源も深刻な被害を受け、北海道全域で風倒木が発生した。仁宇布周辺の道有林も同様だったため、立木の伐採は中断され風倒木の搬出が優先された。

軌道の牽引車両としては上述のガソリン機関車、蒸気機関車のほかに戦後5両のガソリン機関車の導入（酒井重工業製B5tを2両、加藤製作所製B5tを3両）が記録されている。この5両はいずれも後年ディーゼルエンジンに換装された。

牽引車両のほかには2t積みの運材木車126両、運材鉄車20両が配備された。運材車両は2車台連結で1両とみなされ、平均積載量は18石、列車あたり5〜7両編成であった。運行速度は12km/hとされている。

軌道は林務署による補修が続けられていたにもかかわらず、重量物の輸送によって軌道の路盤が劣化し、車両の脱線事故が多発するようになっていた。1952（昭和27）年に発生した事故では職員1人が犠牲となった

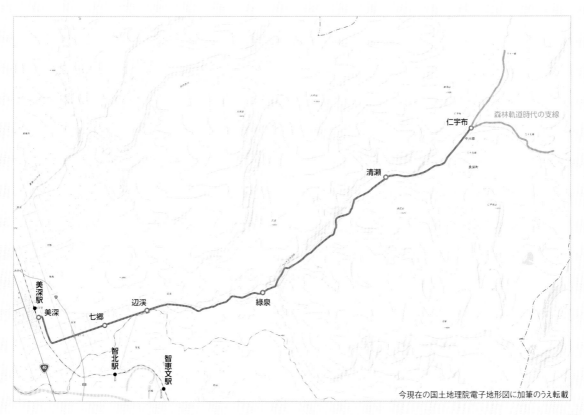

今現在の国土地理院電子地形図に加筆のうえ転載

側面に「仁宇布殖民軌道運行組合」と書かれた客車を牽引する加藤製作所製5tディーゼル機関車。美幸線現地調査時の写真と伝えられている。撮影年不明
写真提供：美深町

ともあり、名寄労働基準監督署は安全衛生施行規則第414条の規定に基づいて軌条の改良を求めた。法令では軌条の重量に対する車両重量の上限が規定されているが、この基準を満たしていない区間の改良が必要となった。

『道有林50年誌』によると29線支線廃止後の軌道総延長31.667kmのうち6kg軌条が6.686km、9kg軌条が19.527km、12kg軌条が5.474kmとなっていた。規定では5t未満の車両であっても9kg以上の軌条を使用しなければならないが、上記のようにそれを満たしていない6kg軌条区間が約6.7kmあった。動力化に耐えられない路盤、軌条が多く含まれていたことが軌道の運行、安全性に悪影響を及ぼしていることは明らかであった。

労働基準監督署の指示に応えるためには大規模な改良工事が必要になる。だが、昭和30年代に入って木材輸送量が大きく減少したことや、軌道に並行していた道道美深雄武線の整備が進み木材輸送をトラックに代替できる目途が立ったこともあり、美深林務署は1956（昭和31）年9月に森林軌道の廃止を決め、軌道は美深町に「返還」された。なお、その際に森林軌道後に敷設された支線の軌条は撤去されている。

返還を受けた美深町は、奥地への交通機関として軌道の存続は必要であると考え、翌1957（昭和32）年4月から再び「町営軌道」として運行を続けることとなった。なお、1957（昭和32）年度には軌道の補強工事の実施が町議会に専決処分報告として提出されているが、こ

の補強工事が軌条改良に係るものであるか否かは不明である。ここから軌道は簡易軌道仁宇布線となった。

美幸線工事の起工と軌道の終焉

町営軌道として再出発した1957（昭和32）年は、美深町内は別の話題で盛り上がりを見せていた。7月4日、国鉄美深駅構内で美幸線の着工記念式典が挙行された。1931（昭和6）年の現地調査を経て1935（昭和10）年に美深町長と枝幸村（当時）長連名による鉄道敷設請願以来、戦前戦中戦後も継続されてきた鉄道敷設に向けた活動は、1957（昭和32）年4月3日に鉄道建設審議会小委員会で美幸線を建設線として認定し、工事着工を可とする答申が出され、4月22日の国鉄の理事会で着工が正式に決定されたことで成就した。

路線測量による路線決定、路線用地の買収も順調に進み、1958（昭和33）年7月30日に美深〜仁宇布間（美幸線第一工区）の起工式典が挙行され、建設作業が開始された。

再び町営化された軌道は美深町の「簡易軌道仁宇布線維持管理事業」報告によると1957（昭和32）年度および1958（昭和33）年度はわずかながら黒字を計上していたが、以降は赤字決算となった。町は翌年度の予算の繰上充用や企業債（簡易軌道施設債）の起債などでその赤字分を補填し経営改善に努めた。しかし、黒字転換は叶わず累積赤字は次第に増加していった。

一方、美幸線の建設工事は順調に進められていた。

左上 美幸線のコンクリート橋梁脇に残る軌道橋の橋脚　左下 橋梁跡近くに残る軌道の路盤跡　上 美深駅前のバス停留所。時刻表では1日5便となっているが、予約があった場合だけ運行するデマンド方式がとられている。いずれも2022（令和4）年4月撮影

建設予定地は軌道のルートと重なる部分が多かったため軌道を存続させることは美幸線敷設工事の進捗に影響が及ぶ。また、軌道とほぼ同じルートに国鉄路線が敷設されることで軌道維持負担の解消にもつながることもあり、美深町は1962（昭和37）年秋に軌道の運行を終了した。告示上の廃止は翌年3月4日とされている。

美幸線の建設工事の槌音が響くなか、森林軌道時代を含めて28年間、美深市街と仁宇布市街を結んだ軌道はその使命を終えた。

軌道廃止後も軌道経営の赤字欠損分の会計処理のため簡易軌道仁宇布線維持管理事業は継続された。物品の売り払いなどの歳入追加はあったものの、累積赤字を埋めるには至らず、最終的には約680万円を歳費から繰り入れて財務処理は完了し、1965（昭和40）年度を以って維持管理事業は廃止された。

軌道が実質的な運行を終えてから2年後の1964（昭和39）年10月4日、美幸線の開通式を迎えて美深市街、「終点」の仁宇布でも住民の喜びの声が沸き立った。美深、仁宇布間はもとより枝幸町とつながる路線開通への期待も膨らんだが、周知のとおり美幸線は仁宇布〜枝幸間の建設工事が行われ全線開通まで目前となったものの、工事は凍結されそのまま1985（昭和60）年9月17日に全線廃止となった。

美深から仁宇布に車を走らせると、美幸線跡に隠れるようにコンクリートの橋脚や路盤跡などの軌道跡がひっそりと残っていた。

本稿をまとめるにあたり、美深町役場には掲載する写真の提供、軌道末期の軌道経営に関する情報提供等にご協力いただいた。とくに軌道経営を知る資料に関しては町議会議会事務局に多大なご尽力をいただいたことに対してこの場を借りて謝意を表したい。

幌延町営軌道
ほろのべちょうえいきどう
（簡易軌道問寒別線）

文：佐々木正巳

軌道の黎明期

　幌延町営軌道は殖民軌道問寒別線として1929（昭和4）に起工、翌1930（昭和5）年5月に運用が開始された。1947（昭和22）年に策定された北海道第二期拓殖計画では43路線総延長500マイル（約805km）の殖民軌道の建設が予定されたが、計画どおり建設されたのはこのうち16路線にとどまった。一方、計画以外に15路線が建設されており、問寒別線はその一つである。

　軌道は1930（昭和5）年9月10日に問寒別駅前〜上問寒別間13.172kmで運用が開始され、翌1931（昭和6）年に0.672km延長されている。延長区間の終点は新幌延町史によるとトイカンベツ駅逓所近くであった。この開通当初の経緯、粁程については史料でも異なる点がある。

　軌道の敷設された問寒別地区は天塩川の支流である問寒別川流域に形成され、奥地には北海道大学の研

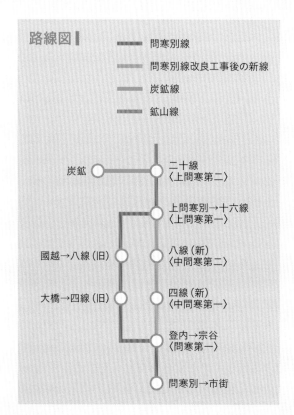

路線図

- ▬▬ 問寒別線
- ▬▬ 問寒別線改良工事後の新線
- ─── 炭鉱線
- ▬▬ 鉱山線

炭鉱 ○━━━○ 二十線〈上問寒第二〉

上問寒別→十六線〈上問寒第一〉

國越→八線（旧） ○　　○ 八線（新）〈中問寒第二〉

大橋→四線（旧） ○　　○ 四線（新）〈中問寒第一〉

登内→宗谷〈問寒第一〉

問寒別→市街

究林が広がっている。研究林には砂金、砂白金、砂クローム、石炭などの鉱物資源が存在しており、これらの存在がこの軌道の歴史に影響を及ぼした。

　路線別粁程表によると、沿線には問寒別、登内（とうない）、大橋、國越（くにこし）、上問寒別の5停留所が設置された。停留所名は開通後廃止までの間に変遷があるのでここで説明する。

　軌道は後述する変遷を経て延伸されるが、町営化後の乗車券には市街、宗谷、四線、八線、十六線、二十線、炭礦（たんこう）の7停留所が記載されており、この停留所が一般的に知られている。市街は問寒別、宗谷は登内、四線は大橋、國越は八線、上問寒別は十六線であり、延伸区間に二十線（軌道廃止時の終点）、炭鉱（炭鉱線の終点）が設置されていた。停留所名の変更時期についてはそれを示す史料等がなく不明である。

　一方、北海道開発局作成の路線図には問寒別駅、問寒第一、中問寒第一、中問寒第二、上問寒第一、上問寒第二と記載されており、改良工事の際に設置された駅名標にもその停留所名が記載されている。だが、沿線住民や軌道関係者に聞いてもその名に記憶のある人はなく、一般には浸透しなかった。

　軌道の停留所名には上記のような変遷があったことをお断りしてその歴史説明に入る。

　問寒別地区は1905（明治38）年に最初の入植者によっ

天塩鉱業株式会社時代の軌道事務所。撮影年不明
写真：『問寒別郷土史』（1950年発行）より転載

て開拓がはじまり、明治年間に奥地へと開拓が進んで
いった。1923（大正12）年10月20日に宗谷線が問寒別
まで延伸されるまでは交通路は水運に多くを頼って
いたため、軌道は奥地開拓の大きな原動力となった。

　軌道が開通すると地元住民による軌道使用組合が
結成され、北海道庁からの補助金交付を受けて枕木の
交換や橋梁の補修など維持管理を行った。使用組合は
問寒別、登内、大橋、國越、上問寒別の5組合から成り、
連合使用組合が各組合を統括し、毎日作業員（各組合
員からの奉仕）2人を軌道の維持に充てていた。1936（昭
和11）年8月に提出された復命書によると、組合員数は
問寒別30人、登内21人、大橋35人、國越18人、上問寒
別43人となっている。軌道車両としては、公費で配置
されたトロッコ（官製貨車）28台のほか、私製貨車が28
台配置されていたと記されている。

　各停留所からの運搬貨物は燕麦および雑穀、馬鈴薯
澱粉、ビート、亜麻などの農産物のほか、演習林や私有
林から搬出される木材などであり、私製貨車はおもに
木材輸送に使われていた。

　利用者は各停留所に配置されていた貨車を借り受け、
自家の農耕馬で牽引して農産物などの運搬を行って
いた。運行料（貨車使用料）は1台あたり10銭であったが、
この10銭は修理費（5銭）、車軸油購入費（3銭）、運行票
発行手数料（2銭）に充てられた。旅客については上問
寒別に設置されていた駅逓所の取扱人が1日2往復運
行させていた。

　問寒別地区は泥炭層を多く持つ土壌であったため、

降雨や融雪期に泥濘化して路盤の沈下を招いたほか、
生木でつくられた枕木の腐食も著しく、路線の維持管
理は困難を極めた。また、アイヌ語で「土砂を流す川」
の意のある問寒別川は13もの支流を持っていたため
に橋梁が多いことも維持管理の妨げとなっていた。川
の高低差がないため、大雨が降るとしばしば大規模な
氾濫が発生した。

　1937（昭和12）年4月中旬に発生した水害では路盤浸
水による土砂流出のほか、六号橋、九号橋が被害を受
けた。土砂が流出した路盤は組合員の出役で復旧され
たが、橋梁の被害は大きかった。六号橋は応急修理を
したうえで通過する貨車の積載重量を制限すること
で通行継続となったが、九号橋はしばらく通行不能と
なった。

　さらに1939（昭和14）年7月に発生した大水害では大
橋（四線）停留所付近で問寒別川を渡渉していた旧八
号橋が流出する被害を受け通行不能となった。軌道使
用組合は北海道庁の援助を受けながら復旧を試みた
が実らず、軌道は翌年から運行休止となった。

鉱石輸送の時代

　休止となっていた軌道の運行が再開されたのは
1941（昭和16）年のことであった。軌道区間の奥地で
ある二十線付近で1929（昭和4）年から砂クローム採掘
をはじめた日本白金クローム鉱業株式会社が、採掘の
本格化に伴い鉱石輸送手段の確保を求めて軌道を一
時的に借り受け、不通箇所の応急的な修理を行ったう

軌道は1952（昭和27）年9月に幌延村（当時）による運行管理が行われ村営軌道となった。写真は軌道の村営化を記念して撮影されたもの。1952（昭和27）年9月撮影　写真提供：幌延町

問寒別奥地には天北炭田の一部となる石炭層があり、明治期から採掘が試みられてきたが、1946（昭和21）年北方産業株式会社が問寒別奥地の下炭沢に事務所を設置して幌延炭鉱の出炭準備が進められた。採掘された石炭輸送の必要性から、北方産業株式会社は1947（昭和22）年6月に二十線から炭鉱に至る路線を建設した。「炭鉱線」の運用の際には幌延炭鉱と軌道運営者である天塩鉱業株式会社との間で石炭輸送に関する契約が結ばれてい

え、さらに二十線までの約4.3kmを建設して運行を開始した。同月、日本白金クローム鉱業株式会社の親会社である天塩鉱業株式会社と北海道庁、軌道使用組合との三者によって軌道一切を天塩鉱業株式会社に賃貸する契約が結ばれた。

　賃借を受けた天塩鉱業株式会社（社長は吉野恒三郎氏で軌道使用組合長を兼務していた）は道床、橋梁の修理を行うとともに軌条を9ポンド（約4kg）から20ポンド（約9kg）に交換したほか、日本白金クローム鉱業株式会社が建設した区間を買収している。

　この結果、軌道は鉱石運搬を行いながら、本来の目的である開拓地の農産物や奥地の木材輸送の役割を果たすことになった。

　1942（昭和17）年9月より蒸気機関車1両（5t、製造年・製造会社不明）、ガソリン機関車2両（2t、5t、製造年・製造会社不明）が導入されて軌道が動力化され、軌道の輸送能力が著しく向上した。

　戦後、砂クロームの採掘は中止となり、軌道のうち二十線から奥地の採掘場までの路線は使用休止となって軌条は撤去された。戦後、二十線奥地に入植した人の記憶によると、路線跡は道路として使われており、小川に架けられた橋梁も残されていたということだ。

石炭輸送の時代

　鉱石採掘が終わると、軌道の役割が変わる時代がやってきた。

る。幌延炭鉱の本格的な出炭に伴い、輸送貨物の主体は石炭になった。

　1948（昭和23）年7月には1939（昭和14）年7月に発生したものと同規模の大水害に見舞われ路盤、橋梁等に甚大な被害を受けたが、天塩鉱業株式会社の尽力により復旧された。

　問寒別郷土史（1950〈昭和25〉年発行）によると、当時は所長のほか軌道事務所員4人、労務員19人、ガソリン機関車5両（7tが1両、5tが3両、3tが1両）を有し、年間輸送量は木材約3000t、石炭約1万5000t、農産物約3000tであり、旅客も月平均1000人前後あったとされている。

私企業経営から村営化へ

　軌道が石炭輸送を担っていた時期に、軌道運営は天塩鉱業株式会社から幌延村に移管された。これは無償貸与されていた軌道の経営主体を幌延村に移し、農林省（当時）との委託協定を締結するための措置であった。このため幌延村は天塩鉱業株式会社に対して殖民軌道区間である問寒別〜十六線間の返還を求めた。しかし、軌道は天塩鉱業株式会社によって路線の延伸や路盤、橋梁の改良工事という投資がなされていたことに加え、動力化に伴う車両や関連施設が同社の所有となっていたために、返還に際しては軌道に関する財産すべての買収が必要であった。

　幌延村は天塩鉱業株式会社と協議に入ったものの、

軌道財産の算定評価額について合意に至らなかったため、北海道庁が斡旋を行う事態となった。

1952（昭和27）年、幌延村は経営受託に向けて簡易軌道管理条例を制定し、条例に基づいて簡易軌道管理委員会を設置した。委員会は村側からは助役と議会、受益者側からは北海道大学演習林派出所長、幌延炭鉱代表、沿線住民代表が選任され、事業計画の検討、予算・決算の認定などにあたった。

軌道の買収についての交渉は難航したが、協議を重ねた結果、最終的に1533万円で合意となった。支払いは村財政が厳しいことから、1952（昭和27）年度中に600万、翌年に310万円を支払い、残額は1955（昭和30）年度から2年に分けて石炭輸送運賃から充当することで協議が成立した。これは幌延炭鉱の経営が天塩鉱業株式会社に移っていたためである。このような経過をたどって1952（昭和27）年9月1日に軌道経営は幌延村に移され、所長を含めて25人の職員で運行管理が行われた。なお、今井理氏の報告（『鉄道ピクトリアル』No.607掲載の「幌延町営軌道」）によると、二十線〜炭鉱間の施設や車両（炭車や機関車など）は引き続き幌延炭鉱が所有したとのことだ。

幌延炭鉱からの石炭輸送による貨物収入の増加に加え、1952（昭和27）年ごろから開拓者の新規入植、幌延炭鉱関係の居住による人口増に伴う旅客収入の増加もあって軌道経営は安定した。また、1954（昭和29）年にはロータリー式除雪車（同年製造、泰和車両製）が導入され冬期間の運行休止期間が短縮されるなど、輸送の安定性も向上した。

軌道車庫の火災と幌延炭鉱の閉山

しかし、1956（昭和31）年、順調な軌道経営に大きな影を落とす事故が発生した。12月15日早朝、軌道機関庫と修理工場が失火により全焼、車庫に格納されていた機関車が使用できなくなる事態となった。

軌道の運転手を務めていた堀田勝吉さんによると、当番がエンジンを温めようと火鉢を機関車の下に入れたところ火が燃料パイプに燃え移り1台が炎上、そして機関庫全体が燃えてしまったとのことだった。

当時の列車運行では二十線終着の列車を牽引していた機関車も運行後に問寒別に戻していたことが仇となって被害が拡大した。火災によって全車使用不能

問寒別停留所の俯瞰写真。撮影年は不明だが1954（昭和29）年に導入されたロータリー式除雪車がみえるのでそれ以降のもの　写真提供：幌延町

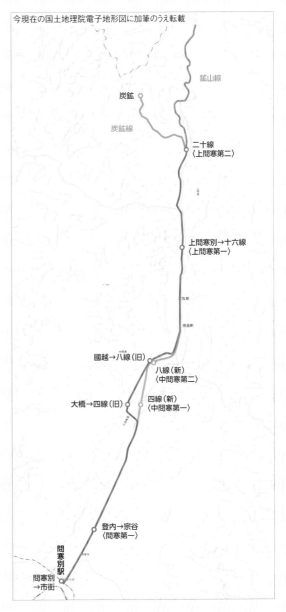

空の運材車と客車を牽引する列車。撮影年不明
写真提供：幌延町

奥地の砂クローム鉱石の採掘、幌延炭鉱の採炭の
時代を経て、貨物輸送の主役はしばらく北海道演習
林から出材された木材となった。撮影年不明
写真提供：幌延町

として郵政省（当時）より400万円を借り受けており（会計上は企業債の発行）、これらの借入金の返済が後年まで軌道経営を圧迫することとなった。

火災事故に追い打ちをかけるように、坑内の出水事故や新たな鉱脈開発のための斜坑採炭計画の頓挫で経営が悪化した幌延炭鉱が1958（昭和33）年10月に閉山となった。最大で約3万3000t／年（1956〈昭和31〉年度）まで増加した石炭輸送の終了により、軌道の貨物収入は大きく減少して経営に打撃を与え、軌道に新たな時代をもたらすこととなった。

幌延村は貨物輸送量の減少と経営収支改善のために軌道職員を10人削減して運営体制を整えた。

木材輸送の時代

問寒別に広がっている森林の大部分は北海道大学天塩研究林（総面積225㎢）である。演習林（現在の名称は研究林であるが、軌道運行時は演習林と称されていたため以下、演習林と表記する）の歴史は1912（大正元）年にはじまっている。それまでこの森林は国有林で内務省が所管していたが、同年8月31日付で東北帝国大学農科大学（北海道大学の前身）の附属基本林として編入され、それ以来大学演習林として管理されてきた。

演習林では樹木の伐採と育林が行われ、伐採された

となったとする文献もあるが、堀田さんからは「家から車庫に行ったとき火はすでに燃え広がっていたが、1両だけどうにか引っ張り出した。残った機関車をなんとか整備して使えるようにして、しばらくは1台だけで運転した」と伺っているので、全車罹災はしたもののかろうじて1両だけは自前で修理して運行ができたものと思われる。堀田さんの証言どおり罹災した機関車はすべて廃車になったわけではなく、車両会社で整備を受けた後に復帰した機関車もあった。

当座の牽引車両不足を補うため、軌道事務所は当別線など他の路線から牽引車両を借り受け、さらに新車を購入するなどして輸送能力の回復を図った。その費用を捻出するために1957（昭和32）年6月に大蔵省（当時）から火災復旧費として1200万円を借り入れた。ほかにも1954（昭和29）年3月に牽引車購入費として大蔵省から350万円、1955（昭和30）年3月に排雪車購入費

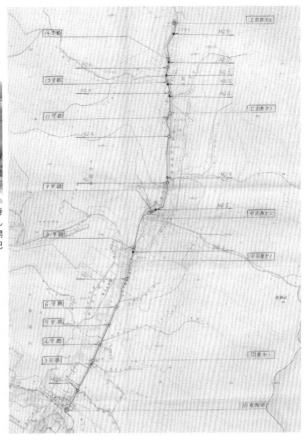

上 改良工事によって位置の変わった四線（中問寒第一）停留所の待合室。倉庫が併設されていた。軌道廃止後に北海道開発局が撮影した。1972（昭和47）年11月撮影　写真提供：幌延町　右 北海道開発局が作成した改良工事後の軌道路線図　写真提供：佐々木正巳

樹木は造材（立木を伐採して丸太にする作業）されて搬出される。伐採はおもに冬期に行われ、馬橇を使って十六線停留所近くにあった土場まで運搬された。土場に集積された木材は、ここから軌道によって問寒別まで輸送された。昭和30年代まで道路整備が遅れていた問寒別地区では、集積された木材の輸送を軌道が担っていた。

　木材の輸送は天塩鉱業株式会社が経営していた時代から行われており、砂クロームの採掘が中止となってからしばらくは輸送貨物の主役となっていた。

　幌延炭鉱が操業をはじめると主役の座を石炭に譲ったが、幌延炭鉱が閉山し石炭輸送が途絶えた1958（昭和33）年以降は、再び主役の座に返り咲いた。木材の輸送実績は台風15号による風倒木処理のために造材が急増した1954（昭和29）年度の1万3445㎥が最大であった。演習林は軌道経営には木材輸送収入を、そして地域住民には演習林内での立木の伐採や造材作業という雇用機会による農業外収入、そして薪炭材や建設材、軌道の枕木用などに使われる木材の払い下げなど様々な恩恵をもたらした。

軌道による生乳輸送のはじまり

　軌道沿線の入植者は土地を開拓し、馬鈴薯や燕麦、豆類などを耕作していたが、問寒別川による水害や相次いで発生した冷害などによって農産物の生産は思わしくなかった。畑作では戦前から馬鈴薯が問寒別の気候と土壌に適しており多く栽培された。馬鈴薯は各地に設置された小規模な工場で澱粉に加工され、軌道によって問寒別駅前の農業倉庫に運ばれた。

　開拓地では畑作に代わる寒冷地に適した農業として酪農を導入する動きがはじまっていた。問寒別には1927（昭和2）年に乳牛が導入され、飼養頭数は徐々に増えていったが、その当時は各戸が使用する乳牛は1、2頭前後であり、農作物の副業の域を出るには至っていない。乳牛が産出する生乳を出荷する先の乳業工場が近隣では名寄のみであったことが酪農振興を妨げていた。

　1933（昭和8）年9月3日に事業を開始した問寒別産業組合（現在の幌延農協の前身の一つ）は冷害克服のための施策の一つとして酪農を振興し、貸付牛のほか集乳所（各戸で生産した生乳を集約する拠点）を1935（昭和10）年7月に問寒別市街に開設し、翌年8月に中問寒別集乳所（現在の地名は中問寒であるが、以前は中問寒別と呼ばれていたので当時の名称に従っている）を

開設して生産者の利便性を高めた。

　中問寒別集乳所は四線停留所近くにあり、各戸で生産された生乳は集乳缶（もしくは輸送缶）と呼ばれる金属製の容器（27ℓ入り）に入れられて集乳所まで運ばれ、軌道を使って問寒別まで輸送された。集乳缶は手小荷物扱いで、軌道経営収支表でも運送費用は手小荷物収入として計上されている。

軌道の改良工事と路線変更

　1957（昭和32）年10月から5ヶ年計画で北海道開発局によって路線の改良工事と路線変更工事が着手された。総額1億1000万円を投じたこの工事では路線の改修、橋梁の永久橋化が行われたほか車両も強化され

た。中問寒（四線停留所付近）では軌道の路線変更が行われた。これは軌道工事と並行して行われた問寒別川の河川改修工事と関連している。

　問寒別川は過去に何度も氾濫しており、そのたびに農地、家屋が被害を受けてきた。そのため、蛇行区間の直線化、築堤および護岸工事を伴う河川改良工事が実施されていた。

そして河川改良工事で直線化された2ヶ所で路線変更が行われている。

　八線停留所付近では旧路線よりも平野側にルート変更され八線沢川に9号橋が設置された。この路線変更により勾配の平坦化と急カーブ部の解消がなされ、八線停留所も移設された。

　四線停留所のあった中問寒付近では大きな路線変更となった。前述のとおり、1939（昭和14）年に橋梁が流出した水害をはじめ大規模な水害が発生していたことから、中問寒手前で蛇行部内側に迂回して川を越えて中問寒市街を通っていた旧ルートを、改修された新河川部に新設された8号橋で直線的に越えるルートに変更となった。この路線変更により中問寒市街に

問寒別停留所構内には雪印乳業の集乳工場が設置され、集乳缶の搬入を容易にするために引込線が敷設されていた。1970（昭和45）年9月撮影
写真：野町俊介

あった四線停留所は問寒別川対岸に移設された。

生乳輸送の時代

　軌道沿線が本格的な酪農地域になってゆくのは昭和30年代以降のことになる。問寒別地区は1952（昭和27）年から総合開発計画の開墾開発事業の対象地となり、農地整備や客土（他の地域から土を運んできて混ぜ込むこと）や消石灰の散布によって農作物の生育を阻害する酸性土壌の改良など大規模な開発が行われた。並行して積極的に入植者を受け入れ、酪農主体の農業への転換が進められていった。その結果、軌道沿線の乳牛頭数、生乳生産量は徐々に増加してゆく。

　軌道の輸送データをみると1952（昭和27）年度の生乳輸送量はわずか873缶であったが、1958（昭和33）年度は1万1076缶と13倍近く増加している。中問寒周辺の生乳は軌道の四線停留所に隣接していた中問寒別集乳所に集められ、軌道貨車に積み込まれて問寒別に送られたのち、国鉄貨物列車に積み替えられて幌延駅近くにある雪印乳業幌延工場に輸送された。軌道運転手および沿線酪農家によると、四線から二十線までの区間では停留所のほかにも軌道の脇に集乳缶を置く木製の台（集乳台）が設けられ、列車は集乳台のある場所で一時停止して集乳缶を積み込んでいた。

　軌道の改修工事が行われていたころ、沿線の集乳合

理化のために問寒別停留所近くに雪印乳業株式会社（当時）問寒別集乳工場が開設され、それと同時期に問寒別市街にあった集乳所と軌道沿線にあった中問寒別集乳所が廃止された。集乳工場は「工場」の名称はあるものの、牛乳・乳製品の製造設備はなく、搬入された生乳を検査したのちに冷却し、乳業工場に送るための集乳施設の一形態である。問寒別集乳工場の開設時期は文献によって異なっているが、所管していた雪印乳業の『問寒別集乳工場小史』によると1959（昭和34）年6月とされている。問寒別集乳工場は問寒別停留所構内にあり、集乳缶の搬入を容易にするために引込線が設けられた。

　昭和30年代はじめに増加した乳量は、酪農経験の浅い生産者の乳牛飼養管理の未熟さ、飼料作物の減産などによって一時期低迷した。だが、農協や乳業会社の指導が継続的に行われ、農作業の機械化による生産者の規模拡大もあって、1964（昭和39）年前後から生乳量は再び大きく伸長した。軌道輸送の主役だった木材は、軌道に並行する道路の整備によってトラック輸送に転換され軌道利用の木材輸送量が激減したことで、生乳は輸送貨物の主役となっていった。

　各地に敷設された簡易軌道の沿線の多くは後年酪農地域になっていったため、軌道車両が生乳を輸送する光景は各所でみられた。

上 軌道末期は集乳缶を積載する貨車と客車の混合列車で運行されていた。集乳缶の輸送量が多くなると、運転手と車掌で積み込み作業をしていた。1970（昭和45）年9月撮影
写真：野町俊介
下 廃線式の翌日には貨車2両、客車2両を従えたさよなら列車が運行された。1971（昭和46）年7月3日撮影
写真提供：幌延町

たという証言が得られている。集乳缶は二十線停留所始発の1番列車で輸送され、問寒別集乳工場で生乳を取り出したのち空容器は問寒別停留所発の2番列車で返送された。

幌延町営軌道の終焉

　軌道が廃止に至った大きな理由は最後まで運行を続けた他の簡易軌道路線と同様に、1970（昭和45）年度に簡易軌道整備事業が終了となり軌道の維持・補修への補助金が打ち切られたことだった。

　簡易軌道経営における補助金の存在は大きく、幌延町営軌道も運賃の値上げや運行、保線職員の削減（廃止前には軌道事務所長、事務職員は町問寒別支所職員兼務であり軌道運行職員は4人にまで削減されていた）など収支改善に努めたものの、補助金を加えても軌道収支は毎年赤字を計上していた。

　幌延町は毎年、特別会計を組んで歳費から赤字分を補填していたが、補助金が打ち切られると軌道存続が不可能になるほどの経営ダメージを受ける。北海道庁からの連絡で補助金が打ち切られることが確実となると、軌道路線を経営していた各町村では軌道の存廃について議会で激論が交わされ、町側と議会側が激し

　代表格は浜中町営軌道と別海村営軌道であるが、幌延町営軌道（幌延村は1960〈昭和35〉年に町制が敷かれている）とは事情が異なる。両軌道は路線終点に生乳の集約拠点である集乳工場があり、集乳工場から生乳を搬出する際には牛乳タンク車を導入して輸送の効率化が図られたのに対して、幌延の場合は集乳工場が軌道起点である問寒別に所在していたため生乳輸送はすべて集乳缶で行われた。

　このため、生乳生産量が伸長すると輸送する集乳缶数も比例して増加した。軌道の列車は機関車運転手と車掌乗務員の2人で運行されていたので、軌道沿線各所に設置された集荷台からの集乳缶の積み込み作業は大きな負担となった。そのため軌道沿線の酪農家が各地区から輪番制で列車に添乗して集乳缶の積み込み作業と集乳工場での積み下ろし作業を手伝ってい

上 間寒別停留所での廃止セレモニーのあと、関係者、住民による廃止式が執り行われた。1971（昭和46）年7月3日撮影　写真提供：幌延町
右 間寒別市街を走る軌道混合列車。撮影年不明　写真：堀田勝美

く対立した町村もあった。幌延町の場合は町議会議事録によると、軌道の存続を願う声はなく廃止は織り込み済みで、廃止後の沿線住民の足をどのように確保するかという点に議論が集中し、廃止に向けた準備は粛々と進められていた。

　軌道廃止が沿線住民に深刻な影響を及ぼさなかったのは、路線に並行していた道路が1967（昭和42）年に道道に昇格（道道583号線）して道路の整備が進んだためである。道道化される大きな効果の一つは北海道の手によって冬期の除雪が行われ通年の通行が可能となったことで、これによって自動車が軌道機能の代替となる見込みが立った。軌道の廃止当時、沿線の農家はようやくトラクターなどの農業車両を所有するようになっていたものの、自家用車を所有する家は少ないのが実態だったので、沿線住民のために町営バスの運行準備が進められた。貨物輸送の主役であった生乳はトラック輸送に引き継がれることになった。

　昭和30年代後半から軌道廃止の1971（昭和46）年まで生乳輸送量は順調に伸長したが、反面乗客数は1957（昭和32）年度の2万4463人をピークに減少し、廃止前年度にはわずか3475人になっていた。原因はおもに沿線住民数の減少によるものである。炭鉱閉山による住民減少はすでに述べたが、昭和20年代後半から開拓事業で多くの新規入植者があったものの離農が相次ぎ、沿線住民数も大きく減少した。皮肉なことに農家戸数、居住者数は減少したものの、各戸の規模拡大によって生乳生産量は飛躍的に伸長した。そのため軌道の乗客

はまばら、貨車は集乳缶であふれるという状況になっていった。

　軌道は1971（昭和46）年5月31日に運行を終え、翌日から町営過疎バスが軌道の代替として運行を開始した。同年7月3日に廃止式が執り行われ、飾りつけされたさよなら列車が運行された。

◆　　　　◆

　本稿およびP.174〜の幌延町営軌道跡探訪ガイドには北海道在住の野町俊介氏が撮影した写真を数点掲載させていただいている。野町さんは軌道末期の1970（昭和45）年9月に間寒別を訪れた際に間寒別〜二十線間を列車で往復しながら車両以外にも沿線風景や集乳缶の積み込み作業を撮影している。その写真は幌延町営軌道の末期の姿を写し止めており軌道研究にも貴重な資料になっている。

　軌道の写真は「1970年代北海道鉄道写真（https://nigochu.xsrv.jp/index.html）」内に、今回掲載させていただいた写真を含めて87点掲載されているほか、幌延以外の簡易軌道の歴史や廃線跡についても詳述されているので、ご興味のある方はご覧いただきたい。また、幌延町には以前から町議会録の閲覧や聴き取り調査、また今回掲載させていただいている写真提供など多くの協力をいただいている。

　今回写真掲載を快諾いただいた野町俊介氏とホームページ管理人であるご子息の野町祥介氏、そして幌延町にこの場を借りて感謝の意を表したい。

幌沼線
（幌延線・沼川線）

ほろぬません

文・写真：佐々木正巳（特記以外）

幌延線（エベコロベツ線）の敷設

幌沼線は後述するように幌延線、沼川線として開業し、その後、両路線が接続して幌沼線となった。そして再び幌延線と沼川線に分離してそれぞれの歴史を終えることになるが、本稿では一つの路線として扱い、説明する。

幌延線は1927（昭和2）年に幌延～北沢間の敷設工事が起工し、翌年に工事が完成した。使用開始告示は1929（昭和4）年12月24日に出されている。粁程は13.819kmで、幌延、清水沢、南沢、本流、北沢各停留所が設置された。各停留所に設置された施設・設備は以下のとおり。幌延（移住者世話所、倉庫、電話）、清水沢（電話）、南沢（工夫詰所、電話）、北沢（倉庫、電話）。それぞれの停留所は側線を持ちトロッコが配置されていた。

路線名では幌延線ではあるが、幌延町史ではエベコロベツ線とされている。運行管理を行っていた組合名がエベコロベツ軌道運行組合であり、地元ではエベコロベツ線と呼ばれていたものと考えられる。なお、北海道第二期拓殖計画で予定された計画路線にエベコロベツ線が存在するが、区間は豊富～上エベコロベツ間でこの路線とは異なるものである。

軌道を利用する者は利用前に運行券を買ってトロッコ（1.5t積）を借り上げ、自分の馬で牽引していた。また、旅客輸送のために午前と午後に各1便運行され、専任の御者が手綱を取っていた。旅客輸送には有蓋トロッコが使われ、2台連結して運行したという。軌道の運行管理のために運行管理組合が設立され、移住者世話所々長が組合長兼務、沿線住民代表が副組合長を務めた。

熊越峠の謎の隧道と幌延線の廃止

幌延線の幌延～清水沢間には熊越峠という難所があり、土壌が軟弱だったためしばしば峠付近の切り通しの土砂崩れ事故が発生していた。幌延町史によると、1928（昭和3）年12月23日に発生した事故では11人が犠牲になったという。

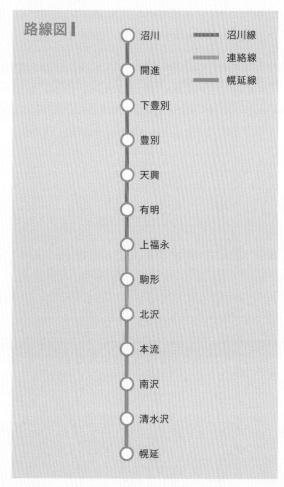

路線図

沼川
開進
下豊別
豊別
天興
有明
上福永
駒形
北沢
本流
南沢
清水沢
幌延

┄┄┄┄ 沼川線
━━━━ 連絡線
━━━━ 幌延線

この熊越峠には隧道があったと伝えられている。この隧道の詳細については地元住民に何度も聴き取りを重ねたが、その記憶を持つ人に出会うことができなかった。しかし、北海道立図書館が所蔵している殖民軌道関係の史料を確認すると、1937（昭和12）年に実施された幌延線改良工事に関する記録にこの「隧道」の撤去工事が含まれていたことを確認した。記録から考えると、この隧道の経緯は以下のとおりと推測される。

軌道は峠頂上付近を掘割で通過していたが、軟弱な法面からの土砂崩落がたびたび発生したために軌道を保護するべく木材を鳥居状に組み合わせて設置し、それを隧道と称した。その後も法面からの土砂崩落が続き、囲い材が土砂で覆われたためにあたかも掘削して完成させたかのような外観となった。掘削後に内壁を木材の囲い材で補強した歌登町営軌道の毛登別隧道とは異なる経緯で隧道化したものであろう。

1937（昭和12）年9月1日付で提出された「幌延線修繕並ニ一部改良工事ニ関スル件（殖民軌道幌延線事業所長発、北海道庁長官宛）」によると、「従来熊越峠頂ハ切取ノ法（のり）高ク土質哽軟ノ関係上土砂崩壊剥落線路閉塞ノ憂アリテ木製隧道設置ノ処、数年ヲ歴タル現在ハ崩土至テ軽微トナレリ。依テ年々特ニ修繕費ヲ要スル隧道ヲ此際撤去シテ路線敷ヲ切リ拡ゲ、板柵ノ土砂防止設備ニテ足レリト認メタルニ依ル」（旧字体の新字体への修正、句読点追記は筆者）とされており、公文書でも隧道として認識されていたことがわかった。

軌道改良工事は隧道部付近の土砂を撤去して切土で法面を施行、路盤の両側に側溝を切ったのちに土留め柵を設置する方法で行われた。工事は9月11日からはじまり10月10日に竣工する予定で着工された。しかし、降雨による作業中断と農繁期で作業者の確保ができなかった等の理由で遅れ、11月13日にようやく竣工となった。この改良工事によって熊越峠の隧道は撤去された。なお、記録には土留め柵設置工事に際して軌道による物資輸送を必要としていた日曹炭鉱天塩砿業所から工事費用の半額にあたる150円（当時の金

軌道本流停留所近くにある日曹炭鉱天塩砿業所専用鉄道との軌道交差点跡付近。幌沼線の軌道ルートを示しているのは軌道跡ガイドを務めていただいた國分秀一さん

額）の寄付の申入れ書が添付されている。

幌延線は戦前に入植のあった沿線集落、日曹炭鉱への物資輸送や開拓地からの農産物（おもに馬鈴薯澱粉）輸送で活躍した。沼川線とつながり幌沼線となってからは沼川、幌延両駅と奥地の開拓集落とを結ぶ交通機関としての役割を果たしてきた。

しかし、1940（昭和15）年に日曹炭鉱天塩砿業所専用鉄道（豊富〜日曹炭鉱間）が開通すると物流ルートは大きく変わり、軌道への依存度は低下した。また、沿線集落からの退去者が相次ぎ戸数が減少したことで有明〜北沢間の区間が使用されなくなり（廃止告示は出されていない）、幌延〜北沢間は再び幌延線となった。その後、幌延線は沿線住民の退去もあって次第に利用されなくなった。終戦前後には保線も滞って半ば放置された状態になっていた。終戦直後に沿線に入植してきたＦさんの話では、レールは一部残っていたものの荒れ放題で、軌道跡は道路代わりに使用されていたということだ。

沼川線（１次）と幌沼連絡線、幌沼線の完成

沼川線は北海道庁拓殖部殖民課復命書によると、敷設工事は1933（昭和8）年6月25日から7月7日にかけて測量・設計が行われ、9月1日から11月30日に敷設工事が行われた。粁程は14.909kmで、停留所は沼川、開進、下豊別、豊別、天興、有明、上福永の7つであった。各停留所に設置された施設・設備は沼川（倉庫、電話）、豊別

（工夫詰所、電話）、有明（倉庫、電話）、上福永（電話）である。なお、沼川線の使用開始告示は1933（昭和8）年11月16日に出されている。

　沼川線の敷設工事と並行して、幌延線の北沢停留所と上福永停留所とを結ぶ幌沼連絡線の敷設工事が行われた。敷設工事は同年5月15日から7月7日にかけて測量・設計が行われ、9月11日から敷設工事が行われた。工事は農民救済の意趣から北海道庁が町村役場と協議して沿線住民が従事することになった。しかし、工事が農繁期に行われたため出役者が不足し、さらに天候不順もあって、工事完了は予定日から10日遅れた12月10日になった。幌沼連絡線の区間には駒形停留所が

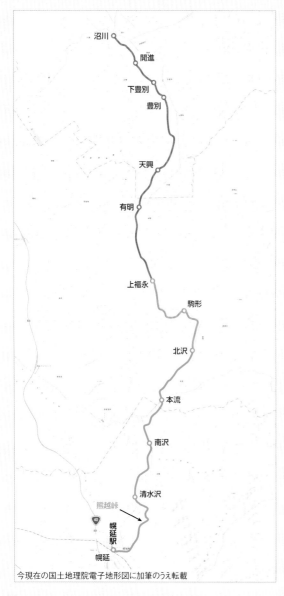

今現在の国土地理院電子地形図に加筆のうえ転載

設置された。連絡線の延長は復命書では3.88哩（約6.244km）と記されている。

　沼川線と幌沼連絡線の完成によって幌延と沼川を結ぶ全長約34.91kmの長大な路線が完成する。工事完了後は順次運行が開始されたが、間もなく降雪によって運行は休止となり、本格的な運行開始は翌春まで持ち越された。全通した路線が幌沼線に名称変更となったのは1938（昭和13）年3月9日（告示第267号）のことである。

　幌沼線は全通後、北見線（当時。のちの国鉄天北線）、宗谷本線に接続する路線として内陸の開拓地からの農産物、薪炭、木材の輸送のほか旅客輸送に利用された。1937（昭和12）年度の輸送実績では輸送貨物4340t、旅客数は3669人となっている。

　旅客輸送の実態として、『緑の大地－21世紀にふるさとの声がひびく　稚内市立上修徳小学校開校70周年中学校開校50周年記念誌』に、当時を知る人の記憶として「沼川から幌延まで軌道で2時間半ほどだったが、駒形停留所が中継地であり乗客は駒形で乗り換えていた」という証言が記されている。

幌沼線の一部廃止、沼川線（2次）

　全通した幌沼線であったが、有明〜北沢間に入植した農家は平地にくらべて気温が低く、降霜の早い気候の影響で農作物の収穫が芳しくなかった。昭和初期に多く発生した冷害の影響もあって疲弊し、かろうじて造材作業に出役することで現金収入を得る状態が続き、沿線、とくに有明から上福永に至る地区では他場所への転出が相次ぎ人口が著しく減少した。

　さらに日曹炭鉱天塩砿業所専用鉄道の開通によって鉄道沿線の物流、人流が大きく変わり軌道利用は減少した。1953（昭和28）7月25日の一斉告示により軌道は沼川〜有明間13.436kmとなり、軌道の名称は再び沼川線となっている。実際には有明〜北沢間は戦時中にすでに使用停止状態になっていたものと思われる。

　その後1961（昭和36）年11月22日の粁程改正で沼川線の終点は有明停留所となり、2.627km短縮されて総延長は10.809kmとなった。

軌道の引込線

　幌沼線には複数の引込線が存在した。確認できた引

込線について概略を説明する。

(1)沼川停留所の引込線

　沼川停留所は省線(国鉄)沼川駅裏に設置されており、軌道で運ばれた木材、石炭の集積場が設けられていた。その後、沼川駅前に市街地が形成されると鉄道線路を越えて軌道の貨物を運ぶ必要に迫られてきた。

　線路を交差して引込線を敷設できればこの問題は解決されるが、法的な認可がなく土地改良財産に位置づけられた軌道には線路を交差する許可は得られず、苦肉の策として本線側から線路際までの引込線を敷設し、さらに線路の反対側から省線駅前までの「引込線」を敷設する手段が採られた。軌道が鉄道を交差した例は鶴居村営軌道と雄別鉄道との事例のほか、後述する日曹炭鉱鉄道との交差事例があるが、交差が叶わず路線が分断されたのは沼川駅前の事例のみである。

　周辺の農業が酪農へと転換をはじめると、生乳集積のために1932(昭和7)年に集乳所が沼川駅前に設置され、引込線から集乳所への軌条も敷かれて生乳輸送の利便性が高められた。軌条が分断された間の荷物の運搬は人手に負っていた。

(2)有明集乳所への引込線

　有明停留所近くでは集乳所への引込線が確認されている。周辺地区で生産された生乳を集め、一括して輸送することで輸送効率を高めるために酪農地帯には集乳所が設置されたが、この沿線でも沼川に続いて1952(昭和27)年4月に有明集乳所が設けられた。集乳所は軌道から離れていたために引込線が敷設された。

　集乳所では器具の洗浄や生乳の冷却に水源が必要であったため、川や沢近くに設置されたケースが多く、軌道ルートから外れていた場合は本線との間に引込線が設けられた。集乳所への引込線設置例は他の軌道でも確認されている。

(3)南沢停留所から澱粉工場への季節運用の引込線

　1938(昭和13)年4月20日に提出された「殖民軌道岐線設置願ノ件」では、南沢停留所付近で澱粉工場を営んでいる事業者から、停留所から工場まで33間(約60m)の引込線敷設が申請されている。この引込線は停留所から工場へ原料の馬鈴薯搬入を容易にするためのもので、届出では毎年9月から11月までの期間限定の使用となっている。許可される際、本線からの転轍機、引込線の敷設費は事業者負担であり、使用を終

有明停留所跡に残る農業倉庫。2022(令和4)年4月撮影

えたのちは原状に復することが条件とされた。

軌道と日曹炭鉱との関係

　豊富町エベコロベツ川上流にあった日曹炭鉱は1936(昭和11)年に設立された日曹鉱業株式会社が鉱区を買収し、翌年から採炭がはじまった。石炭の輸送手段が馬車や馬橇に限られていたため、石炭の輸送はもとより事業所への物資輸送にも苦慮していた。そのため鉄道(日曹炭鉱天塩砿業所専用鉄道)の敷設が計画され、1940年(昭和15年)2月13日に豊富〜一坑間16.7kmが開通した。

　採炭開始から鉄道開通までの間、事業所への物資輸送のため日曹鉱業は幌延線を利用することを考え、北海道庁に対して幌延停留所付近に物資置場と引込線(50間＝約91m)の設置、本流停留所からの引込線(40間＝約73m)の設置申請がなされている。申請書類によると、物資置場と引込線の設置期間は1938(昭和13)年の5月10日から11月末までであり、限定的な運用だったようだ。

　やがて日曹炭鉱天塩砿業所専用鉄道の建設が進められたが、豊富側から日曹炭鉱を目ざす鉄道ルートは南北に敷設されていた軌道ルートと交差する。

　前述のとおり沼川では省線との交差は実現しなかったが、本流では軌道が先に開通していたため鉄道側が交差を望む側になった。1939(昭和14)年5月31日に日曹鉱業株式会社々長名で申請書(殖民軌道幌沼線交叉工事施行ノ件)が提出されている。添付された平面図によると、交差点は軌道本流停留所と鉄道駅遁停留所付近であり軌道側に遮断機が設置された。遮断機は常

上 天興停留所から豊別停留所方面へ丘陵部を通過するために施行された掘割部　右 平野部の牧草地に残る路盤跡。天興〜豊別間。いずれも2022（令和4）年4月撮影

時閉じられ、軌道列車が通過する際には一旦停止し、踏切看守人が遮断機を上げて列車を通過させていた。踏切看守人の費用は鉄道側の負担で賄われた。

　これらをみても、鉄道開通前まで幌沼線は日曹炭鉱の物資輸送に大きく貢献していたことがわかる。

炭鉱支線の存在

　北海道北部には天北炭田と呼ばれる石炭層が広がっており、軌道の沿線でも小規模な炭鉱が採炭を行って

いた。旧版の地形図（1/25000下豊別。昭和35年4月25日発行）では、豊別〜天興間の本線から伸びる2本の軌道が確認できる。沼川寄りの軌道は有明炭鉱の坑口近くまで敷設されている。もう一方は有明寄りの軌道分岐点から700mほど敷設されているが、その終点から約1km先に沼川炭鉱がある。この2本の「支線」は炭鉱事業者の手によって敷設されたもので軌道に接続され、石炭の輸送に利用された。両炭鉱の石炭の輸送に軌道が使われていたことは稚内市史や北海道炭鉱資料総

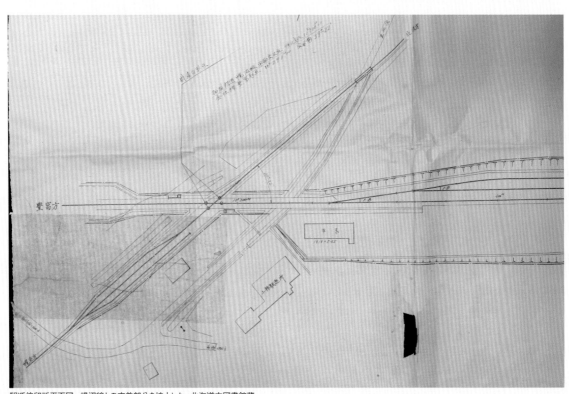

駅逓停留所平面図。幌沼線との交差部分を拡大した。北海道立図書館蔵

左下豊別～開進停留所間の軌道跡は一部農道に転用された　上沼川停留所跡。木材や石炭の集積場も設置されていたが、現在はクマザサの生い茂る野原になっていて軌道の痕跡は認められない。いずれも2022（令和4）年撮影

覧にも記述がある。

　この支線設置に関する記録が確認されていないので不明な部分が多いが、炭鉱事業者の設置した私有線であると思われる。本線同様馬力線であったが、郷土誌によると有明炭鉱を経営していた事業者が動力化するためにディーゼル機関車を購入し、沼川駅まで輸送してきたものの軌道には導入されなかった。導入を断念した経緯は明らかになっていないが軌条、路盤が動力化には耐えられなかったためであろう。

　これ以外にも北沢停留所近くから豊富炭鉱に伸びる軌道が旧版の地形図から確認できる。豊富炭鉱は1947（昭和22）年12月に三菱鉱業によって開坑された。石炭は炭鉱から約2km離れた軌道まで馬力で輸送されたあとに軌道を利用して駅逓停留所まで運ばれ、そこから日曹炭鉱天塩砿業所専用鉄道を経由して豊富駅に送られていた。その後、炭鉱は1952（昭和27）年に豊富炭鉱に継承されることになる。年代は不明だが、炭鉱側はすでに廃止されていた軌道の路線を活用するとともに新たに炭鉱までの軌道を敷設した。

　今井啓輔氏の調査によると、旧軌道を改修し、さらに日曹炭鉱天塩砿業所専用鉄道の駅逓駅前へ路線が敷設され、貯炭場が設置されていた（今井啓輔氏『北海道の殖民軌道－聞き書き集－』による）。この路線は軌道路線を一部使用してはいるが事業者による改修、延伸が行われたので、炭鉱専用軌道として分類されるべきものであろう。なお、豊富炭鉱は隣接する日曹炭鉱が1955（昭和30）年1月に経営不振により休山となったことで日曹炭鉱からの電気供給が途絶えたこと、日曹炭鉱天塩砿業所専用鉄道が運行休止になり石炭輸送

の手段がなくなったこと等の理由で同年2月に閉山されているので、この軌道も同時期に廃止されたと思われる。

沼川線（2次）の終焉

　軌道は沼川～有明停留所間に短縮されたが、その後も沿線の生乳、木材、石炭の輸送に利用された。石炭輸送は1951（昭和26）年の沼川炭鉱の閉山のほか、有明炭鉱が石炭輸送をトラックに切り替えたことでその役割を終えた。また、昭和30年代に入ると沼川から豊富方面に至る道路が整備されたことによって物資輸送の軌道への依存度は下がっていった。軌道末期は有明集乳所から沼川工場（沼川駅前に設置されていた集乳所はその後雪印乳業沼川工場になっていた）に輸送される集乳缶が貨物の主役となった。

　軌道は1965（昭和40）年2月18日に廃止（告示上）となった。幌延線としての運用開始から36年、幌沼線として最長約35kmの路線長を持ちながら一度も動力化されることなくその廃止の時を迎えた。

　今でも牧草地に軌道の路盤跡が残り、有明停留所横に設置された農業倉庫とともにこの地に軌道があったことを物語っている。

◆　　　　◆

　本稿の執筆、現地取材では、豊富町在住で長く道北地区の軌道、炭鉱鉄道などを研究している國分秀一氏に郷土資料の収集や現地での軌道跡探訪ガイドなど多くの協力をいただいた。この場をお借りして謝意を表したい。

歌登町営軌道
うたのぼりちょうえいきどう

文：佐々木正巳

（簡易軌道歌登線・枝幸線・幌別線・本幌別線）

軌道のはじまり〜枝幸線としての開業

　歌登町営軌道の起源は殖民軌道枝幸線で、同線は1928（昭和3）年4月に起工し、翌1929（昭和4）年12月にまず小頓別〜幌別間が開通して運行がはじまった。翌年9月2日には幌別〜枝幸港間（粁程16.142km）が開通し、これにより全線が開通した。なお、歌登町史では「小頓別〜上幌別六線間が開通」となっているが、路線別粁程表では「小頓別〜幌別」（所在地は上幌別六線市街となっている）と記されているため、これに準じている。軌道の運行管理は1928（昭和3）年に設立された枝幸殖民軌道利用組合によって行われた。路線別粁程表によると小頓別、毛登別、上幌別、幌別、般家内、一本松、金駒内、下幌別、枝幸の9停留所があった。

　既述のとおり小頓別〜幌別間の正式な開通は1929（昭和4）年12月2日であるが、歌登町史にはこれ以前に木材の出荷がはじまっていたと記されている。

　軌道の開通を見込んで1928（昭和3）年1月に造材業者が歌登に入り、軌道を利用して木材を輸送する計画を立て沿線に土場をつくって木材を集積していた。し

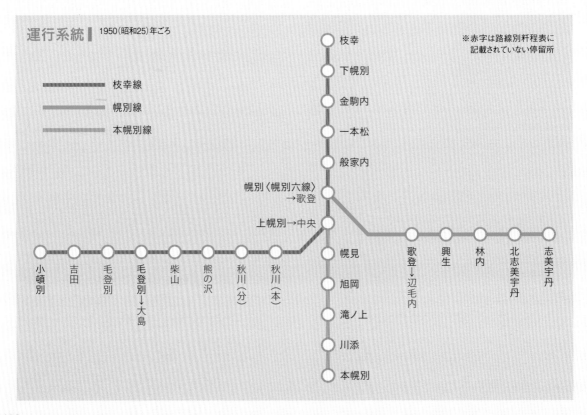

運行系統 ▌ 1950（昭和25）年ごろ

※赤字は路線別粁程表に記載されていない停留所

枝幸線

幌別線

本幌別線

枝幸
下幌別
金駒内
一本松
般家内
幌別〈幌別六線〉→歌登
上幌別→中央
幌見
旭岡
滝ノ上
川添
本幌別

小頓別　吉田　毛登別　毛登別→大島　柴山　熊の沢　秋川（分）　秋川（本）

歌登→辺毛内　興生　林内　北志美宇丹　志美宇丹

左上 軌道開通に先立ち、造材業者が軌道を敷設して木材輸送を
開始していた。1928（昭和3）年11月15日撮影　写真提供：枝
幸町教育委員会　右上 軌道は1932（昭和7）年7月から官営軌道
として運行管理されていた。官営軌道時代の職員の集合写真。
撮影年不明　写真提供：枝幸町教育委員会　右中 歌登停留
所。運材車を改造した木造貨車が集乳缶を積載している。撮影
年不明　写真提供：枝幸町教育委員会　右下 軌道は木材輸
送に活躍した。「NO6」と表示された機関車は加藤製作所製7tB
ディーゼル機関車。撮影年不明　写真提供：枝幸町教育委員会

かし、軌道の敷設工事は遅れて翌年秋に
なっても完成しなかった。この年は例年
よりも早い降雪があり、さらに工事が遅れ
ると木材輸送に影響が及ぶことを懸念し
た造材業者は工事に協力して土場まで軌
条を敷設し、11月15日に木材輸送を開始
した。その模様を写した写真は枝幸町で
保管されているが、よくみると枕木は不揃
いで丸太を使用しているなど、かなり雑な
工事による「開通」であったことがわかる。

動力化と直営軌道への転換

　軌道は馬鉄で運行されていたが、貨物輸
送の主役であった木材の輸送のためには
馬鉄では限界があり、軌道の動力化が必要
となった。軌道は当初、小頓別駅前から毛登別峠を避
け、岩手集落を経て等高線に沿った迂回ルートがとら
れていた。木材貨車を牽引する馬の負担は大きく、斃
死する馬が出たほどだったという。

　輸送力向上のため軌道は1932（昭和7）年にガソリン
機関車を導入して動力化された。その際に根室線と同
様に軌道法の適用を受けて官営軌道となり、これ以降、
軌道運営は国（北海道庁）によって行われた。その後、

蒸気機関車も2両導入されて輸送力は強化された。

　1935（昭和10）年発行の『地方鐵道及軌道一覧』（社
団法人鐵道同志會発行）によると、軌道の名称は「枝幸
殖民軌道」であり「国営ニシテ北海道庁管理」、粁程
35.2km、運輸認可年月日1932（昭和7）年6月30日、運
輸開始同年7月10日とされている。

　官営軌道となることにより軌道職員のほかに道庁
職員が配置され運行管理が行われるようになった。

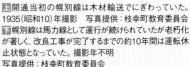

上 開通当初の幌別線は木材輸送でにぎわっていた。1935（昭和10）年撮影　写真提供：枝幸町教育委員会
下 幌別線は馬力線として運行が続けられていたが老朽化が著しく、改良工事が完了するまでの約10年間は運転休止状態となっていた。撮影年不明
写真提供：枝幸町教育委員会

ルートでは急カーブや勾配などに起因する貨客車の脱線、暴走事故が発生した。これを解決するために峠に隧道を掘削して直線で抜ける計画が立案された。これが毛登別隧道で工事は1941（昭和16）年に起工した。

　掘削工事は当初入札によって発注業者を選定しようとしていたが、応札がなかったために軌道事務所の直営工事として行われた。歌登町史によると、工事作業の多くは朝鮮半島からの労働者に依っていたという。隧道断面補強の木組みのため、オムロシベツ国有林から2万石の木材が搬入された。工事は戦時中に中断され、貫通したのは起工から6年後の1947（昭和22）年のことだった。毛登別隧道は簡易軌道唯一の掘削による隧道となった。

　毛登別隧道の開通により小頓別〜毛登別間のルートは大きく変わり、粁程は2600m短縮された。ルート変更後、時期は明確になっていないが新区間に小頓別側から吉田と毛登別の2停留所が設置された。当初毛登別であった停留所は大島に改称された。

　その後の停留所の追加の時期はわかっていないが、「オホーツクミュージアムえさし」に収蔵されている自走客車内に設置されている料金表によると、小頓別〜歌登間には小頓別、吉田、毛登別、大島、柴山、熊の沢、

　軌道は枝幸からの海産物を含めた物資輸送、木材を中心とした小頓別への貨物輸送のほか旅客輸送もあり繁栄した。『殖民事業概要』（北海道庁拓殖部殖民課発行）によると1933（昭和8）年度の実績として乗客2万2380人、輸送貨物1万4271.2t、運行期間233日、1934（昭和9）年度は乗客5万6602人、輸送貨物6万5324.8t、運行期間328日となっており、活況を呈していたことがうかがえる。

　開通後の軌道はしばしば水害によって運行停止を余儀なくされた。北海道庁拓殖部殖民課の復命書によると、1933（昭和8）年だけでも3度の洪水被害を受けており、橋梁や道床が流出した。水害以外にも木製の橋梁や木樋の腐朽、切通部分や盛土の崩落が進んでおり、北海道庁の直営による大規模な補修工事が行われた。

　軌道の輸送量が増加してゆくと、毛登別峠付近の

秋川（分）、秋川（本）、中央、歌登の停留所名が掲載されている。このうち中央は旧上幌別、歌登は旧幌別が改称されたものであるが、乗車券には小頓別、毛登別、中央、歌登停留所のみが記載されている。

軌道運行組合の解散と軌道の村営化

軌道の貨物の多くを占めていた木材は歌登から小頓別に向けて輸送されていた。小頓別には土場、桟橋があり、輸送された木材が集積された。

歌登〜枝幸間は一般物資や旅客輸送で一時は効果を上げたがこの区間の道路整備は早かった。バス、トラックへの代替が進み、漸次貨物および旅客数は減少していった。再び歌登〜枝幸間の軌道が注目されたのは、戦況の悪化に伴い興浜北線（浜頓別〜枝幸）が不急不要路線にあたるとして運行を休止して軌条が撤去され、枝幸からの鉄道輸送ルートが失われたときのことだった。だが、終戦直後の1945（昭和20）年12月に興浜北線に再び軌条が敷かれ鉄道運行が再開されると、その一時的な役割も終わり、また歌登〜枝幸間の軌道利用は低下していった。

1948（昭和23）年に内務省が解体されるとともに殖民軌道の所管は農林省に移されることとなった。直営軌道であった枝幸線も簡易軌道の一路線として再び軌道運行組合の管理となった。直営体制が解かれたことにより、軌道所長をはじめ道庁からの職員は引き揚げとなり、地元職員のみで運行が続けられることとなった。軌道運行組合の初代組合長には本幌別の木工所長が就任した。

動力化路線の経営は馬力線時代と異なり、多額の維持費用を必要とした。さらに路線は戦時中満足な補修工事も実施できなかったため、路盤だけでなく車両も老朽化が進んでおりその対策も求められた。直営軌道時代は経費が道費負担であったが、運行組合による自主運営になると多額の軌道維持経費が経営を圧迫した。運行組合は職員の人員整理などで経費削減を図ったものの収支好転には至らず、昭和22、23年度分の経営赤字300万円を資金調達しなくてはならない事態となった。

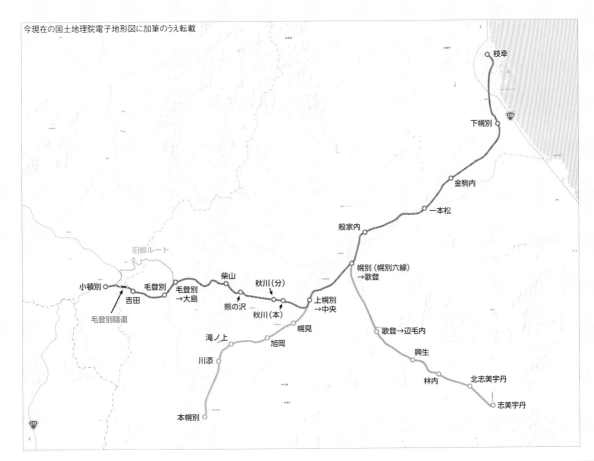

今現在の国土地理院電子地形図に加筆のうえ転載

　だが、任意団体である軌道運行組合は金融機関から借り入れできなかったため、歌登村に対して借り入れの保証人となることを求めた。この請願は1950（昭和25）年1月10日の村議会に上程された。議員からは債務保証が村財政に影響が出ることを懸念して反対意見も出されたが最終的に議案は議決された。

　赤字は補填されたものの軌道経営の収支は改善せず毎年度赤字が計上され、1951（昭和26）年に入ると軌道運行組合の存続が危ういことが明らかになってきた。しかし、組合が解散してしまうと村にとって重要な交通機関である軌道の運行ができなくなる。軌道運行を続けるためには組合に替わって歌登村が運行主体となるほかはないが、収支が悪化している軌道の運営を行うことは村財政にも影響を及ぼす。このため村は軌道を国鉄路線として経営主体を国に委ねることでこの問題の解決を図ろうと、同年2月8日開催の村議会で歌登～小頓別間に鉄道を敷設する緊急動議を採択し、7月に請願書を提出した。しかし、この請願は美深町、枝幸町とともに進めていた美幸線敷設促進を妨げるものとして却下された。

　歌登村は同年5月31日の村議会で利用の少ない歌登～枝幸間約16kmの廃止を決めるなどして経営立て直しを後押ししたものの路線の部分廃止だけでは抜本的な収支改善につながらず、軌道運行組合は同年11月30日を以て解散を決断した。軌道の国鉄路線化の選択肢を失った村は、軌道を経営するために村会内に軌道運営委員会を設置した（同年12月4日の村議会で議決）。歌登村が農林省と歌登線（旧枝幸線）の委託管理協定

を締結したのは1953（昭和28）年9月12日（同日付で幌別線、本幌別線を含めて協定締結）であるが、それ以前から村が軌道経営を担っていた。

軌道の改良と軌道車両の充実

　軌道の村営化後、1953（昭和28）年から北海道開発局による改良工事がはじまり、路盤整備や軌条の交換が行われた。

　改良工事の一つとして毛登別隧道の改修も行われた。戦中戦後にかけた工事で完成された毛登別隧道は手掘りで木柱によって断面を支えていたが、隧道内の湿度や地下水の浸潤によって木柱の腐食が進んでいた。断面からの内圧が木柱の木組みを圧迫したためにたびたび崩落事故が発生していた。また、冬期にはトンネル内に染み出た水が氷柱となって通行を妨げる状況も発生していた。

　このため軌道の改良工事にあわせて隧道断面を鉄骨によって補強する「巻立」が行われた。北海道開発局稚内開発建設部の作成した設計図面によると、10kg軌条2本を溶接して加工したアーチ状の骨材2本を鋼板でつないだものを並べ、コンクリートで断面を施工した。これらの路線整備に加え小頓別停留所の土場（木材の集積所）の改良工事も実施されている。

　戦後の軌道には牽引車両としてディーゼル機関車が導入され、順次従来機と置き換えられていった。1957（昭和32）年には美深林務署が競売に出していた鉄製トロッコ6両、木製トロッコ35台を導入し、貨車不足を補った。

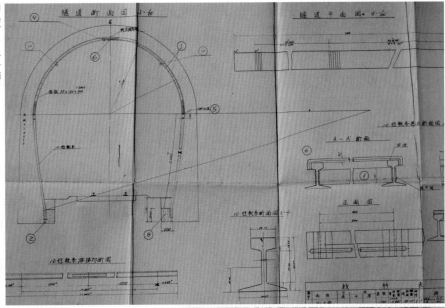

1956(昭和31)年には北海道開発局が各軌道に投入を検討していた自走客車の初号機(運輸工業製)が導入された。初号機は後年各地の軌道に導入された自走客車とは異なり、単端式運転台でリアエンジン(三菱KE21-15)を搭載しており、試作車両的なものであった。

また、翌年には歌登村が発注した車両が導入された。これは自動車のエンジン(ダットサン110)を動力機関とした2軸の超小型レールバスで定員12人(15人という資料もある)ということだったが、使い勝手が悪く、短期間の使用にとどまった。自走客車は1965(昭和40)年までに合計4両が配備されている。このほかロータリー除雪車2両(泰和車両製。1955、1960年に各1両導入)も導入された。

自走客車の転覆事故

1960(昭和35)年8月14日15時30分ごろ、毛登別隧道出口近くの踏切でお盆の帰省客を乗せた自走客車が側溝に横転する事故が発生した。軌道上にあった石に車輪が乗り上げたことが原因で、幸い死者は出なかったが全治1ヶ月以上の重傷者1人を含む42人の負傷者を出す大きな事故になった。当時、配備されていた自走客車は前述の初号機のみだったので、これが事故を起こした車両だと思われる。

この事故を受けて8月17日に緊急村議会が招集されたが、被害者への補償についての質問を受けた村長は宗谷バスや国鉄の事故被害の補償規定を参考に補償額を検討していると答弁している。その後も後遺症を訴える被害者がいたため、見舞金として公費から支払ったことが歌登町史に記されている。

なお、この緊急村議会では議員から「新聞報道では軌道は運輸省の営業許可もなく運転手も無免許であるということだが事実か?」という趣旨の質問が出された。これに対して村長は「それは事実である。新聞記者は殖民軌道の性格を知っていない」と答弁しているが、このやり取りは鉄道法や軌道法の適用を受けず土地改良財産として扱われ、運転手の資格に明確な規定を持たなかった殖民軌道、簡易軌道の実態を端的に物語っている。

軌道の終焉

軌道は村営化前から赤字経営が続いていた。歌登村

上 歌登町営軌道には合計4両の自走客車が導入された。
この写真には「歌登停留所の賑わい」というキャプションが
添えられていた。1960（昭和35）年ごろ撮影　写真提供：
枝幸町教育委員会　右 1964（昭和39）年泰和車両工業
製自走客車。撮影年不明　写真提供：枝幸町教育委員会

左 軌道沿線は降雪量が多く、冬期は除雪に悩まされた。沿線
住民も除雪に出仕して協力した。撮影年不明　写真提供：
枝幸町教育委員会　上 軌道上に積もった雪を蹴立てて走る
泰和車両工業製自走客車。歌登町営軌道にまつわるカラー
写真は珍しい。撮影年不明　写真提供：枝幸町教育委員会

は廃止や改良工事によって不要となった軌条の払い
下げを受け、それを処分することで得られた利益で経
営赤字を補填していた。1956（昭和31）年9月10日の議
会では軌条734本346t（6kg軌条56t、9kg軌条290t）の
売り払い処分に関する議案が上程され、その後指名競
争入札に付された。歌登町史によると9月19日に行わ
れた入札には道内だけでなく本州からも業者が参加し、
鉄屑価格が高騰していたために払い下げ価格の倍近
い額で落札され大きな収入となった。

　ただ、これらの施策は軌道経営の根本的な解決では
なく、赤字は累積していた。村議会議事録によると
1957（昭和32）年度は116万7000円、1958（昭和33）年
度は130万円の赤字が計上されていた。

　軌道経営の改善に向けて、1962（昭和37）年には事
務職1人、運転手1人の削減と小頓別駐在の廃止、乗車
運賃の変更（小頓別〜歌登間の運賃を90円から100円
に値上げ）などで200万円の経費削減を行ったものの、

1963（昭和38）年度の決算では赤字は601万5320円に
まで拡大していた。

　軌道路線に沿った道路も道路橋の永久橋化や舗装
工事などの整備が進み、貨物輸送の主役はトラックに
代わっていった。旅客についても定期バスが運行をは
じめると軌道利用者は減少した。1963（昭和38）年度
には歌登〜小頓別の軌道利用者5万2492人に対して枝
幸〜小頓別間の宗谷バス利用者は7万7360人となって
いる。区間が違うので単純比較はできないが、軌道の
役割が終わりつつあることはすでに明らかであった。

　1968（昭和43）年12月23日開催の町議会では、建設
常任委員会報告として、バス、トラックや自家用車の
普及によって軌道経営がひっ迫している現状と、幹線
道路の除雪体制確立によって交通事情が好転する見
込み等を考慮すると、軌道は早い時期に運行廃止に踏
み切るべきであると述べられ、あわせて志美宇丹線（幌
別線）は美幸線工事との関係もあるので翌春から運休

左 1971（昭和46）年10月29日に歌登町営軌道廃止式が挙行され、飾りつけされた自走客車2両が歌登～中央を往復した。1971（昭和46）年10月29日撮影　写真提供：枝幸町教育委員会　上 軌道廃止式の2日後、関係者だけの最終便が運行され歌登～小頓別を往復した。1971（昭和46）年10月31日撮影　写真提供：枝幸町教育委員会

することが適当であるとされた。本線については「軌道運営の合理化を図るとともに関係官庁に累積赤字（負債を含む）の解消に努めるとともに、その見透しの上に立って近日中に廃止すべきである」と結論づけている。この町議会の開催前、12月20日に志美宇丹線は運行休止となっており翌年に廃止された。

　その後、経営合理化は進められたものの軌道の赤字はさらに拡大し、1969（昭和44）年度には1283万6000円となり、累積赤字は4779万8000円になっていた。すでに軌道経営は行き詰まっていたが、他の軌道同様、簡易軌道整備事業の1970（昭和45）年度末終了に伴う補助金打ち切りが契機となり、歌登町は同年度限りでの廃止を決めた。

　1970（昭和45）年11月1日に軌道は運行を終え、約1年後の1971（昭和46）年10月29日に軌道の廃止式が挙行された。

　午後1時から行われた廃止式典の後、飾りつけされた自走客車2両に約100人が乗り込み、歌登～中央間を往復して別れを惜しんだ。

　そして廃止式の2日後の10月31日に軌道関係者10数人が歌登～小頓別間を往復。これが軌道最後の運行となった。華やかな廃止式と違って、仲間内だけのひっそりとした別れの儀式だった。

　軌道事業の廃止は1971（昭和46）年5月10日に町議会で議決されている。軌道は廃止されたが、歌登町には累積した軌道会計の赤字の処理が残っていた。町は債務解消のため北海道庁と協議を重ね、無利子10年分

割払いで半額は道費負担という破格の条件で道費から5850万円の融資を受けることが決まった。さらに軌道財産一切も無料に近い条件での売渡を受けることができたので、それらの売却益も助けとなって予定どおり10年をかけて債務は解消された。

　軌道は42年の歴史を閉じ、長年の悲願であった美幸線の開通を待つばかりとなった。

　枝幸～志美宇丹間の北工区が起工され、パンケナイ隧道の掘削を皮切りに路盤整備や橋梁工事も進められた。だが、工事は凍結されそのまま未成線となり、歌登に鉄道が走る日はやってこなかった。

数奇な運命をたどった幌別（志美宇丹）線

　幌別線は1931（昭和6）年4月に起工し、1933（昭和8）年11月10日に使用開始となった。路線別粁程表によると全線の粁程12.637kmであり、幌別六線、歌登、興生、林内、北志美宇丹、志美宇丹の6停留所があった。終点から0.225kmにあった幌別六線停留所は上幌別六線市街にあった。枝幸線の幌別停留所も上幌別六線市街にあったことから、幌別線の幌別六線停留所は幌別（のちの歌登）停留所と同じものであると考えられる。歌登停留所はその後、辺毛内停留所となっている。

　敷設工事は全道的な冷害によって困窮した農民への救済事業として行われ、工区を四区に分けてそれぞれの地区の住民が出仕した。

　軌道敷設工事にあわせて電話線設置工事も行われたが、積雪量の多い2月に施工されたために電柱の根

固めが不十分で、開通翌年の融雪後に電柱が傾き、再調整工事が必要となった。これらの付帯工事を含めた工事の総工費は8万5876円790銭とされている（北海道庁拓殖部殖民課復命書による）。開通後は幌別軌道運行組合が結成され運行管理を行っていた。

　幌別線は馬力線として開業し、農産物のほか木材輸送にも活躍した。軌道運行組合の手で保線が続けられてはいたが、軌道の老朽化を補うには不十分で戦後しばらくすると運行に支障が出る状況にまで悪化していた。幌別線は「町営化」されたものの、運行できるまでの補修工事は実施されず、1956（昭和31）年ごろから実質的な運転休止状態になっていた。ただ、廃止手続きは行われず、名目的には存続していた。軌道の運行休止による交通手段の不便を補うため、1955（昭和30）年9月からは歌登～志美宇丹間で宗谷バスによるバスの定期運行が開始された。

　北海道開発局は歌登線の改良工事を行ったのち、荒廃した幌別線の改良、動力化を計画した。この計画は1958（昭和33）年9月15日に開かれた村議会でも議論され、利用のない路線を改良することに対して反対も多かったが、村長は幌別線の整備は美幸線開通までの暫定的な措置であると説明して理解を求めている。

　議会の承認を得た北海道開発局は路盤整備と橋梁の永久化、軌条の交換、自走客車の導入、軌道事務所と志美宇丹保線区詰所の新築などの事業を計画し、工事総額約1億4000万円が見込まれた。

　改良工事は1962（昭和37）年に起工し、1966（昭和41）年6月15日から自走客車の運行がはじまった。改良工事後、幌別線は志美宇丹線あるいは歌登支線と呼称されるようになった。歌登～志美宇丹間に1日3往復列車が運行されたが、すでに定期バスが運行されていたこともあって旅客利用は少なかった。

　一方、歌登はじめ枝幸、美深など周辺地域の願いであった美幸線の建設工事は進められていた。1965（昭和40）年11月1日には枝幸～志美宇丹間27.4kmの北工区の起工式が挙行され、本格的な工事もはじまった。

　美幸線の予定区間は志美宇丹線と重なる部分があり、美幸線の工事を妨げないよう1968（昭和43）年12月20日に運行を終え、翌年に廃止となった。

　改良工事後の実質的な運行期間は約2年半という短命で議会での答弁どおり暫定的な存在であった。

　美幸線工事は凍結されたため、志美宇丹線沿線の交

本幌別線の開業式には飾り門が設置され、飾りつけられた客トロも用意されていた。
1936（昭和11）年撮影
写真提供：枝幸町教育委員会

通機関は定期運行のバスのみとなった。このバスも志美宇丹奥地のオフンタルマナイ地区で鉛、銅、亜鉛などを採掘していた本庫鉱山が鉱量不足を理由に1967（昭和42）年に閉山されると、鉱山従業員やその家族が地区から離れたこともあって利用客が激減し、バスが乗客なしで運行されることもあった。バスは赤字でも過疎地の交通機関として運行が続けられたが乗客はほとんどなく、のちに廃止された。

幌別線は約10年に及ぶ運行休止を経て動力線として運行が再開されたものの、わずか2年半後には廃止となるという数奇な運命をたどった。その運命には美幸線工事が少なからず影響を及ぼしていると考えられるが、動力化工事の実施判断など不可解な部分も多い。

本幌別線のはじまりから終わりまで

本幌別線は上幌別（のちの中央）から幌別川沿いに本幌別（上幌別原野二十六線）に至る路線で告示上の使用開始は1936（昭和11）年の10月27日とされている。粁程12.636kmで上幌別、幌見、旭岡、滝ノ上、川添、本幌別の6停留所が設置された。上幌別停留所は枝幸線の停留所でもあったが軌条は枝幸線には接続しておらず、路線として独立していた。

本幌別線は廃止まで馬鉄で運行された路線で、本幌別殖民軌道運行組合によって管理されていた。本幌別線終点の本幌別地区では明治年間にすでに開拓がはじまっており、道路も開削されていたが、整備が及ば

ず馬車の運行にも難渋する状況であった。このため軌道への期待は大きかった。軌道開通式の写真をみると、軌道開通に対する沿線住民の喜びの大きさがわかる。

軌道は戦前、旅客と農作物の輸送で効果を上げた。しかし、戦後の1947（昭和22）年に軌道に並行していた村道が道道に昇格して次第に整備が進んでゆくと、軌道の利用は減っていった。歌登線が動力路線となる一方で、馬力線の本幌別線は輸送力が非力であり、軌道運行組合による路線整備では必要な補修も滞って使用に耐えない状態になったことが利用減少に拍車をかけた。

本幌別線の告示上の廃止年は1955（昭和30）年である。しかし、その数年前にはすでに実質的な廃止状態にあったようだ。本幌別線は歌登線、幌別線とともに1953（昭和28）年に農林省と歌登村（いずれも当時の名称）との間で委託管理契約が締結されているが、これはあくまで手続き上のもので路線整備が行われることはなく、そのまま廃止に至った。

本幌別線の廃止後、軌道跡の大部分は道路に転用され、現在は軌道の痕跡はほとんど確認できなくなっている。

◆　　　　　◆

歌登町営軌道の資料閲覧、写真掲載については枝幸町「オホーツクミュージアムえさし」の高畠館長に多大な協力をいただいた。この場を借りて謝意を表したい。

勇知線

ゆうちせん

文・写真：佐々木正巳

混乱期に生まれた最北の馬力線

　勇知線は現在のJR北海道宗谷本線勇知駅前から下勇知間に敷設された馬力線で、運行期間が短かったため実態が不明な点が多い路線である。稚内市史の記述はわずかで、軌道に関する情報のほとんどを地域郷土誌に依るものとなった。

　軌道の敷設工事は1944（昭和19）年に起工されたが戦中戦後の混乱期で中断された。戦後に工事が再開され、使用開始となったのは起工から3年後の1947（昭和22）年で、同年11月1日に軌道開通祝賀会が開催された。粁程は告示では9.827kmとされている。路線は勇知〜下勇知間であるが、起点終点以外に正式な停留所があったか否かについては史料では確認されていない。

　1998（平成10）年に発行された軌道終点である下勇知地区の郷土誌『下勇知開基100周年記念誌』によると、1940（昭和15）年に当時の部落長が勇知駅前から下勇知三線を経由してオネトマナイ（現在の稚内市抜海村の地名。軌道の延長線上にあたる）に至る軌道の敷設活動を行ったのがはじまりとされる。

　1942（昭和17）年には部落長が中心となり沿線住民の労力奉仕によって軌道の枕木が用意されるなど軌道敷設に向けた準備が進められた。稚内市史によると1944（昭和19）年には1期分が完成し運行が開始された。郷土誌内での座談会でも住民の証言として軌道の正式な使用に先立ち、すでに1944（昭和19）年には下勇知までトロッコがきていたと語られている。

　戦中戦後の物資不足のなかでの敷設工事だったため、他の路線から転用された軌条も規格がまちまちで、腐食したものも含まれていた。近隣には砂利の採取場が

なく、バラストの代わりに山砂が使われるなど、開業当初から軌道の状態は悪かった。敷設された地域が勇知川沿いの軟弱地盤だったこともあり、しばしばバッタ（脱線）した。ヤチダモや赤ダモの生木を使った枕木は腐食が早く、1、2年で交換が必要になるなど保線には苦労が多かった。軌道の補修は住民には手に余るものだったため外部から専任の工手が招かれた。

　軌道は木材や勇知イモ（馬鈴薯の一種で戦前から人気のあった勇知の特産品）などの輸送に使われた。保線は続けられたものの、軟弱地盤に敷設された路線は冬の土壌凍結による凍上と春の融解による沈下の影響が大きく、路線の状態は一向に改善されなかった。沿線住民の記憶では全線開通から数年で次第に使用されなくなっていったようだ。軌道に並行している道路も軌道同様、融雪期は泥濘化して通行できない状況だったという。だが、凍結対策等が進むにつれて自動車の通行が可能となると、農産物輸送はトラックに取って代わられるようになったということだった。

　軌道の路線は勇知〜下勇知間のみであったが、今井啓輔氏の調査（『北海道の殖民軌道—聞き書き集—』）では、途中から浜勇知方面に1kmほどの「支線」の軌条が敷かれていたという沿線住民の証言を得ている。この「支線」については旧版地形図にも記載がなく、ど

路線図

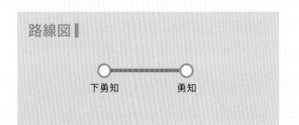

下勇知　　　　勇知

左上 勇知停留所は宗谷本線勇知駅裏にあった　右上 勇知停留所を出た軌道はカーブで方向を90度変えていた　左下 カーブ部を出た軌道は直線で勇知川沿いに進んでいた。勇知川の改修で軌道跡をたどることは難しい　右下 下勇知停留所付近の現在の様子。勇知線は平野部に敷設されており平坦な路線だった。いずれも2022（令和4）年4月撮影

のような経緯で敷設されたのかは不明だが、軌道では地形図には記載されない引込線も存在していたので、これもその一つであろうか。

　軌道の告示上の廃止は1957（昭和32）年7月22日であるが、それ以前に実質的な使用が終わっていたものと思われる。軌道跡は勇知川の改修工事や農地整備によって消失している。最北の軌道となった勇知線は、沿線住民のわずかな記憶にのみ生きている。

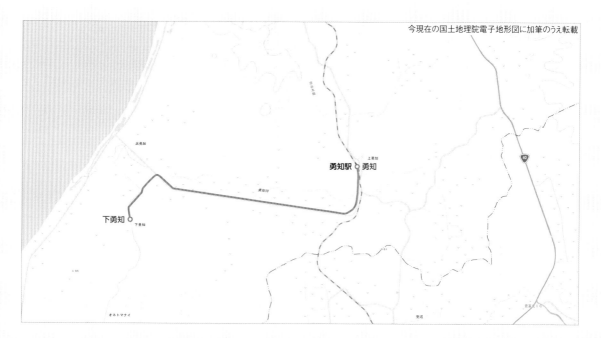

今現在の国土地理院電子地形図に加筆のうえ転載

道東4軌道、道北2軌道の跡をたどる

簡易軌道跡探訪ガイド

道東4軌道、道北2軌道の跡を訪れてみた。

数ある軌道からこの6軌道を選んだのは、

軌道末期まで運行され軌道としての使命を全うしたこと、

そして最後まで残った動力線なので軌道跡が多いことが理由だ。

筆者が個人的に縁のある浜中町営軌道上風連停留所での

転車台発掘など直接関係のないエピソードもあるが、

廃止後50年以上たった簡易軌道の今の姿を知っていただければ幸いだ

文・写真：佐々木正巳（特記以外）

 ◀ 道東 ……………… 鶴居村営軌道 P.116

道東 ……………… 標茶町営軌道 P.128 ▶

 ◀ 道東 ……………… 浜中町営軌道 P.140

道東 ……………… 別海村営軌道 P.156 ▶

 ◀ 道北 ……………… 歌登町営軌道 P.166

道北 ……………… 幌延町営軌道 P.174 ▶

写真の撮影時期について

　この本の企画がスタートしたのは2020年のこと。その年の9月に最初の取材で道東4軌道の跡を訪ね、続いて2022年4月に道北2軌道の跡を訪ねた記録が今回の探訪ガイドである。したがって特記のない写真については道東4軌道は2020年取材時、道北2軌道については2022年取材時のものとなる。道東4軌道はその後も追加取材を行い、できるだけ新しい情報も加えた。

地形図に記した番号について

　地形図に表示した番号は掲載した写真番号に対応しており、その写真を撮影した場所を示している。私有地を含む立ち入りがおすすめできないポイントについては青色で示してあるので訪れる際は十分配慮してもらいたい。なお、このコーナーに掲載した写真は、軌道遺構ではない写真も含まれているので、地形図の写真番号には欠番となっているものがあることをご了承いただきたい。

COLUMN

簡易軌道跡探索の心得

軌道跡をたどる場合にとくに注意すべきポイントをまとめてみた。北海道暮らしが長かった筆者が、各地の軌道跡を探索した経験からのアドバイスである。ご一読いただき、十分な準備と注意をしてもらいたい。

心得1 どこにでも、あると思うな、コンビニと電波、そしてトイレ！

簡易軌道の路線の多くは現在の酪農地帯に敷設されていた。市街地から離れており、ルート上にコンビニ、食堂がないことも珍しくない。出発前に飲料や食料を調達しておくことをおすすめする。事前にルート上の「ラストコンビニ」を調べておくことも効果的だ。また、携帯電波も圏外になる場所も意外に多い。スマホナビに頼ると自分の場所がわからなくなる場合もあるので、カーナビを併用することが無難である。観光地や幹線道路以外では公共トイレもないので要注意。

心得2 動物の飛び出しに注意せよ！

北海道の道路を運転していると、野生動物の飛び出しに遭遇する。エゾジカがもっとも多いが、キタキツネやテンなどの小動物なども道路を横切ることがある。動物への衝突だけでなく、回避するために路上逸脱しての事故も多く発生している。野生動物の場合、とくに危険な時間帯は夕方、夜間だ。酪農地帯では道路上に牛や馬が出てくる場合もあるので、当然のことながら前方注意と安全運転が大切となる。

心得3 防虫対策を忘れずに！

晩秋から初春にかけてはほとんど必要ないが、それ以外の季節に軌道跡を探索するときは防虫対策が必須。やぶ蚊やブヨなどに刺されることも多いので防虫スプレーを用意しておくといい。とりわけ注意が必要なのはマダニだ。藪漕ぎをしていると、知らない間に刺されていることがある。マダニは吸血性で、蚊と違って刺された後も体についている場合も。刺されたのを見つけて無理に取ろうとすると頭だけ残って化膿することが多いので、病院で取ってもらったほうがよい。藪漕ぎするときは手袋を着装し、襟元、袖口はしっかり閉じておこう。筆者は過去2回、マダニにより病院のお世話になった。

心得4 計画に余裕を持って探索すべし！

複数の軌道跡を探索する場合、軌道ごとの距離が離れていると移動だけで時間がかかるし、道路の奥のわかりづらい場所では探索の時間も要することになる。計画を立てる際はこれらを考慮に入れたい。また、季節によって探索できる時間も大きく違ってくる。あらかじめルートと距離をシミュレーションして、余裕ある探索スケジュールを立てておきたい。北海道は思ったより広いですよ。

COLUMN

軌道跡をたどる際の注意事項

簡易軌道は開拓地の交通機関として活躍した。軌道沿線の多くはその後、酪農地帯となっていったので、軌道跡が牧場や牧草地に残っている場合がある。牧場や牧草地はもちろん私有地なので勝手な立ち入りは厳禁で、所有者の許可を得る必要があるが、それ以外にも注意しておくべき点がある。

1. 牧場や牧草地では飼っている牛等への防疫のために履いている靴の消毒が必要となる場合がある。その場合は所有者の指示に従おう
2. 夏の間に乳牛を放牧している牧草地もあるので、そのような場合、立ち入りは控えるべきである。
3. 軌道跡は市街地から離れている場合が多いので、道路を走る車はほとんどない。ただし、一般車両の通行は少なくても時どきトラクターや牧草の刈り取り機など巨大な農業車両が走ることがある。車を停める際はその通行の障害とならないように十分配慮してほしい

COLUMN

軌道探索の必需品

▶ コンパクトなダウンジャケット

軌道探訪の取材で北海道東部の軌道跡をたどったのは2020年9月初旬のこと。初日は32度を超える暑さだったものの2日後には最高気温13度と20度近く気温が急降下した。北海道は本州にくらべて気温が低いので、夏であっても非常用としてかさばらないコンパクトなダウンジャケットを用意しよう。

▶ 折り畳み式のゴム長靴

土地改良の手が入らない河川の周囲に軌道の鉄橋跡や築堤などの遺構が残っていることがある。その周囲は湿地が多く、普通の靴だと靴ごと水没という事態になりかねない。荷物にはなるが普段の靴とは別に軌道跡探索用の長靴を用意しておくと便利だ。長靴は藪が深い場所でも役に立つ。筆者は日本野鳥の会の公式サイトで販売している折り畳みできる長靴を愛用している。折り畳み式の長靴はこれ以外にもあるようなので、一足持っているとなにかと重宝する。

▶ 防虫スプレー

春から秋のフィールドにはやぶ蚊やブヨなどの虫が非常に多い。不用意に外に出ると体中を刺されてつらい目を見ることになる。到着地近くのコンビニかドラッグストアで防虫スプレーを調達しておこう。なお、ガス式の防虫スプレーは飛行機への持ち込み、預け荷物いずれも不可となっている。飛行機を利用する場合はポンプ式のものを用意するといいだろう。

▶ 熊鈴

脅かすつもりはないが、北海道の原野では春から夏にかけてヒグマの目撃情報が多く寄せられ、被害に遭う人もいる。基本的に人の気配を感じるとヒグマは避ける行動をとるようだが、不意に出くわすと防御反応で襲われるケースもある。それを防ぐためには人がいることをヒグマに知らせることが大切で、一般的には熊鈴という大きな鈴を身に着けて行動する。北海道では熊鈴はホームセンターでも売っているので、購入しておくことをおすすめする。スピーカーからラジオや音楽を鳴らすのも効果的だといわれている。

鶴居村営軌道

鶴居村営軌道は各所で路盤跡や築堤跡が確認できるほか、構築物や保存車両など見どころの多い路線である。湿原沿いに敷かれた路線跡では、運行当時と変わらない風景を楽しむことができるので、時間をかけて訪れてみたい。

**鶴居村営軌道
運行系統**

1959（昭和34）年ごろ

新幌呂
上幌呂
旧駅逓
支幌呂
茂幌呂入口
中幌呂
製粉所前
ブロック工場入口

中雪裡
北11線
北8線
北6線
下雪裡
下幌呂
南4線
坂の上
温根内
三号複線
丸松
鶴野
国道口
鳥取
新富士

雪裡線
幌呂線

鶴居村営軌道は遺構が豊富

鶴居村営軌道は根室本線新富士駅と鶴居村（開通当時は舌辛村）内とを結ぶ雪裡線、そして村内（下幌呂〜新幌呂）を結ぶ幌呂線の2路線があった。

村内に鉄道の駅を持たない鶴居村にとっては都市間交通としての役割も大きく、道路が未整備でまた交通手段の乏しい時代にあって人の往来についても大きな役割を果たしてきた。

戦後、周辺道路の整備が進むにつれて軌道の果たす役割は次第に少なくなり、1968（昭和43）年に廃止となった。簡素な路盤工事で敷設された簡易軌道の跡はその後の土地開発などで消失して痕跡をたどることが難しいことが多いが、鶴居村営軌道は比較的多くの遺構を見ることができた。

スタートは新富士駅

鶴居村営軌道の新富士停留所はJR新富士駅から北に20mほど離れた場所にあった。停留所跡はコンビニ（現在は閉店）になっており、その痕跡はない［**写真1**］。

新富士停留所から鶴居を目ざす軌道のルートはこの先しばらく現在の鳥取東通と重なっており、当時の姿を思い浮かべることはできなかった。軌道の路線は1961（昭和36）年に付け替えが行われており、「旧線」は鳥取大通（国道38号）との交差点付近で鳥取大通沿いを西に向かっていた。「新線」はさらに鳥取東通に沿って進み、仁々志別川を越えてから川沿いに釧路湿

軌道新富士停留所は根室本線新富士駅前にあった。跡地は以前はコンビニだったが現在は閉店したようだ

②軌道跡の一部は昭園通に姿を変えていた。昭園通は写真手前でカーブしているが軌道は直進していた　③市街地を出た軌道はカーブを描いて釧路湿原へと向かっていた

原へと進路をとっていた。

　まずは新線の痕跡を追ってみることにした。

　鳥取東通を進み仁々志別川を越えてから西に進路をとり昭園通に入る。昭園通に入る目印はコンビニだが店舗の裏手に回り込まなくてはならないので少しわかりづらい。ここから少しの間、軌道跡は昭園通に重なっている。

　600mほど進むと昭園通は鳥取西通と交差する。交差点付近で昭園通は北にカーブしているが、軌道はそのまま直進していたので昭園通から離れ、別の道路に入っていった[写真2]。

　軌道跡にあたるこの道路は妙に道路幅が広い。気にはなったものの、旧版地形図や過去の空中写真を見てもその理由が推測できるようなものは見つけられなかった。この幅広の舗装道路はやがて細い未舗装道路となり、緩やかなカーブを描いて原野に消えていった[写真3]。事前にチェックした空中写真では、軌道跡はその先も続いているようだった。しかし、未舗装道路が途切れた先は藪が深かったためその先の探索は諦めて、

次のポイントに向かうことにした。

雄別鉄道との立体交差

　鶴居方面に向かう道道53号線（仁々志別川通）に出て3kmほど西へ進むと道道から右手に伸びる未舗装の道路が見えてくる[写真4]。

　この未舗装道路は軌道の旧線ルートに重なっている。この道路を進んでゆくと、やがて釧路阿寒自転車道脇に出た。この自転車道は釧路と雄別炭砿を結んでいた

道道53号から分岐する未舗装道路が軌道跡。橋梁跡を見学するためにはこの道を進んでゆく。分岐点はわかりづらいが、ソーラー発電設備が目印

釧路阿寒自転車道（雄別鉄道跡）脇に残る鶴居村営軌道の橋梁跡。軌道はここで雄別鉄道を立体交差で越えていた。跨線橋の橋台が残っている

6

正面の建物が温根内ビジターセンター。建物左に写っている木道が軌道跡で、この先釧路湿原探勝歩道につながっている

雄別鉄道跡を活用したものだ。この付近に軌道の遺構がある。軌道はここで雄別鉄道をオーバークロスしており、その立体交差に使われた鉄橋の橋台が今も自転車道脇に残っている[写真5]。両側にあったはずの橋台の一方はほとんど崩れているが、片側は築堤が消失しているもののコンクリート部分ははっきりと確認できた。

鶴居村営軌道は雄別鉄道と3ヶ所で交差していた。新富士〜鳥取停留所間での雄別鉄道支線との轍叉による平面交差、旧線の国道口〜鶴野停留所間での本線との立体交差、そしてこの鶴野停留所近くの立体交差だった。他の2ヶ所は道路整備等で消失しているため、この立体交差が唯一のものであり貴重な遺構といえるだろう。この橋台跡は廃線探訪がブームとなるきっかけの一つとなった『鉄道廃線跡を歩く』(宮脇俊三著)でも紹介されており、今回ぜひ見たいと思っていたものだったので、訪れることができて満足だった。

この立体交差跡を見学した帰り道、道路を横切るエゾジカの親子に遭遇した。北海道内を車で走っていると、野生動物に遭遇することが多い。筆頭はエゾジカで各地でその姿を見るが、釧路や根室地方では遭遇率が高い。道路上だけではなく線路上にも出てくるので、釧網本線や花咲線ではしばしばシカの出現によって

急停車や接触事故による遅延が発生する。とくに秋から冬、時間帯としては夕方から夜間は要注意だ。

エゾジカに接触すると車が大破して走行不能となるほか、シカを避けようとして運転を誤り道路から転落することもある。シカは集団で移動することが多い。数頭の横断を確認して一安心して直進すると次の群れが道路に出てくることもあるので油断はできない。軌道跡探索に熱中するあまりに前方注意がおろそかになり、事故に遭遇しては元も子もない。

軌道跡の残るような場所は車の通行が少なく、携帯電波が圏外ということも多いので救助を呼ぶのも大変だ。車の運転には十分気をつけてほしい。

当時の風景が残る釧路湿原の軌道跡

立体交差跡を確認したあとは再び道道53号線に戻った。12kmほど鶴居方面に進むと道路脇に温根内ビジターセンターの駐車場がある。駐車場から脇の階段を下りるとビジターセンターの建物が見えてくる。ここを訪れたのはビジターセンター近くに軌道跡が残っているからだ[写真6]。

ビジターセンター付近には釧路湿原と丘陵部の境に遊歩道が設けられている。釧路湿原探勝歩道と名づけられたこの小径は軌道跡を活用したもので、ビジター

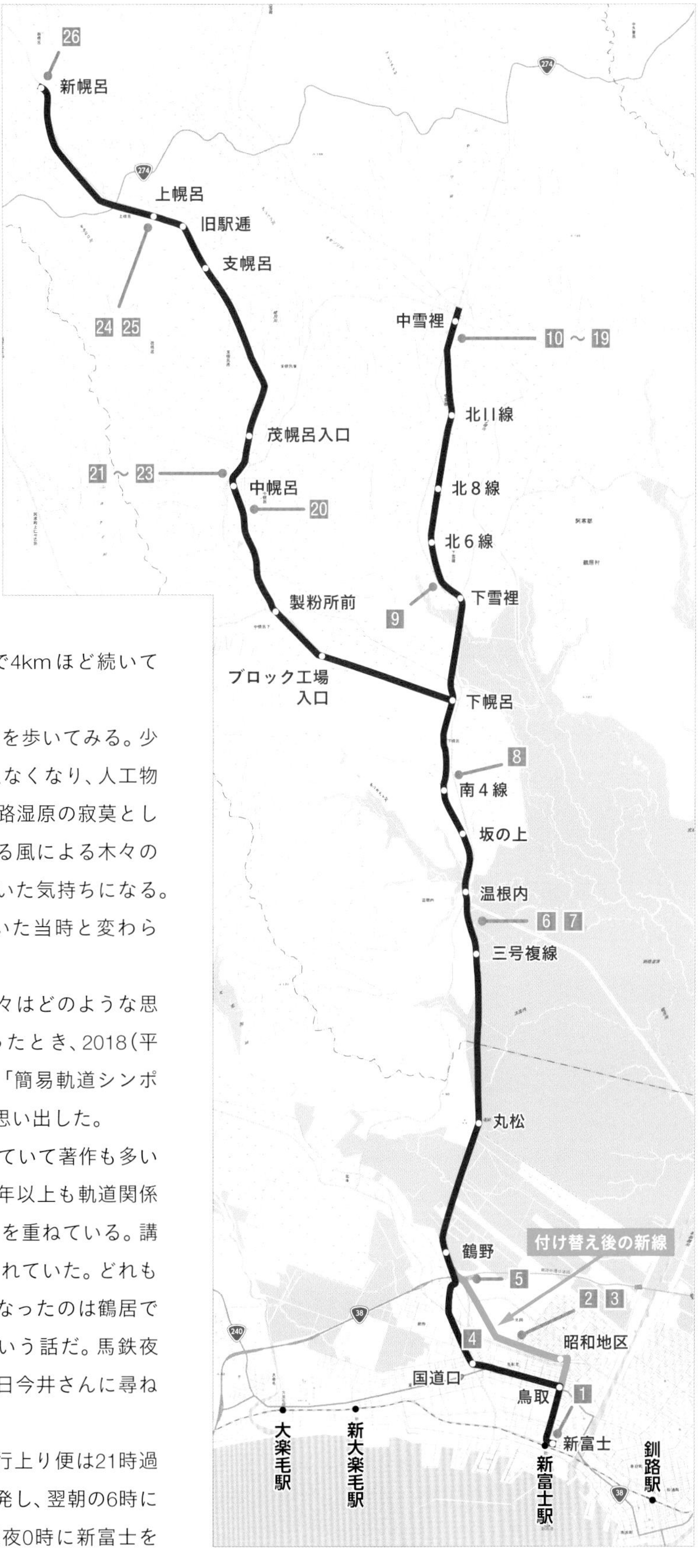

今現在の国土地理院電子地形図に加筆のうえ転載

センターから釧路湿原展望台下まで4kmほど続いている。

ビジターセンターからこの探勝道を歩いてみる。少し歩くと道路を走る車の音も聞こえなくなり、人工物も見えなくなった。目に入るのは釧路湿原の寂莫とした風景、聞こえてくるのは湿原を渡る風による木々のそよぎの音だけで、大自然に身を置いた気持ちになる。この風景はおそらく軌道が走っていた当時と変わらないものだろう **[写真7]**。

軌道があった当時、この場所を人々はどのような思いで通っていたのだろう。そう思ったとき、2018(平成30)年11月に鶴居村で開催された「簡易軌道シンポジウム」での今井啓輔さんの講演を思い出した。

今井さんは簡易軌道を長く調査していて著作も多い筆者の尊敬する研究者の一人で、20年以上も軌道関係者だけでなく沿線住民への聴き取りを重ねている。講演でもエピソードをいくつも紹介されていた。どれも興味深いものだったが、とくに気になったのは鶴居では馬鉄時代に「夜行便」があったという話だ。馬鉄夜行便のことが気になった筆者は、後日今井さんに尋ねてみた。

今井さんの聴き取りによると、夜行上り便は21時過ぎに上幌呂、22時過ぎに中雪裡を出発し、翌朝の6時に新富士に到着した。夜行下り便は深夜0時に新富士を

釧路湿原探勝歩道は軌道跡を転用したもの。軌道運行当時と変わらない風景が体験できる

道路沿いの喫茶店裏に残る軌道の築堤跡。雑草の草取りが行き届いており、往時の姿をとどめている

出発、翌朝6時に中雪裡、7時過ぎに上幌呂に到着。運行では4、5両のトロッコが相次いで出発したとのことだったので(軌道の運転手を務めた小野正彦さんの証言による)、1両のトロッコだけが寂しく走っていたわけではなく、どうやら隊商のように数両のトロッコが連なっていたようだ。夜行便の列車交換は温根内停留所だったが、馬の休憩を兼ねて、2時間ほどの時間調整が行われたという。

夜を徹して走るのだからどんな灯りを頼りにしていたのかと思っていたが、ライトのようなものはなく無灯火だったとのこと。月や星がうっすらと地面を照らす夜ばかりではなかったはずだ。筆者は真っ暗な湿原淵に敷かれたレールの上を馬の足音と車輪の音を響かせながらトロッコが通り過ぎる光景を想像した。

しかし、想像に浸ってばかりもいられず現実に引き戻されることになる。車で訪れた場合は探勝道を歩いて行ってもまた出発点まで戻らなければならない。筆者は結局残り時間を考えて2kmほど歩いてから引き返した。この場所でどのくらい軌道跡散策を楽しむのかは皆さんの判断にお任せするが、鶴居村営軌道跡探訪をするならばこの場所を訪ね、湿原の端に敷かれたレールの上を走る車両の姿を思い描きながら散策を楽しんでいただきたい。

道路沿いの軌道跡、美しい築堤

再び車に戻り先に進む。温根内ビジターセンター付近からの軌道跡はしばらく道道53号線に沿っている。進行方向左手に注意しながら北上してゆくとビジターセンターから4kmほど先で赤い屋根の建物の奥に築

堤らしきものが見えたので車を停めた。この建物は喫茶店でコーヒーをいただきながらお店の人に伺うと、裏にあるのは昔の軌道跡だということだった。

店を出て裏手にまわって築堤に上がった。築堤の前後は藪に埋もれていたが、この付近50mほどは下草も刈り取られてその姿がはっきり確認できる。おそらくは築堤の雑草を刈り払っているのはお店の人なのだろう。軌道跡はいくつも見ているが、その中でもっとも美しい築堤ではないかと思った[写真8]。

誌面の関係で割愛するが、この付近には紹介した以外にも道路沿いに築堤を確認できる場所が数ヶ所あった。季節によっては雑草で見つけづらい場所もあると思うが、時間の余裕があれば地形図を片手にそれを探してみてはいかがだろうか。

ここから道道53号線を600mほど北上すると、道道243号線が分岐する交差点があり、近くには阿寒バスの下幌呂バス停がある。このバス停の近くに軌道の下幌呂停留所があり、そこから幌呂線が分岐していた。空中写真ではかろうじて軌道ルートが確認できたが、探訪したときは藪が深く現地でその痕跡を見つけることはできなかった。

幌呂線跡の探訪は後回しにして、雪裡線の痕跡を求めてここからさらに北上した。

次のポイントは下幌呂バス停から約3kmの場所にある鶴見台にある。1937(昭和12)年に舌辛村から分村し、天然記念物のタンチョウに因んで名づけられた鶴居村はタンチョウの生息地として知られ、とくに冬になると周辺の地域からもタンチョウが集う。その美しい姿を求めて全国から観光客、写真家が訪れる。村内には給餌を行っている施設がいくつかあり鶴見台もその一つで、ここにも軌道跡が残っていた[写真9]。

鶴見台の周囲には見学者のために柵が設けられている。緩くカーブを描くこの柵沿いの見学通路が軌道ルートと重なっている。野生動物の撮影を趣味の一つとしている筆者は何度もここを訪れていたが、恥ずかしながらこの場所が軌道跡だったのを知ったのは最近のことである。

見学通路沿いを歩いてみると、雑草に隠れるように枕木の一部と思われる木片が残っており、ここに軌道のレールが敷かれていたことを物語っていた。

鶴見台から鶴居市街に向かう途中、牧草地に何ヶ所

か軌道の路盤が残っていることが確認できた。道路側からは路盤の様子はわかるものの、いざ近づいてみると背の高い雑草に視界を阻まれてかえってわからなくなってしまう。探訪したのが9月上旬だったので雑草に邪魔されることは覚悟していたものの、やはり夏の軌道跡探索は大変だと実感した。

保存車両の見学

鶴居市街に入ると市街地整備が進んでおり軌道跡をたどるのは難しくなっている。そこで雪裡線跡探訪の最後として軌道車両が静態保存されている鶴居村ふるさと情報館 みなくるに行くことにした。

みなくるの建物前には自走客車と呼ばれるディーゼルカー(泰和車両工業製、1964年製造)と6tディーゼル機関車(同、1960年製造)の2両が展示されている[写真10]。

この車両は以前は別の場所で展示されていたがこちらに移設された。自走客車はシートの張り替え、再塗装など整備の手が加えられている。塗装色については2016(平成28)年に釧路市立博物館が開催した企画展「釧路・根室の簡易軌道」の際に集められたカラー写真によってその配色が確認され、軌道運転手(前出の小野正彦さん)の協力も得て現役時代に近い塗装色に再現された[写真11, 12]。ディーゼル機関車も再塗装が行われ、良好な状態で保存されている[写真13, 14]。

軌道車両の扉は施錠されていたが、みなくる内にある図書館でお願いすると開錠してくれたので車両内部を見学できた。現在、北海道内で静態保存されている簡易軌道の自走客車は2両だけなので、ぜひ内部も

冬期はタンチョウの見学地としてにぎわう鶴見台。緩いカーブを描く見学者通路が軌道跡だ。通路上には軌道の枕木が埋もれていた

鶴居村情報館みなくるには軌道で使われていた自走客車と
ディーゼル機関車が静態保存されている

みなくるに静態保存されている自走客車は
泰和車両工業が1964（昭和39）年に製造
したもの。写真資料や軌道関係者の記憶
をもとに運行当時の塗装色が再現された

自走客車の車内は再塗装やシートの張り替えなどの整備が行われた

見学しておきたい。みなくる内には鶴居村の歴史や酪農を学ぶ展示スペースがあり、簡易軌道関連のコーナーもあって軌道自転車なども展示されている。併せて見学しておくとよいだろう［写真15］。

　鶴居村営軌道としてはもう一台、展示に向けて準備が進んでいる車両がある。以前は鶴居中学校の校庭の片隅で野球部の備品置き場として使われていた有蓋貨車が、製造元である釧路製作所の手によってレストアされた［写真16, 17］。

　写真は2018年に特別な許可を得て見学した際に撮影したレストア作業中のものだ。

有蓋貨車の後日談

　この探訪時にはまだ釧路製作所内に保管されていた有蓋貨車が、2022（令和4）年9月15日からみなくる前で静態保存されている軌道車両に並んで設置された。

自走客車とともに静態保存されている泰和車両工業製造の6tディーゼル機関車（1950年製造）

鶴居村教育委員会によると2025（令和7）年までに鶴居村営軌道の展示施設開設を目ざしているとのことで、今回は仮設置の位置づけということだ。

「北海道の簡易軌道」は北海道遺産として登録されているが、登録にあたって中心となったのがこの鶴居村であり、「簡易軌道シンポジウム」を企画開催するなど簡易軌道の存在を知らしめる活動を継続している。今後も簡易軌道についての新たな情報を発信してくれると思うので大いに期待したい［**写真18, 19**］。

6tディーゼル機関車側面。定期的な整備が行われ、良好な状態が保たれている

幌呂市街周辺の軌道跡

みなくるで雪裡線跡の探索は終了し、次に幌呂線の探索に向かう。鶴居市街からはナビを頼りに幌呂線の終着である新幌呂に向かう手もあるが、軌道に敬意を表して分岐点である下幌呂まで戻ることにした。

下幌呂の交差点から道道243号線に入り幌呂方面に向かう。雪裡線から分岐してしばらく軌道は道道と重なっているため痕跡を見つけることが難しい。軌道は下幌呂停留所の次の停留所であるブロック工場入口

付近からカーブして中幌呂停留所（現在地名は幌呂）に向かっていた。このカーブ付近から道路は道道829号線となるが、この先も軌道跡は見つけられないまま幌呂市街に着いた。下幌呂から幌呂までは7kmほどの距離だ。

幌呂市街の入口、幌呂中学校前で道道から左手にY字に分岐する道路がある［**写真20**］。

地形図によるとこの道路は軌道跡を転用したもののようだ。この道を進んでゆくと、右手にすでに使わ

みなくる内には鶴居村の郷土展示スペースがあり軌道自転車など鶴居村営軌道
関連の資料も展示されている

16 釧路製作所内でレストア中の有蓋貨車。軌道廃止後は鶴居中学校で野球部
の備品置き場として使われていた　17 有蓋貨車の台車は備品置き場として移設
された際に車体下に埋められていたが、車体同様に釧路製作所によってレストア
された。いずれも2018（平成30）年11月撮影

れていない建物があった。壁面には「ホクレン幌呂クーラーステーション」の看板がかかっている。クーラーステーションとは近隣の酪農家が生産した生乳を集めて冷却し、工場に効率的に運搬するための施設だ。以前この場所は雪印乳業の幌呂工場だったが1968（昭和43）年にホクレンに移管された。幌呂工場はナチュラルチーズを製造しており、製造されたチーズは同社の釧路工場に輸送されてプロセスチーズの原料となっていた。この地域の道路整備は比較的早く、チーズ輸送はトラックで行われたが、かつては軌道がその役割を果たしていた時期もあった [写真21]。

　軌道運行当時の地形図を見ると幌呂線の中幌呂停留所は工場の正面にあった。現在この建物の正面は村のパークゴルフ場になっている。推測すると中幌呂停留所跡はこのゴルフ場の一部になっているようだ [写真22]。

　軌道と重なる道路はその先約100mで終わる。しかし、現在の地形図を見るとその先に擁壁を示す記号が記されている。また、現在の空中写真でも軌道跡らしい痕跡が認められた。

　目の前には背丈近くの高さの藪が視界を遮っていたが思い切って藪の中に入ってみることにした。藪をかき分けながら少し進むと視界が開け、クマザサに覆われた「道」が見えてきた [写真23]。

　簡易軌道の路盤は簡素な造りだったが、わずかでも土工事がありバラストも撒かれていたため、軌道跡とそれ以外の部分では植生が変わっている。とくに森の中では軌道跡にクマザサが生えていることが多く、この軌道跡も同じだった。軌道跡は築堤、切通を経なが

18 長らく補修に携わっていた釧路製作所に保管されていた有蓋貨車が軌道車両横に仮設置された　写真提供：鶴居村教育委員会　19 有蓋貨車は仮設置の状態。軌
道展示施設が開設されたら移転され本展示となる見込みだ　写真提供：鶴居村教育委員会

幌呂市街入口で道路はY字分岐している。左に分岐して直進する道路が軌道跡を転用したものだ

ホクレン幌呂クーラーステーション跡。この建物近くに中幌呂停留所があった

中幌呂停留所は写真左手に見えるパークゴルフ場に姿を変えているようだ

中幌呂停留所近くの森の中には軌道跡が残っていた。写真中央の「クマザサの道」になっているのが軌道の路盤跡で切通、築堤も確認できた

ら続いており、バラストの感触がある軌道跡をたどってゆく。200mほど進みその先にも軌道跡が残っているのを確認したものの、残り時間のこともあるので引き返すことにした。

車に戻り次のポイントである上幌呂停留所跡に向かう。中幌呂から上幌呂までは8kmほどの距離がある。この間の軌道ルートは道路沿いに続く牧草地内にあるため立ち入りが難しいと判断し探索は諦めた。

上幌呂から新幌呂まで

上幌呂市街に入る。旧版地形図によると現在のバス停周辺が上幌呂停留所だった。ここには道路から少し奥まった場所に当時の機関庫が残っている。機関庫は軌道廃止後に正面のシャッターがモルタルで埋められるなど改装が加えられており、当時の面影は残っているものの少し様相は変わっている。

このときは内部見学できなかったが、2019(令和元)年の11月に鶴居村の簡易軌道シンポジウムが開催された際にこの機関庫内が公開された。筆者はこのとき

内部を見学しており、車両点検用ピットは埋められていたもののコンクリートに埋め込まれた枕木が残っているのを確認している[**写真24, 25**]。

停留所配置図面によると上幌呂停留所は機関庫の前に転車台が配置され待避線、枝線があるなど簡易軌道の停留所としては規模の大きいものだった。現在は機関庫以外にはここに軌道の停留所があったことを示す痕跡はない。構築物の遺構が少ない鶴居村営軌道にあってはこの機関庫は貴重な存在であり、これからも引き続き保存されることを願ってさらに先を目ざすことにした。

上幌呂から幌呂支線の終着である新幌呂までは約4kmの道程で、この区間は道路沿いに牧草地と鬱蒼とした森が交互に続いている。牧場が点在しているものの、かつてここに軌道が通り、それを利用する人たちの暮らしがあったことが想像できない寂しい風景だった。すれ違う車もない道を進んでゆくと、やがて上幌呂バス停が見えてきた。

森の前にぽつんとあるバス停だが、地形図によると

24 上幌呂停留所跡には軌道機関庫が今も残っている。正面のシャッター部分は後年改装されたが、その他の外観は当時の姿をとどめている　25 上幌呂停留所の軌道機関庫の内部。点検ピットは埋められていたが枕木はそのまま残っていた。いずれも2019(令和元)年11月撮影

新幌呂停留所はバス待合室の後方にあったが、樹木が生い茂っていて停留所の痕跡は確認できなかった

この裏手に新幌呂停留所があった。写真資料を見ると停留所は車両の切り返しのためのY字線や倉庫などを備えていたようだ。しかし、停留所があったと思われる場所には木々が生い茂っており、当時の様子を思い浮かべることはできなかった[写真26]。

新富士駅前からはじまった鶴居村営軌道跡探索は痕跡もない幌呂線の終点、新幌呂停留所跡で終わりとなった。今回は沿線道路から比較的わかりやすくアプローチしやすい軌道跡、遺構を中心に紹介した。冒頭に書いたように鶴居村営軌道は比較的多くの軌道跡が確認できるので、時間が許せば旧版地形図を片手に

じっくり軌道跡を探索するとおもしろいと思う。保存車両もあるので充実した時が過ごせるだろう。

番外編　復活を遂げた軌道機関車

最後に今でも「現役」で走っている鶴居村営軌道の車両について紹介しておきたい。

鶴居村から遠く離れた石北本線丸瀬布駅から10kmほどの場所に丸瀬布森林公園いこいの森(遠軽町)がある。ここはキャンプ場や温泉施設、昆虫観察館などをともなう観光施設で、かつてこの付近に敷設されていた武利森林鉄道で活躍していた蒸気機関車雨宮21

号が動態保存されている。4月下旬から10月下旬の週末を中心に、施設内に敷設されたループ線を機関車が客車を牽引して走り、観光客を楽しませている [**写真27**]。

いこいの森には雨宮21号以外にもナローゲージの車両が何台も保存されており、そのなかに鶴居村営軌道のディーゼル機関車も含まれている。

このディーゼル機関車は1959（昭和34）年に運輸工業で製造された。軌道廃止後に釧路製作所で整備され、新宮商工釧路工場構内で防腐処理する木材の運搬に使用されていた。その役目も1989（平成元）年ごろに終わり、そのまま工場内で保存されていた。

この機関車を貴重な鉄道遺産と考えた地方鉄道史研究会が機関車を復元、保存の要望書を丸瀬布町（当時。現在は遠軽町と合併している）に提出するなどの活動を行った結果、丸瀬布町は機関車を購入して札幌交通機械でレストアが行われ、1996（平成8）年からいこいの森で運行をはじめた [**写真28**]。

簡易軌道の機関車は北海道北部の歌登町、東部の別海町、浜中町、そして今回ご紹介した鶴居村のものを含めて4両が静態保存されているが、走行可能の機関車はこの1両だけだ。雨宮21号も北海道遺産として登録されている歴史的鉄道遺産なので、簡易軌道跡の探索とあわせて訪れ、この2両の牽く列車に乗ってエンジンの音やレールの響きに耳を傾けながら往時を思い浮かべてほしいと思う。一見の、いや一乗の価値は十分にある。

遠軽町の丸瀬布森林公園いこいの森には北海道遺産に登録された蒸気機関車雨宮21号（武利意森林軌道18号形機関車。雨宮製作所・1928年製造）が動態保存されており、春から秋にかけて定期運行されている

いこいの森では鶴居村営軌道で使われた運輸工業製の6tディーゼル機関車が動態保存されている。機関車は軌道廃止後に釧路市内の工場で使用されていたが、札幌交通機械によってレストアが行われた

標茶町営軌道

標茶町営軌道は廃止後の河川改良や農地改良などによって軌道跡の多くが失われている。だが、開運町と沼幌の停留所跡には構築物が多く残っているほか、ガータ部分の残る橋梁跡など貴重な遺構が見られる興味深い路線である。

標茶町営軌道
運行系統

沼幌		上オソベツ
三区		大曲
二区		中オソベツ
		神社前
		新道前
		厚生
		下オソベツ
		南標茶
		開運町
		標茶駅前

標茶線
沼幌支線

成果に不安を覚えての現地入り

標茶町営軌道は開運町(標茶市街)と上オソベツを結ぶ標茶線—1958(昭和33)年12月に全線開通—と中オソベツから分岐して沼幌までを結ぶ沼幌支線—1966(昭和41)年6月運行開始—との2路線からなっている。標茶線は1961(昭和36)年に開運町から釧路川を渡って旭町(標茶駅前)まで延伸されている。戦前から運行していた他の簡易軌道にくらべて「新しい」路線だったが、1971(昭和46)年7月に運行が終了しており短命な軌道だった。

今回、紹介する簡易軌道跡の中で、筆者は標茶町営軌道だけはこれまで探索したことがなかったので、現地に行く前にできるだけ準備をしてきた。

国土地理院で軌道運行時と現在の地形図を入手し、同じく国土地理院が提供している空中写真閲覧サービスを利用し、軌道ルートが写っている写真は一通りプリントアウトした。これらのデータを基に軌道跡が確認できそうな箇所をチェックしていったが、軌道沿線は土地改良や河川改良などが行われて当時と大きく様相が変わっていて、軌道跡が残っている箇所は少ないように思えた。停留所跡など何ヶ所か遺構があることがわかっているポイントはあったものの、成果に不安を残したまま現地入りすることとなった。

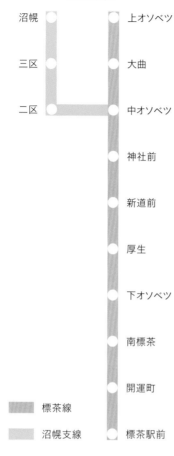

1 開運町停留所跡には現在も軌道事務所建物が残っていた

2 開運町停留所跡には軌道機関庫が3棟残っており、現在も使用されている

軌道跡探索は起点である開運町停留所跡からはじめることにした。冒頭に記したように標茶線はのちに開運町から標茶駅前まで延伸されているが、この間には釧路川という一級河川が流れており、それを渡るために簡易軌道としては最大級ともいえる鉄橋、標茶線第三号橋が建設されていた。軌道廃止後は人道橋として使われたものの、老朽化に伴い撤去されている。筆者はまだこの鉄橋が残っていたころに何度もその近くを通っていたが、当時は軌道の遺構という知識がなく、その姿を撮影していないことが悔やまれる。

鉄橋からの軌道跡の一部は「風雲通り」歩道として整備されているとのことだが、今回の探索では見落としてしまった。冴えないスタートで事前に抱いていた不安もあり、この先が思いやられたものの、開運町停留所跡地に着いて気が晴れた。

開運町停留所跡の軌道建物群

開運町停留所跡には当時の軌道関係の建物が何棟も残っている。

まず目につくのが一見民家風の建物。これはかつての軌道運行事務所だ。建物はかなり老朽化していたが、人の出入りもあったのでまだなんらかの用途で使われているようだった[写真1]。

軌道運行事務所の裏には機関庫が3棟並んで残って

3 開運町停留所の転車台は4線式機関庫前にあった。地下に眠っているかもしれない転車台の位置を想像してみた

いる。この建物も物置等の目的でまだ「現役」のようだった。軌道運行当時の写真を見ると、中央の機関庫は4線式で、その前には転車台があったはずだが今は空き地になっている。転車台は比較的大きな半地下構築物なので、ここを整地するために破壊されたとは考えづらい。おそらく今もこの地下に眠っているのではないだろうか[写真2, 3]。

軌道時代の姿を多く残している開運町停留所跡から、標茶線跡を終着である上オソベツまでたどってゆくことにする。

開運町停留所を出ると、軌道は南標茶、下オソベツと丘陵地の端を通ってから、カーブを描いて丘陵を上っていった。開運町〜下オソベツ間の軌道跡は道路とな

オソベツ川近くの軌道跡は
ほとんど牧草地になって痕
跡は残っていない。唯一と
もいえる橋梁跡は牧草地
奥の森の中にあった

牧草地を進んでゆくと雑草に覆われた橋梁の橋台が残っていた

り現在の地形図でも確認できたのだが、実際に訪れて
みると使われなくなって久しいようで背の高い雑草
に覆われており、軌道の痕跡は確認できなかった。

　丘陵を上った軌道は厚生、新道前停留所を経てオソ
ベツ川を渡り神社前停留所に向かっていた。軌道ルー
トは国道274号線に沿ってはいるものの、事前に確認
した地形図や空中写真でも軌道跡は確認できなかっ
たので付近の現地調査は省略することにした。

　次に向かったのは事前調査で「あたり」をつけてい
た場所だった。

牧草地の奥に眠る軌道橋跡と謎の橋脚

　現在の空中写真で軌道跡をたどってゆくと、オソベ
ツ川付近の森の中に赤い鉄骨がクロスしている構築

物のようなものが確認できた。オソベツ川は軌道が走っ
ていた当時は蛇行する川だったが後年に河川改修工
事が行われ現在では直線化されている。直線化される
前の旧河川は今も一部残っており、構築物はその旧河
川上に位置していることから橋梁跡である可能性が
ある。この付近には軌道跡は確認できないので自信は
なかったが、とりあえず現地に行ってみることにした。

　空中写真と地形図から軌道跡と思しき場所に行く
ためには国道から離れ、未舗装の道路をしばらく走る
ことになった。目的の場所は道路から少し離れており、
そこへは牧草地に立ち入る必要があった。

　牧草地は私有地なので勝手に入るわけにはいかない。
そこで所有者である牧場主に許可を得ることにした。
牧草地はその手前にあるお宅のものだったので、ご主
人に趣旨を説明すると快く立ち入りを許可してくれた。
通行する農業車両の妨げにならないよう、空き地に車
を停めて牧草地内に入っていった［写真4］。

　まっすぐ進んでゆくと牧草地の端の雑草に隠れる
ようにコンクリートの構築物が見えてきた。さらに近
づくとやはり橋梁の橋台だった［写真5］。

　橋台の横にまわってみると、空中写真に写っていた
橋梁の赤いガータがあった。軌道橋跡は問寒別や浜中
などで見たことはあるが、いずれも残っているのは橋
台や橋脚だけなので、ガータ部分が残っている橋梁跡

今現在の国土地理院電子地形図に加筆のうえ転載

は初めてだった。空中写真で見つけたものが予想どおりの軌道跡であったこともあり少々興奮した。

　さっそく写真を撮ろうとしたが、橋梁下に降りる土手の傾斜がきつく、また自分の背丈ほどの草が生い茂っていたためにアングルを定めるのが容易ではなかったが、なんとか苦労して撮影した。もう少し画角の広いレンズを用意してくればよかったと後悔したが後の祭りだった [**写真6**]。

　橋梁の下に行ってみると、ガータの下にコンクリート製の「橋脚」が2本立っているのがわかった [**写真7**]。橋脚は傾いておりガータとの間隔もあるので、ガータを支えていたものとは考えにくい。また、ガータ部と橋台とを接続する際に用いられる「支承」と呼ばれる金具もついていない [**写真8, 9**]。

　全容が見えないので確信はないが、この橋梁はワンスパンのようなので、そもそも橋台があるのも不自然だ。そう考えると、この橋台は旧軌道橋のもので、架け替えの際にそのまま残されたのではないかと推測した。

この橋台の形状は当別町営軌道の橋梁で使われていたものによく似ている [**写真10**]。

　橋台の謎についての結論は持ち越しとして、もう少し軌道橋跡を観察することにした。

　橋梁下の藪の中から再び牧草地に戻り、幅15cmほどの橋台の縁に上がってみる。傾斜がきついうえに足元が滑るので少々苦労したが、上がってみると空中写真どおりの鉄骨がクロスしたガータの構造を確認することができた [**写真11**]。ガータの先には木が生い茂っており、足元も不安定なので先に進むのは断念し、車に戻って沼幌支線との分岐点である中オソベツに向かうことにした [**写真12**]。

謎の橋脚後日談

　先ほどの「謎の橋脚」の話だが、帰宅後に調べてみて謎が解けてきた。

　標茶町営軌道の歴史を調べてみると、オソベツ川が1960（昭和35）年に融雪によって増水し、氾濫する水

6 空中写真をもとにたどり着いた橋梁跡は雑
草や樹木に覆われ、全容は確認できなかった
7 橋梁のガータ部の下にはこの橋梁のもので
はない別の橋台が2基確認できた
8 橋脚とガータ部の接続には「支承」が使わ
れる。写真は浜中町営軌道4号橋のもの
9 橋梁跡の橋台は支承によってガータ部が
固定されていた

⑩橋脚の形状は当別町営軌道のものによく似ている。写真は当別町営軌道の大袋停留所付近で道路橋に転用された軌道橋の橋脚
⑪橋台の上に上がるとガータ部の構造が確認できた
⑫ガータ奥は立木で覆われ先は見通せない。鉄骨上を歩いて進むのも危険なので軌道橋跡の全容確認は断念した
⑬標茶町営軌道は1960（昭和35）年の水害で橋梁の流出などの大きな被害を受けた。復旧中の写真を見ると「謎の橋台」が写っていた　写真提供：標茶町

害が発生していた。その水害によって軌道も新道前〜神社前停留所間が不通になる被害を受けていた。

　この水害によりオソベツ川に架けられていた旧橋が流出し、復旧工事によって現在残っている鉄橋に改修された。水害前のオソベツ川の軌道橋の写真を見ると、現在も残っているコンクリート製の橋脚が写って

いる［写真13］。写真には木製と思われる橋脚も確認できるが、よく見ると木製橋脚にくらべてコンクリート製の橋脚は低く、コンクリート橋脚の上に木材のようなものを積んで道床の高さを調整しているようだ。少々不思議な構造の軌道橋で、あるいは木製橋脚が仮設橋のものなのかもしれないが、それ以上のことはわ

中オソツベツの鶴居国道左折地点。上オソベツ停留所側から撮影しているので、軌道は交差点の左手から手前に向かって敷かれていた

中オソベツ停留所跡は現在、大規模牧場の敷地内にあり痕跡は確認できない

上オソベツ停留所近くの牧草地には軌道の路盤が残っていた

木を目印に停留所があったと思われる場所に入ったが痕跡は確認できなかった

からなかった。しかし、いずれにしてもこのコンクリートの橋脚は旧軌道橋のものであったことがわかり大いに満足した。

中オソベツ～上オソベツ停留所跡まで

話を中オソベツ停留所探索に進める前に、「オソベツ」という地名について少し書いておきたい。

軌道の古い乗車券では「御卒別」との漢字表記になっていて読みは「おそつべつ」だが、軌道の時刻表では「オソベツ」と4文字のカタカナ表記になっている。当時の新聞記事では「御卒別」と「オソベツ」表記が混在しているうえに、当時の地形図の地名表記では「オソツベツ」となっている。現在の地名は「オソツベツ」で統一されているものの、部外者にとっては混乱するばかりだ。本稿では停留所名は「オソベツ」で統一する。

地名の説明はさておいて、軌道跡探索に戻ろう。オソベツ川の鉄橋跡から中オソベツ停留所跡までは国道274号線に出てから4kmほど進むことになる。地形図によると中オソベツ停留所はバス停付近ではなく、

300mほど北東にあったようだ [**写真14**]。

軌道は中オソベツ停留所付近のY字分岐によって、標茶本線と沼幌支線にわかれていた。地形図からすると停留所のあった場所は「(株)TACSしべちゃ」という大規模牧場の敷地内にあたる。空中写真でも痕跡は確認することができず、唯一交差点近くに軌道跡と思われる路盤跡が確認できたのだが写真は撮り忘れてしまった [**写真15**]。

ここから標茶線の終着である上オソベツ停留所跡を目ざす。軌道ルートはしばらく牧草地に消えており、痕跡は確認できなかった。中オソツベツから4kmほど走ったところで上オソベツ方面に向かう農道がある。地形図ではこの農道と軌道が交差している箇所があるのでこの農道に入っていった。車を停めて交差部分を探してみたが特定はできなかった。しかし、少し離れた牧草地にわずかに残る軌道跡を確認することができた [**写真16**]。

上オソベツ停留所は中オソツベツから続く道路と道道53号線との交点である丁字路近くにあった。丁字

18 上オソベツ停留所。写真中央左に写っているのが停留所の位置の目印となった「一本の木」。1971（昭和46）年6月26日撮影　写真：今野繁利
19 上オソベツ停留所の場所は軌道運行時から立っていた「一本の木」（写真右手の高い木）が目印になる。現在は他の樹木が生い茂ってわかりづらい

路の手前に草の茂った道があったので入ってゆくと平地があった。停留所の痕跡はないものの、当時の写真を見ると停留所周辺はかなり広い平地であったので、この周辺が停留所跡ではないかと推測した［写真17］。

　停留所の位置を特定する手がかりがもう一つある。当時の写真を見ると停留所の近くに印象的な木が写っていた。1971（昭和46）年6月に今野繁利氏が撮影した写真では目立った木はその一本だけだったが、現在は木が生い茂っているので自信がない部分もある。しかし、道路との位置関係からすると丁字路近くに立つひときわ高い樹木がその木だろう［写真18, 19］。

　停留所のおおよその位置はわかったが、現在は森に変わっていて痕跡は確認できなかった。残念な思いはあるが標茶線跡の探索はここで切り上げ、沼幌支線の探索をするために中オソツベツまで戻ることにした。

　国道274号線は中オソツベツ市街で南西に曲折しているが、軌道はこの曲折点である交差点からしばらく国道のルートと重なっている。一部国道から離れている箇所があったので、軌道跡が残っていないか確認し

沼幌支線跡は道路に転用されていたが現在は一部を残すのみ。この場所でも道路は牧草地に消えていた

21 沼幌停留所跡へのアプローチ道路入口は雑草が生えわかりづらい
22 アプローチ道路も雑草に覆われていた。進んでゆくとようやく建物が見えてきた
23 沼幌停留所跡は雑草に埋もれていた

てみたが、その痕跡は見つけられなかった。

　中オソツベツの交差点から約3km進んだ場所から軌道は国道から離れ、終着の沼幌に向かっている。地形図上はその跡が道路に変わっているが、実際訪れてみると目ざす軌道跡と思われる道路はあったものの、その道路は200mほどで牧草地に消えていた [**写真20**]。

　牧草地の先に軌道跡があるのかもしれないが、この先の探索は困難だと判断してこれ以上進むことは諦め、支線の終点である沼幌に向かった。

沼幌支線 沼幌停留所跡

　国道付近の軌道跡から沼幌支線終点の沼幌停留所跡までは近道はないので大きな迂回を余儀なくされる。カーナビでおおよその位置を指定してルート検索した結果、国道274号線を約3.5km進み（途中で交差点において南に曲折する箇所があるので要注意）、交差点からヌマオロ川沿いの細い道路を東南へと左折してさらに4.4km進むルートが表示されたのでそれに従って車を進めた。

　沼幌停留所跡は道路から50mほど奥にあるが、そこまで取り付け道路がついていることは地形図や空中写真で事前に確認していた。しかし、目的地近くに着いたものの、停留所跡への取り付け道路がなかなか見つからない。空中写真でははっきり道路が写っているのですぐに見つかると高をくくっていたが、道路脇の雑草が深くて道路の入口と路肩との区別がつかない。何度か車で往復して慎重に探したところ、ようやく入口を見つけることができた [**写真21**]。

　道とはいっても雑草に覆われ周囲の藪も深くて先は見通せない。不安を抱きながらも先に進んでいった [**写真22, 23**]。

　最初に見えたのは軌道の機関庫で、さらに進むと保線詰所の建物を確認することができて、ようやくここが沼幌停留所跡であると確信が持てた。二つの建物は老朽化がかなり進んでいたものの当時の姿を残していた。機関庫の正面のシャッターは閉じられていたが、側面の扉が開いていたので中に入ることができた。内部には農業機械が置かれて物置代わりに使われているようだ。床には埋め込まれた枕木、そして点検ピットが残っていた。保線詰所は現在使われていないようだった [**写真24, 25, 26, 27**]。

　沼幌停留所の現役時代の写真を見ると機関庫の前に転車台があるが、今は確認することができない。軌道が廃止されて道路に転用された際に埋められたのだろう。

　沼幌支線は1966（昭和41）年6月に運行を開始したものの1970（昭和45）年11月には運行停止になったのでわずか4年半余りの運行期間だった。

　沼幌停留所のこれらの施設もわずかな期間でその

24

25

26

24 沼幌停留所跡全景。左が保
線詰所で右が機関庫
25 軌道機関庫は老朽化している
ものの当時の姿をとどめていた
26 軌道機関庫内部には枕木、
点検ピットが残っていた
27 朽ちかけてはいるが、保線詰
所の建物も貴重な軌道遺産の
一つといえる

27

137

使命を終えたのだ。道路事情が悪かった内陸の開拓地は簡易軌道への期待が大きく、各地で路線新設、延伸の請願活動が行われた。しかし、請願活動が叶って軌道の工事がはじまったころには、周辺の開拓地では大規模な農地開発が行われていた。農地開発には道路整備も含まれていたため、整備が進むにつれて軌道の存在意義が失われ短命となった路線がいくつかある。この沼幌線もその一つだった。簡易軌道の歴史を調べているとこういった歴史の皮肉を感じることがある。雑草に埋もれるように佇む停留所の遺構を見ながら、少し切ない気持ちになった。

目的であった建物を確認できて一安心したものの、ここにはもう一つ、筆者がぜひ見たいと思っている軌道遺構が残っている。それがヌマオロ川の軌道橋跡なのだが、ここも高い藪が視界を阻んでいた。しかし、藪をかきわけながら進んでいくと、その先では軌道跡がクマザサの道となって誘ってくれた。その道に沿ってゆくと間もなく鉄橋の姿が見えた[写真28]。

橋台下に降りる傾斜は緩やかでオソベツ川の鉄橋跡よりも雑草の背は高くなかったので、じっくりと鉄橋を観察することができた[写真29]。

鉄橋の下から見上げてみると、軌道廃止後道路に転用された際に拡幅するために改造されていたことがうかがえた。拡幅とガードレールには軌道の軌条が使われていた[写真30]。

鉄橋の上に出てみると覆いかぶさるように木が生い茂っていてその先は見通せない。現在の空中写真でも橋梁の先に軌道跡（正確には道路に転用されたもの）が確認できるが、橋梁跡の路面の状態がわからないの

28 沼幌停留所の奥の藪をかきわけてゆくと軌道跡が続いていた
29 ヌマオロ川に架かる軌道橋。軌道廃止後は道路橋として一時活用されていた。現在でもその姿をよく残している

でこの日は軌道橋の先に進むのは断念した［**写真31**］。

再訪・沼幌停留所跡

軌道橋の先がどうなっているのか気になっていたので、2022（令和4）年9月に再び沼幌停留所跡を訪ねてみることにした。

前回の探訪と同じ時期だったため雑草に覆われている状況は変わりなかったが、停留所への取り付け道路はすぐにわかった。

雑草をかきわけながら機関庫と保線詰所の間を抜け軌道橋の前に出た。前回確認したように軌道橋の中央には木が生えている。枝が左右に張り出しており軌道橋の中央を進むことはできない。枝を避けながら軌道橋の端に寄ってみる。体重をかけると足元の土が崩れた。

軌道橋の端は道路橋に転用するために拡幅されており、この部分が脆くなっていたようだ。崩れた土が川に落ちて水が跳ねる音を聞いて肝が冷えた。ここから先は軌道レールを利用した拡幅部分の骨組みに足を掛けながら慎重に進んでいった［**写真32**］。

なんとか軌道橋を渡り切ったが、軌道廃止後に道路に転用された部分も藪が深く、その先は見通せない状態だった。軌道橋の先は築堤が崩落している箇所もあったのでその先の探索は諦めた［**写真33**］。

軌道橋上は危険な箇所があるので、とくに雑草に覆われて足元が見づらい季節に訪れる場合は慎重に行動する必要がある。

道路橋時代にガードレールに活用された軌道のレール

標茶町営軌道跡探索の終わり

標茶町営軌道跡探索は沼幌停留所跡で終了となった。標茶には保存車両がなく、築堤など軌道の痕跡は少ない。だが、開運町停留所跡、沼幌停留所跡には軌道事務所や機関庫、保線詰所、橋梁跡など軌道の遺構がいくつもある。とくに沼幌停留所跡の軌道橋はガータ部も残っており、現役当時の面影をとどめている貴重な遺構なので一見をおすすめする。

31 橋梁上は雑草のほか中央に灌木が生えているために橋梁両端から進むほかなかった　32 道路橋に転用された際に拡幅された部分を下から確認すると、軌道レールの骨組みに木板を渡した構造になっている。経年によって木板の腐食個所が多く見られた　33 沼幌支線の跡は一時道路として使用されていた。軌道橋の先も築堤跡が残っていたが崩落個所があり、先に進むのは諦めた

浜中町営軌道

浜中町営軌道は各路線に遺構が残っている。季節によっては雑草に覆われわかりづらくなる路盤や築堤跡が多いので、慎重な行動が必要となるものの、軌道跡探索の醍醐味を味わうことができる路線だ。

浜中町営軌道 運行系統

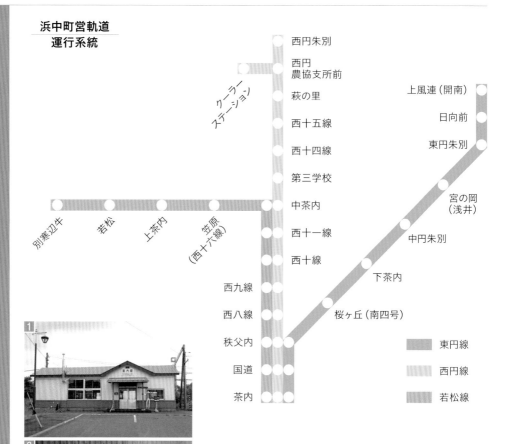

西円朱別
西円農協支所前
萩の里
西十五線
西十四線
第三学校
中茶内
西十一線
西十線
西九線
西八線
秩父内
国道
茶内

クーラーステーション

別寒辺牛　若松　上茶内　笠原（西十六線）

上風連（開南）
日向前
東円朱別
宮の岡（浅井）
中円朱別
下茶内
桜ヶ丘（南四号）

東円線
西円線
若松線

1 JR花咲線茶内駅。駅舎内に軌道関連の展示がある　2 茶内駅内の軌道展示。軌道以外にも茶内駅に関する資料、写真も展示されている

ふるさと公園に展示されていたDLは修繕されたのち2022（令和4）年10月より浜中農村運動広場に展示場所が移された。展示当初は窓部分が塞がれていたが、翌年5月に復元されたようだ。2023（令和5）年4月撮影

ふるさと公園に展示されていたときの機関車の運転台。前面の窓は破損しており内部の痛みが激しかった

自走客車の車体は腐食のためすでに撤去され台車だけが残っていた。修繕の際に上物が載せられる「魔改造」が施されており、事実と異なる姿になっている。2023（令和5）年4月撮影

筆者にとって思い入れのある軌道

　浜中町営軌道はJR花咲線茶内駅近くにあった茶内停留所を起点として奥地の円朱別原野に向けてレールが敷かれていた。

　路線は途中の秩父内停留所で分岐して境界を越えて別海町の上風連停留所（別海村営軌道の上風連停留所とは別場所。地名改正まで上風蓮であったが本稿では現行地名表記で上風連と記述する）に至る円朱別線（通称東円線）、西円朱別を終点とする茶内線（通称西円線）、そして中茶内停留所付近で分岐して厚岸町辺寒辺牛停留所に至る若松線の3路線を有していた。地元では各路線は通称で呼ばれることが多く、時刻表でも通称が使われているので以後は通称を使うことにする。筆者は浜中町営軌道だけでなく、軌道を使って運ばれていた生乳輸送の歴史に興味を持ち、現地を訪ねては沿線に住む住民への聴き取りを続けてきたので、簡易軌道のなかでもとくに思い入れがある。ここしばらくは聴き取り中心で軌道跡を探索する機会はなかったので、今回は3路線をじっくりまわってみることにする。

茶内駅周辺の軌道遺構

　軌道跡探訪のスタートとして、まず軌道の起点である茶内停留所跡に向かう。茶内停留所はJR花咲線茶内駅近くにあって機関庫や倉庫、軌道事務所などの軌道関連施設のほか、軌道を使って運ばれてくる生乳を集める乳業会社の施設などもあって大規模な停留所だった。停留所跡は現在、農協関連や公共施設などの建物が立っていて当時を偲ばせる痕跡は少ないが、この周辺にはいくつか見るべきものがある。

　まずはJR花咲線茶内駅。駅舎内に鉄道関連の展示スペースが設けられており、簡易軌道の写真やレールなども陳列されている。このスペースは通常、施錠されているが、近くの金物店が鍵を管理しており、お願いすると鍵を貸してくれる。展示物は数少ないものの、実際に軌道があった場所で見ると感慨深いものがある **[写真1, 2]**。

　次に訪れるべき場所は、駅から北西へ1kmほどのところにあるふるさと公園だ。公園に至る道は狭く、案内板もない。この公園内には軌道のディーゼル機関車

（B8t。釧路製作所1965年製）が静態保存されている。機関車の後ろには台車が繋がっている。これは自走客車のものだ。かつては車体も含めて保存されていたが、老朽化により腐食が進み、車体が撤去されてこのような姿になった。

　ディーゼル機関車は前面と側面の一部の窓ガラスが破損しており、内部も腐食が進んでいる。浜中町営軌道で使われていた車両で現存するのはこの1両だけなので、補修して今後もその姿をとどめられるよう願いながら次の目的地に向かうことにした。

2022（令和4）年9月現在の情報

　2022（令和4）年9月にふるさと公園を訪問したところDLと自走客車の台車は撤去されていた。浜中町に確認すると、板金塗装の修繕中で一時的に撤去したとのことだった。修繕を終えた車両は同年10月から浜中農村広場で展示されている。2023（令和5）年4月に現地を訪れたら、DLの窓は塞がれ、自走客車の台車も「魔改造」されるなど残念な状態だった。現地訪問の翌月にDLの窓は復元されたようだ。自走客車の台車も本来の姿に戻ることを期待したい **[写真3, 4, 5]**

乳業工場への引込線

　殖民・簡易軌道は奥地の開拓に資するために敷設された。だが、軌道の敷かれた地域の多くが畑作には不向きな冷涼な開拓地であったために、沿線一帯はやがて酪農地帯になってゆく。そのため軌道が運搬する貨物の主役は酪農家が生産する生乳となっていった。

　なかでも浜中町営軌道は沿線の生乳生産が盛んだった。道路事情が悪かったために生乳輸送の多くが軌道に依存していた。軌道末期、浜中を訪れた鉄道ファンによって集乳缶（生乳を入れる容器）を満載した列車の写真が多く残されている。

　茶内停留所構内に明治乳業（当時）の集乳所（生乳の集積所）があったほか、近くには雪印乳業茶内工場（当時）があり、構内まで引込線が敷かれていて貨物列車が直接工場内に乗り入れていた。

　雪印乳業の工場は現在はタカナシ乳業の工場となっている。タカナシ乳業の工場になってから施設の増改築が行われたため、引込線のあった時代の面影は薄れているが、大型設備を格納した建物は残っているので

当時の写真と現在の姿を見くらべてみると軌道の位置関係が想像できる。かつてこの工場に勤める人から、駐車場の路面補修工事が行われた際、アスファルト路面の下に軌道のレールや枕木がそのまま埋まっていたと聞いたことがある。あるいはまだ「地下遺跡」が眠っているのかもしれない[**写真6, 7**]。

秩父内停留所跡まで

茶内駅前から道道506号線、道道807号線に沿うように北西に向かって敷設されていた軌道は、茶内停留所を出ると市街地を流れるノコベリベツ川(風蓮川の支流)を越えていた。茶内コミュニティセンター前には渡渉区間に至る軌道の路盤跡を確認することができた。

茶内市街を抜けた軌道は国道44号線と交差しており、この交差部分には軌道の運転手がボタンを押して信号を変えるという、簡易軌道には珍しい「信号踏切」があった。その交差部分にあったのが国道停留所。現在、道道と国道の交差点にはコンビニがある。軌道跡を探

索する場合、この先コンビニはなく、自販機もほとんどないエリアになるので軽食と飲み物を補給した。

国道を越えて道道807号線を北西へ約4km進むと、丁字路から少し入った場所に秩父内停留所跡がある。案内板が立っているが小さいので注意が必要だ。停留所跡には保線詰所の建物が残っており、説明板も掲示されている。ここから茶内方面を見ると防風林が細く途切れており、ここをかつて軌道が走っていたことを教えてくれた[**写真8**]。

東円線の探索

秩父内停留所跡から少し茶内側に戻ったところにある丁字路から町道に入って東円線の跡を追ってゆく。

軌道の分岐点付近は空き地になっているものの痕跡は認められなかった。だが、東円朱別方面に向かって少し進むと道路に並行して路盤を確認することができた[**写真9**]。

第一小学校(現在は閉校)を過ぎると、道路はノコベリベツ川を越える。この付近に軌道3号橋の橋台跡が

今現在の国土地理院電子地形図に加筆のうえ転載

残っている。軌道3号橋は雑木林や高い藪に覆われ、小川が行く手を阻むのでアプローチは容易ではない。ご紹介する写真は木の葉が落ち小川も凍結した時期に撮影したものだ。冬の間だけ橋台やそれに続く築堤が確認できる[**写真10, 11**]。

約5km先の道道123号線との交点近くに中円朱別停

6 軌道当時は雪印乳業茶内工場だった施設は現在、タカナシ乳業北海道工場として乳製品を製造している　**7** 雪印乳業茶内工場（当時）には軌道の引込線があり、軌道で運ばれた生乳は直接工場に搬入されていた　写真：西村光

秩父内停留所跡には保線詰所の建物が残されている。軌道は奥から手前に向かって敷かれており、その先で東円線が分岐していた

留所があった。停留所跡は牧場の敷地内にあるため痕跡はないが、軌道が道路を横断していた箇所近くに軌道跡の路盤跡と築堤が残っていた[**写真12, 13**]。

　中円朱別停留所から先の軌道は道路から離れ牧場の敷地を進んでゆくので立ち入りは難しい。空中写真でも軌道跡が確認できなかったので探索は断念した。

　次に目ざしたのは1965（昭和40）年まで東円線の終点であった東円朱別停留所跡だ。昔を知る人に聞くと、東円朱別停留所周辺には学校のほかに商店、集乳所など複数の建物があったようだが、現在は学校も閉校となり、集会所と数戸の民家が残るのみだ。

　停留所は道路近くにあったが現在は雑木林となっている。林に入ると軌道跡の痕跡は確認できたものの停留所の正確な場所は特定できなかった[**写真14**]。

　東円朱別から終点上風連までの区間は浜中町営軌道で最後に開通した区間──1965（昭和40）年12月開通──だ。軌道は東円朱別を出たあと大カーブで方向を変える。カーブ部分は路盤が残っており、雑草が生い茂る状態でもかろうじてその姿を確認できる。再訪した際に大カーブの形がよくわかるようにドローンを飛ばして空中写真を撮影した[**写真15**]。

　カーブの先、軌道は次の停留所である日向前に向かっていた。この部分の軌道跡は未舗装道路に姿を変えているようだ。日向前という停留所名は近くにある牧場に由来するもの。牧場の当主の記憶によると、停留所

9

東円線の分岐点から先には道路わきに軌道の路盤が残っていた。2021（令和3）年12月撮影

は現在牧場看板が立つ場所にあったようだが、集乳缶を置く台だけがあったとのことだった。

　軌道は牧場の敷地内を縦断し、軌道4号橋で再びノコベリベツ川を渡って別海町に入り東円線の終点である上風連停留所に向かっていた。だが、牧場の先の軌道跡を確認するためには牧草地に立ち入らなくてはならない。標茶町営軌道の探訪ガイドで書いたように牧草地内に立ち入るには注意が必要で、訪問時は牛が放牧されている時期だったのでこの先の探索は控えることにした。

軌道4号橋と上風連停留所跡

　浜中側からの東円線軌道跡探索は日向前で一区切りして終点の上風連側に向かう。ノコベリベツ川の反

10 道路から離れた軌道跡は木々が視界を遮るので冬期以外のアプローチは難しい。落葉の季節を過ぎてようやく3号橋の橋台と築堤を撮影することができた **11** ノコベリベツ川の両岸には橋台とそれに続く築堤が残っていた。いずれも2021（令和3）年12月撮影

対側といっても付近に並行した道路がないのでかなりの迂回を余儀なくされる。

　道道123号線に戻ってから北（別海方面）に向かって約4km、道道813号線との交差点を左折して西に約5km進むと道道928号線との丁字路がある。この交差点近くに東円線の終点である上風連停留所があった。その探索は後回しにしてまずは軌道4号橋を別海側から見ることにする。ここに行くのにも牧草地を通過することになるが、幸い牧草の刈り取り作業が終了して

東円朱別停留所付近。写真右手の森の中に停留所があった

東円朱別〜日向前の大カーブを東円朱別側から望む。雑草の枯れた初冬になると軌道の路盤が確認できる。2021（令和3）年11月撮影

牧草地脇に残る軌道跡。現在はその一部が消失している

牧草地の端から4号橋に続く築堤跡。ところどころにバラストが残っている

いたので、牧場主の○さんから立ち入りの許可を得ることができた。○さんとも懇意にしていたので牛舎の前で立ち話をしていると「今年の大雨でかなり川が増水したので、鉄橋も被害を受けたのではないか」と言われたので、少々不安を持ちながらの探索となった。

牧草地に至る空き地には軌道跡が残っており、ここもクマザサの道になっていた。軌道跡にはまだバラストが残っているのでそれとわかる[写真16]。

軌道跡は100mほど続き、牧草地に姿を消していた。軌道ルートの延長線をイメージしながら牧草地を進むと雑木林の中に築堤が姿を現した。手前は雑草がほとんど生えていない状態だったが、その先はクマザサが茂っていた[写真17]。

築堤をたどって100mほど進むと、その先に軌道橋跡が見えてきた。橋台跡近くの築堤の片側は排水路の浸食によって大きく崩れている[写真18]。橋台部分は片側の側壁が割れて川に刺さっている。過去の写真の記録を見ると、2012年6月にはまだ橋台もしっかり残っていたが、2016年の時点ですでに橋台は部分破損していた。見たところそれから大きな変化はないよう

だったのでまずは一安心した。

しかし、よく見ると2本ある橋脚の1本が以前よりも少し傾いているようだった[写真19]。

軌道橋跡の様子を下から見ようと築堤を降りることにしたがここでアクシデントが発生！　築堤を下りる途中に足を滑らせる感覚があって次に鈍い衝撃を受け、その後に筆者が見たのは澄み渡った青空だった。なにが起こったのか理解するまで少々かかったが、築堤斜面は急こう配なので濡れた草で足元が滑って体が宙を切り、そのまま仰向けの状態で地面まで落下してしまったのだった。

幸い築堤の下は湿地で落下の衝撃を和らげてくれたので体は大事には至らなかったが、持っていたカメラが湿地に突き刺さっていて、取り出すとカメラもレンズも泥だらけになっていた。タオルやハンカチで泥を取り除いてみたものの状況は変わらない。茫然自失となったが、カメラのスイッチをONにするとカメラは起動して撮影はできそうだ。しかし、スイッチの隙間やレンズのズーム部分には取り切れなかった泥が付着したままなので、いつカメラが動作不良になるか不安に駆られた。今回は手荷物削減のためにサブカメラを持ってこなかったので、カメラが動かなくなったらスマホで撮るしかない。服の汚れもあり、かなりテンションが落ちてしまったが、気を取り直して橋台の基部に移動した。

川面は穏やかで流れがあることもわからないほどだ。かつてこの近くに住む住民から、軌道が敷設される以前、この付近には木橋が架けられていたという話を聞いた。その当時、川は水が少ない時期は歩いて渡れるほどの深さだったそうだ。その後は河川改良等で川の流れが変わり、川底が浸食され今は水辺に立ってもその深さが確認できないほどになっている。当然のことながら、川の変化によって軌道築堤や橋脚の基礎もダメージを受けている。この先いつまでこの姿が保たれるのか不安だ[写真20, 21]。

軌道4号橋跡を確認した後、上風連停留所跡に向かった。前述の交差点近くには携帯電話の中継基地局である鉄塔が立っている。この付近に停留所があった。道路側から見ると手前は土がむき出しの平地だが、雑木林に入ってゆくと停留所の跡が確認できた[写真22]。

上風連停留所には軌道では数少ないホームがあった。

築堤を進むと4号橋が見えてきた。別海側の築堤は橋台近くで大きく崩落していた

ホームといっても鶴居村営軌道の新富士停留所や、標茶町営軌道の開運町停留所のように立派なものでなく、軌道敷設工事の際に停留所付近の地形を利用する形で造成された段差のようなものだった。当時の写真にもその様子が写されている[**写真23**]。

自走客車の単行運転が多かった軌道では長いホームは不要だ。上風連停留所でホームが設けられたのは段差を利用して集乳缶や農産物の貨車への積み込みを容易にするためだった。簡易軌道の停留所は廃止後ほとんどその痕跡が消失しているが、ここではその形がはっきりわかる。

ここで東円線の探索は終了し、秩父内まで戻ってから中茶内停留所跡に向かった。

西円線の探索

西円線の中茶内停留所は若松線と西円線の分岐点で、道道807号線の屈折点近くの牧場敷地内にあった。以前軌道関係のインタビューの際に牧場に伺ったことがあるが敷地内には停留所の痕跡はなかった。

軌道4号橋は2本の橋脚があるが、ノコベリベツ川の浸食によって次第に傾斜が進んでいる

敷地外から牧場を眺めると建物の中央に高い木が見える。馬鉄時代からの軌道を知る牧場の人の話では、この木の横を軌道が通っており、敷地を抜けたあたりで軌道は二つの路線に分岐していたとのことだった[**写真24, 25**]。

記録にはほとんど残っていないが、軌道が動力化さ

⑳

⑳4号橋の別海側橋台基部に立つと橋梁跡の全貌が確認できる。右手の三角形の構築物は橋台の一部が本体から分離したものだ　㉑軌道4号橋別海側の築堤はノコベリベツ川に続く排水路の浸食を受けて崩落が進んでおり、土留めの木杭が露出していた。2021（令和3）年12月撮影

㉑

㉒

上風連停留所跡。地形を利用してホームが設けられておりその痕跡が確認できる。ホーム跡には待合所の基礎も一部残っていて、その場所が特定できる下の㉓の写真とほぼ同じアングルで撮影してみた

㉓

軌道末期の上風連停留所。写真奥側が茶内方面。右奥に待合室と傾いた便所が見える。1970（昭和45）年6月　写真：田沼建治

れる以前には中茶内停留所から短い引込線が分岐していた。これは1960（昭和35）年4月1日発行の地形図（茶内原野、1/25000）にだけ記載のあるもので、この引込線は近くにあった集乳所から生乳を運搬するためのものだった。引込線の廃止時期は明確になっていないが、軌道の動力化前に集乳所が廃止されているので、同じ時期に廃止されたものと考えられる。引込線の軌道跡は土地改良によってルート確認は困難になっていることを書き添えておく。

　中茶内停留所近くで分岐した西円線はそこから終点の西円朱別に向かう。分岐点は雑木林の中だが、道道807号線の屈折箇所近くから林の中に目を凝らすと、分岐した後の軌道の築堤跡が確認できた［写真26］。

　地形図を見ると軌道は道路を横断して、第三小学校（現在は閉校）の校舎裏手を通過している。その場所に

中茶内停留所近くの牧草地にわずかに残る軌道跡

中茶内停留所は牧場敷地内にあった。中央に写っている木の近くに停留所があった

中茶内停留所で分岐した西円線の築堤が森の中に残っていた

第三小学校(閉校)の敷地裏に残っている軌道跡

行ってみるとここにもクマザサの道となった軌道跡が残っていた。軌道跡は途中から未舗装道路に変わり、牧草地に消えていった [写真27]。

この先しばらく軌道が敷かれていたルートは農地改良で完全に消失していた。再びその姿を現すのは西円農協支所前停留所付近だ。第三小学校付近から西円農協支所前停留所までは道道807号線から道道813号線に入って6km弱の道程になる。

軌道当時は浜中農協支所であった建物は現在、農協西円取扱所になっていた。この建物付近で道道から舗装道路が分岐している [写真28]。

分岐したこの道路に重なるように軌道の引込線が伸びていた。この引込線は雪印乳業の西円朱別集乳工場(クーラーステーション)のためのもので、冷却された生乳は軌道のタンク車に積み込まれて茶内工場へと輸送されていた。この引込線は道路工事によってその姿をとどめていない。集乳工場の場所も木が生い茂って特定できなかった。

農協西円取扱所の裏手に回ってみると林へと続く西円線の軌道の築堤跡を確認することができた [写真29]。

この先、軌道跡は再び牧草地に消えていったので、終点の西円朱別停留所跡へと向かった。当時の地形図を見ると西円朱別停留所は西円朱別小学校の横にあった。だが、西円朱別小学校は校舎新築の際に場所が変わり、まさに軌道停留所跡に新校舎が建てられた(西円朱別小学校は現在は閉校)。そのため西円朱別停留所は跡形もなくなっていた。残念ではあったが、この場所に立って、牧草地の向こうから車体を揺らして走ってくる自走客車の姿を思い浮かべた [写真30]。

西円線とクーラーステーションへの引込線との分岐点。左の道路近くに引込線があったが現在は痕跡は確認できない。西円線本線は写真中央の建物裏を通っていた

浜中農協西円取扱所裏に続く軌道跡

西円朱別停留所跡。停留所のあった場所は中円朱別小学校（閉校）の校舎と一致しているので痕跡は確認できなかった

若松線の探索

　浜中町営軌道跡の探索の最後は若松線になる。中茶内停留所で分岐した若松線はその多くが道道813号線と重なっており、沿道では軌道の痕跡は確認できなかった。

　道道を進むと浜中町の境界を過ぎて厚岸町に入った。やがて高知集落に至るが、この付近に軌道の若松停留所があった。当時の地形図によると、高知小中学校の近くに停留所があったはずだ。現在はその周辺は牧草地と雑木林が続いており停留所の位置はわからなかった。

　停留所跡特定のために道を歩いていると、藪の中に傾いた小屋を見つけた。近づいてみるとそれは便所だった。奥に民家はあるものの、その家のものとは思えない。これは停留所の便所ではないかと思い写真を撮っていると奥の家から住民が出てきた。怪訝そうにこちらを見ているので事情を話して確認をすると、これは停留所の便所で間違いないということだった **[写真31]**。

　簡易軌道の停留所にあった待合室や便所はコンクリートの簡素な土台の上に木造の建物が載っている構造だったので、軌道廃止後は集積されて廃棄処分あ

るいは移設されて現存していないと思っていた。壊れかけとはいえ便所がまだ残っているのは驚きだった。あるいは簡易軌道唯一の「便所の遺構」とでもいえるのではないか。

　思わぬ発見によろこんだせいで、この便所が軌道当時から変わらずこの場所にあったのかどうかまで聞いておくことを忘れてしまった。そのため若松停留所の場所の特定はできず仕舞いになってしまった。

　少々締まらない結果になってしまったが、最後に若松線の終点である辺寒辺牛停留所跡に向かうことにした。若松停留所から辺寒辺牛停留所までは1964（昭和39）年に延伸された区間だ。別寒辺牛停留所跡までは高知集落から道道813号線を1.5kmほど進む。当時の地形図と現在の地形図とを見くらべると、道道が直線からカーブに変わる地点近くにある小さな交差点付近が辺寒辺牛停留所のあった場所と思われる。現在は雑木林とクマザサの原となっておりその痕跡は確認できなかった **[写真32]**。

　軌道廃止後の1977（昭和52）年に撮影された空中写真を見ても周辺に人家はなく、なぜこのような寂しい場所に延伸したのかはわからない。厚岸町といっても厚岸市街方面に交通手段のなかった周辺地の住民にとっては、茶内に出られるこの軌道はよろこばしいものだったのかもしれない。

　停留所跡は確認できないものの、周辺は開発の手も入っていないようなので、この下にも転車台が眠っているかもしれない。そんな想像を膨らませながら、浜中町営軌道跡の探訪を終えた。

2016（平成28）年軌道4号橋付近の探訪記

　今回は訪れることができなかったが、筆者は以前牧場敷地内にある軌道の遺構を訪れたことがある。ここでは2016（平成28）年に訪れたときのことを書いて軌道探訪の追補としたい。

　冒頭にも書いたとおり、筆者は浜中町営軌道と軌道が輸送した生乳に係る酪農の歴史について調べていて、20回以上も現地を訪ねて沿線に住んでいる人たちの聴き取りを重ねてきた。牧場の名が停留所名になっているこの牧場でも、牧場主夫婦から軌道と酪農の思い出話を聞いてきた。

　軌道4号橋を別海側から見ると対岸の先にも築堤が

若松線若松停留所跡には停留所の待合室に併設されていた便所が残っていた

若松線の延伸部分である若松〜辺寒辺牛間は軌道の痕跡は認められない。終点の辺寒辺牛停留所があったと思われる場所も特定できなかった

第4号橋近くの築堤。枕木が敷かれ、路盤が凹凸している様子が確認できる。2016（平成28）年12月撮影

34 個人の牧場内に残る第4号橋茶内側の築堤は放牧牛の通路として使われている。一部崩落個所もあるが概ね良好な状態が保たれている　35 路盤跡には朽ちた軌道の枕木が残っていた。いずれも2016（平成28）年12月撮影

見える。牧場内を探索したいと思いお話ししたところ、快く立ち入りの許可をいただけた。しかし、春から秋にかけては牧草地には乳牛が放牧されているので立ち入りはできない。放牧期間が終了するのを待ち、牧場内に入れることができたのは12月初めのことだった。

　住まいの敷地を過ぎて牧草地に入ると間もなく、緩やかなカーブを描く築堤跡が現れた。探索時は初雪が降った直後だったが、雪が薄く積もっていると、枕木があったと思われる場所が凹んでいるのが見える [写真33]。通常、鉄道を敷設する際は路盤を整備したあとにバラストを敷いてから枕木、レールを設置する。そのため鉄道跡をたどってもこのように枕木の置かれた位置がわかるような痕跡は残らない。

　だが、簡易軌道敷設工事の写真を見ると、整備が済んだ路盤の上にまず枕木、レールを設置し、そのあとにバラストを落としている。これではバラストを敷く本来の意味がないように思えるのだが、この工事順序のせいで廃線後にこのような景色を見ることができる。

　築堤跡はやがて直線となり川に向かって伸びていた。

歩いてゆくと枕木と思われる木片やバラストも確認できた [写真34, 35]。

　築堤は次第に低くなりその先に軌道4号橋の橋台跡が見えてきた。グランドレベルと橋台のレベルが違うので橋台付近の築堤は撤去されたのだろう。

　牧場主に訊くと築堤跡は現在放牧される牛の通り道として活用されているということで、築堤跡の大部分は軌道廃止後もその姿をとどめている。

　一通り探索を終えてから、なかなか立ち入ることが

できない牧場内の築堤の全貌を記録するためにドローンを起動させた。もちろん、牧場主から使用許可を得ている。

筆者は以前から軌道跡を上空から眺めてみたいと思っていて、小型飛行機やヘリコプターをチャーターすることも真剣に検討したこともあったが、ドローンの普及によってその夢が叶った。

ドローンを地上約50mまで上昇させてみると、牧場内の築堤跡の全貌が見えてきた。一般的には軌道跡が残っているのは森の中や川辺の湿地がほとんどで、平地に敷かれた軌道の多くは農地改良の際に消失している。この牧場内の築堤跡のようにはっきりした形で残っているケースは稀だ。鳥の視線で見ると、簡易軌道最大級ともいえる築堤とそれに続く軌道4号橋と上風連側の築堤の全貌を確認することができた[**写真36, 37, 38, 39**]。

上風連停留所跡から転車台が出てきた！

筆者は10年近く上風連停留所のあった開南地区の酪農家の人たちと交流を続けており、停留所にあった転車台について何度か話題になることがあった。近くの道路工事の際に全部取り壊された、一部だけ取り壊された、そのままの姿で埋められたなどいくつもの記憶があった。いずれ機会があったら発掘してみようと話をしていたものの、軌道停留所跡の敷地は国有地なので安易なことはできない。

そこで開南地区の人たちと話し合って、別海町に停留所の敷地を町有地として払い下げを求める要望書を提出してもらった。要望は受理され、停留所跡地は国有地からの払い下げ手続きが完了して別海町有地となった。そして周辺の緑地整備作業が行われた際に、地元の人たちの手で「試し掘り」が行われた。そのときは立ち会っていなかったが、関わった人に聞くと、掘りはじめるとすぐにコンクリートが顔を出したそうだ。地元からその一報を受けた筆者は現地へと向かった。

現地に着いてみると円弧上の構築物の一部が確認できた。円弧の内側は二段になっており、これは車両を載せる鈑桁を支えるものだろう。表土からわずか10cmほどの地下に埋もれていたとは意外だったが、位置と形状から転車台であることに間違いない。地中

に埋もれた部分の確認には町への手続きもマンパワーも必要なためこれ以上のことはできないが、存在が確認できたことは大きな収穫であり、本格的な発掘調査の準備を進めようと話し合ってそのときは散会となった[**写真40, 41, 42**]。

転車台発掘始末記

上風連停留所跡地に転車台が埋もれていることが確認できて以来、筆者は地下に埋もれた転車台の状況を確認する機会を探ってきた。

停留所跡地が国有地から別海町有地に払い下げられたことで発掘のハードルは下がったが、普段は農作業に追われている酪農家の皆さんに協力してもらうには日程調整が必要だ。開南町内会と調整した結果、2022（令和4）年の地域の神社例大祭にあわせて作業を行うことになった。神社の例大祭では祭りの前日に町内会総出で周辺の草刈り作業が行われる。このタイミングであれば皆さんの都合があわせやすい。その年は開南地区の開拓がはじまってから90年という節目の年にあたっていたので、記念行事として町内会全員参加で発掘に取り組むことになった。別海町からの発掘許可も得られ準備は整った。

待望の発掘日。ピンポイントの日程となったので天候が懸念されたが、当日は雲一つない好天に恵まれた。転車台の設計図によると転車台内側の深さは90cmあるので手作業だけで土砂を取り除くことは難しい。そこでまず初めに酪農家が所有するパワーショベルで粗掘りをしてもらうことになった[**写真43**]。

設計図を基に、掘削しても転車台の躯体に影響しない安全なエリアにパワーショベルのバケットを入れてもらった。掘りはじめると早々に鉄筋と思われる鉄棒と折れ曲がったL字の鋼鋼が出てきた。鉄棒は地中に刺さった状態で手で引き抜くことはできなかった。作業に支障が出るので鉄棒をグラインダーで切り落とし、掘り起こし作業を続けた。しかし、転車台中心部を地表から1m近く掘り進んでも転車台の底にたどり着かない。設計図上では板桁部の軸受けは側面上端から70cm下にあるはずだが掘り出されるのは土砂とコンクリート片だけだった[**写真44, 45, 46**]。

転車台の後方には町道があるが、軌道廃止後に行われた道路の拡幅工事と側溝工事の際に、工事に支障の

36 軌道4号橋から上風連停留所
に至る軌道跡　37 上風連側から
見た軌道4号橋に至る築堤跡
38 茶内側上空から見た軌道4号
橋　39 牧場敷地内に残る簡易
軌道最大級の築堤。いずれも
2016(平成28)年12月撮影

40 上風連停留所跡から発掘された軌道転車台。表土から10cmほど地下に眠っていた。円弧の一部は道路拡張工事によって取り壊されたようだ
41 転車台の桁受部。桁の車輪が回転した痕跡が残っていた
42 上風連停留所の転車台発掘に取り組んだ地元開南地区の酪農家の皆さん。左から瀬下是智さん、瀬下太一さん、笠原元さん、瀬下耕治さん、奥山道義さん

ある部分が破壊されたのかもしれない。

不安は募ったが、円弧部分が確認できている箇所を底面まで手作業で掘って状況を確認することにした。慎重に掘り進めた結果、スコップが底面のコンクリートに行き着いた。しかしそこから底面に沿って確認すると、側面端から40〜60cmほどのところで底面部が破損していることがわかった。転車台底部には台形の水抜きがあり、この水抜き部分の端から中心部にかけてのコンクリート部分は破壊されているようだった [写真47]。設計図面では底部に格子状の鉄筋が組まれているので、掘削途中に出てきた鉄棒はこの鉄筋なのだろう。同時に出てきたL字の鉄鋼は鈑桁受けの鋼材であると思われた。転車台は一部町道の基盤部分や取り付け道路に掛かっているため、安全に配慮してここで発掘作業は終了となった。

全体を掘り起こしていないので断定はできないが、

全体の6割強の部分を掘った結果から考えると、転車台の躯体のうち残っていたのは全体の3割弱であろう。

前述のとおり、この転車台の軌道廃止後の処置については人によって「道路工事で壊された」、「壊されずに埋められた」と記憶がわかれていたが、結果を見ると双方の記憶とも正しかったことになる。

筆者は期待を含めて5割くらいは残っていると考えていたので少々残念な結果になった。しかし、長年の疑問を開南の人たちと一緒に解くことができたのは大きなよろこびだ。

古くからの住民の記憶によると、転車台は設置されたものの両運転台車の自走客車は方向転換する必要がないこと、機関車も逆向き運転で運行されていたことで実際に使用されたことはなく、子どもたちの遊び場となっていた。現役時代は無用の長物のような転車台だったが、軌道遺産として価値はある。

転車台発掘作業はパワーショベルで掘っても安全な個所を粗掘りすることから着手した

転車台設計図 S=1/20

44 上風連停留所の転車台設計図。転車台の内径は7500mm、内面の深さは900mmになっている。平面図太字は鉄筋の構造を示している。北海道開発局作成、浜中町教育委員会所蔵

45 粗掘りをはじめると鉄筋と思われる鉄棒が何本も出てきた。グラインダーで切断しながら粗掘りを続けた　46 底部まで掘り下げたものの転車台中央部は破壊されていた　47 今回の発掘作業を終えて姿を現した転車台跡。原形をとどめているのは全体の3割ほどだろう

別海町は2022（令和4）年12月26日に「旧浜中町営軌道東円線（簡易軌道茶内支線）上風連（開南）停留所」として停留所の遺構を町の歴史文化遺産として認定した。これから案内板の整備や停留所跡に生えている木の伐採など取り組むべきことは多いが、時間をかけてでも当時の姿を取り戻してほしいと切に願っている。今回の発掘作業の成果は維持されると思うので、軌道跡探索の折にはぜひ訪れてほしい［写真48］。

48 今回の発掘作業に参加した開南町内会の皆さん。作業はベテラン酪農家の主導のもとに進められた

別海村営軌道

別海村営軌道は奥行臼の停留所跡が探訪最大のポイントとなる。保存車両や機関庫などの建物群に加えて転車台も残っており、簡易軌道関連でもっとも充実した遺構といえる。また、国鉄駅や駅逓所など交通史上の史跡も集中している。

別海村営軌道
運行系統　　1967（昭和42）年ごろ

風蓮線

上風連　七号　五号　四号　学校前　二号　一号　富山　奥行臼第三　奥行臼第二　奥行臼第一　奥行臼

1 上風連停留所の機関庫。ブロック造平屋建て、総面積72.92㎡。入口は後年に改造され、現在は倉庫として使用されている　2 機関庫に併設された油庫。燃料保管庫として使用されていた　3 上風連停留所跡。正面に軌道機関庫、左手に乳業会社のクーラーステーションがあり、引込線が敷かれていた

軌道跡探索は上風連から

　別海村営軌道は正式には簡易軌道風蓮線である。P.36にも書かれているとおり、国鉄根室本線（当時）厚床駅前と別海町上風連市街とを結ぶ馬力線がもともとの風蓮線だった。

　1963（昭和38）年、軌道の動力化にあたり、新たに国鉄標津線奥行臼駅前と上風連市街を結ぶ区間に敷設されたのが今回訪れた新たな「風蓮線」になる。

　奥行臼～上風連間13.2kmの軌道跡は、後述するように軌道があった箇所の多くは現在は牧草地となり、

機関庫裏から上風連市街を望む

七号～五号停留所間の軌道跡を転用した農道

その姿を追うことはできない。しかし、ここには数ある北海道の簡易軌道跡のなかでも重要な遺構が数多く残っているのでぜひ訪ねてほしい。

軌道跡探索は終点である上風連停留所跡からはじめることにした。

浜中町営軌道東円線の終点も上風連停留所だったが、別海のそれとは8km近く離れている。上風連の地名はかなり広範囲に及んでいるためこのようなことになっている。筆者が簡易軌道探索をはじめたのは2007年ごろのこと。当時は今ほど簡易軌道についての情報がなかったため、旧版地形図を入手するまで二つの停留所が同じ場所なのだと誤認していた。

上風連市街に残る機関庫

この上風連という地名について少々説明を加えておく必要がある。この地名は以前「上風蓮」と表記されていた。1972（昭和47）年の地名改称が行われたときに草冠のない「上風連」になっている。近くを流れる川の名は風蓮川、川下にある汽水湖も風蓮湖で現在も草冠のある「蓮」の字が残っている。軌道が廃止されたのはその前年なので、本来であれば「上風蓮停留所」と記さなければならないところだが、本稿では路線名以外は現在地名の「上風連」で表記統一する。

別海村営軌道上風連停留所はこの「上風連」市街地にあった。停留所があった場所は現在地域センターや住宅が建っており、一見するとその痕跡は失われたように思えるが、上風連神社の鳥居近くに軌道の機関庫が残っている。

鶴居村営軌道の上幌呂停留所跡に残る機関庫同様にシャッター部分は手を加えられていたが、外観は当時の姿を残していた。この機関庫は後年油庫が増設されており、その油庫も残っている［写真1, 2］。上風連停留所には機関庫正面に転車台があったほか、雪印乳業の上風連集乳工場（クーラーステーション）があり、引込線が敷かれていた。

別海村営軌道は浜中町営軌道と同様に、生乳輸送に大きな役割を果たした。軌道には5000ℓ容量のタンク車が2両導入されて生乳輸送の効率化が図られた。近隣の酪農家から集められた生乳はクーラーステーションで冷却されてから奥行臼停留所まで運ばれていた。

上風連停留所跡には今は機関庫が残るだけだが、機関庫と上風連神社の位置を目印にして当時の写真を見ながら停留所の様子を想像してみた［写真3, 4］。

農道に転用された軌道跡

上風連市街から軌道跡をたどることにしたが、しばらくその姿は確認できない。ようやくその痕跡が姿を見せるのは軌道七号停留所付近になる。

上風連市街から道道930号線を東へ約1km行ったところにある交差点を南へ右折して300m先で農道との丁字路がある。未舗装のこの農道が軌道跡を転用したもので、これがこの周辺で唯一ともいえる明確な軌道の痕跡といえる［写真5］。

この丁字路脇にある家の軒先に軌道のレールが残っているという情報もあったが、訪問した時点でその家は廃屋となっており、庭も高い雑草に覆われていたため確認できなかった。

この軌道跡は1km弱続き、道道930号線と合流した地点で軌道の痕跡は消える。この先の軌道ルートは道道と重なっている。

6

学校前停留所付近。軌道は写真奥から右手前に向かって敷かれていた。右手に残る建物基礎は集乳所跡

合流点から1.3km進むと道道は丁字路から奥行臼方面に北へと曲がる。この丁字路近くに軌道の学校前停留所があった。現在は近くに家屋と上風連東部会館の建物があるだけだが、「学校前」の名前が示すとおり、ここには1971（昭和46）年まで上風連小学校があった。このあたりは昭和20年代まで上風連の中心地であり、当時の地形図を見ると学校のほかに郵便局や駅逓所もあって市街地を形成していた。今は当時の面影はほ

7

奥行臼停留所跡の全景。左手が軌道事務所建物。右手には車両が静態保存されている

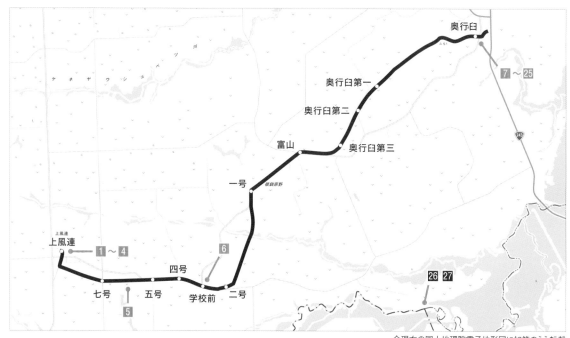

今現在の国土地理院電子地形図に加筆のうえ転載

とんどない。

丁字路の近くに残る建物の基礎は集乳所跡で、上風連〜厚床間の風連線（旧線）があったころ、ここに集められた生乳は馬の牽くトロッコで厚床の乳業工場まで運ばれていた。その様子は鉄道写真家の広田尚敬さんが「1馬力の殖民軌道」として雑誌に寄稿しているほか写真集『昭和三十四年二月北海道』（ネコ・パブリッシング刊）にも収録されている。広田さんがこの軌道を訪ねた際、地元の郵便局長の家に寄宿しており、その郵便局こそこの上風連旧市街にあった郵便局なのだろう［**写真6**］。

集乳所の横には保線詰所の建物が近年まで残っていたが現在は取り壊されており、その残骸が草むらに放置されていた。ここで写真を撮っていると、高齢の男性が車でやってきて、保線詰所跡横の柵囲いされた放牧場にいる道産子（北海道固有の馬種）の世話をはじめた。話しかけてみると、風連線で馬鉄の御者を務めたSさんの義兄ということで、Sさんの思い出話を聞くことができ、ラッキーなひと時を過ごせた。

学校前停留所から終点の奥行臼停留所までの間には6つの停留所があった。学校前を過ぎてから軌道は緩いカーブを描いて北上していたが、カーブ地点は確認できなかった。また、この先の軌道ルートのほとんどは牧草地にあり、痕跡を確認することができなかった。空中写真を見るといくつか軌道跡と思える箇所がある。しかし、近づくためには牧草地に立ち入らなくてはならないので探索は諦め、終点の奥行臼停留所跡へ進むことにした。

奥行臼停留所の見事な遺構群

奥行臼という地名は上風連同様に地名改称があり、「臼」の文字がとれて現在は「奥行」に変わっている。

道道930号線を進み、奥行集落に入ると、まず目につくのが奥行臼停留所跡だ［**写真7**］。

この奥行臼停留所跡は簡易軌道遺構のなかでもっとも充実したものといえるだろう。

まずは軌道車両で、ここには自走車両とディーゼル機関車、そして牛乳運搬車の3両が保存されている［**写**

軌道の自走客車。
釧路製作所、1963
（昭和38）年製造

自走客車の銘板。形式KSC-8、昭和38.11月製、製造番号304の文字が読み取れる

9 自走客車運転台。内部の保存状態は良好とは言い難い。2017（平成29）年10月撮影

10 自走客車内。内部は傷んでいるが当時の姿を保っている。2017（平成29）年10月撮影

11 加藤製作所が1962(昭和37)年に製造したディーゼル機関車と牛乳運搬車。牛乳運搬車は釧路製作所製で1964(昭和39)年製造
12 ディーゼル機関車の運転台。計器類も残っており、現役当時の様子がわかる。いずれも2017(平成29)年10月撮影

軌道転車台跡。簡易軌道として新設された転車台で保存されているのはこの1基のみで貴重な存在といえる

左が修理工場、右が3線式の軌道機関庫。2021(令和3)年11月撮影

真8]。

　釧路製作所が1963(昭和38)年に製造した自走客車は何度か再塗装されてきたが、少し錆が目立ってきたようだ。車内の写真は2017(平成29)年10月に簡易軌道バスツアーが行われた際に撮影したもので、その後も内部の補修は実施されていない。運転席の背もたれは破れ、詰め物が飛び出しているなど保存状態はよくない。釧路製作所製造の自走客車として唯一の存在なので、軌道遺産を後世につなげるためにも今後の補修に期待したいところだ[写真9, 10]。自走客車には銘板が取り付けられており、形式KSC-8、昭和38年11月

製、製造番号304と刻印されているのが読み取れる。

自走客車の後方にはディーゼル機関車と牛乳運搬車が並んでいる。ディーゼル機関車は加藤製作所の1962（昭和37）年製B6tで内部の運転台付近は塗装の剥がれなど劣化が進んでいる。現役当時の姿をとどめている貴重な車両なので自走客車同様、再整備が望まれる。

牛乳運搬車も自走客車と同じ釧路製作所製で製造は1964（昭和39）年。2軸ボギー無蓋貨車で、木製の側板が一部破損しているがこれも貴重な存在だ[**写真11, 12**]。

これら軌道車両の横には転車台がある。現在確認できる殖民軌道、簡易軌道の転車台は筆者の知る限り歌登（歌登町営軌道　志美宇丹停留所跡）、問寒別（幌延町営軌道　二十線停留所跡）、中標津（殖民軌道根室線（武佐）中央停留所跡）、そしてこの奥行臼の4ヶ所だが、簡易軌道の転車台として北海道開発局による改良工事で新設された転車台で完全な形で現存するのはこの奥行臼停留所跡が唯一のものだ。全体の保存状態も良好なので、その全容が確認できる[**写真13**]。

道路際には軌道事務所の建物も保存されている。内部には備品が置かれて少々雑然としていたが当時の面影は十分残っている。さらに藪の奥には機関庫と修理工場の2棟の建物が残っている。夏季は雑草に阻まれて見えづらいが、ここは藪漕ぎをしてでも見ておこう。転車台から機関庫に2線引込線があり、1線は途中で分岐していたので機関庫は3線を収容するサイズになっている[**写真14**]。

冒頭にも書いたように別海村営軌道は上風連から牛乳タンク車で生乳を奥行臼まで輸送していた。浜中町営軌道でも牛乳タンク車が導入されていた。浜中では茶内駅前にあった雪印乳業茶内工場に引込線が設置され直接構内まで搬入されていた。それに対して別海では、工場が奥行臼から20kmほど離れた別海市街にあったため、奥行臼でタンクを軌道車両からトラックに積み替えていた。そのため奥行臼停留所構内にはウインチでタンクを吊り上げる設備があった。その設備は跡形もないが、簡易軌道の関連設備のなかでは異色なものだった。軌道開通当初は手動ウインチでタンクを吊り上げてトラックの荷台に積み込んでいた。その後電動式に交換され、さらに吊り上げたタンクからトラックのタンクに生乳を流下させる方法に変わった。

奥行臼停留所から標津線奥行臼駅前にかけてレールが敷かれていた。現在もその跡が確認できる

軌道の終点は奥行臼停留所だが、軌道のレールは国鉄奥行臼駅前まで敷かれていた。奥行臼駅舎前の空き地に行くと、軌道停留所から続く軌道跡を確認することができた。[**写真15**]。

奥行は交通遺産のテーマパーク

今回は簡易軌道跡探訪に重きを置いているが、ここ奥行は昔から交通の要衝であったので、ほかにも見てほしいものがある。

まずは奥行臼駅逓所の建物だ。「駅」といってもこちらは鉄道の駅ではなく、明治期に設置された言わば交通のジャンクションのような施設。旅人の宿泊や人や物資の運搬を担う馬や郵便物の中継を請け負っており、この駅逓という制度は北海道独特のもののようだ。

最盛期には北海道各地に600ケ所以上設置されていたとされているが、当時の建物が現存するケースは少ない。奥行臼駅逓所は現存する一つで、これも貴重な交通遺産といえる。開設されたのは1910（明治43）年のことで、1930（昭和5）年に駅逓所としての役割を終えたあとは旅館として1970（昭和45）年まで使われていた。旅館時代に増改築が行われたものの、2018（平成30）年に建物の老朽化にともなう大規模な修理工事が行われた際に駅逓時代の姿に復元されて現在に至っている。内部は見学できるが、町のホームページで公開日時の確認が必要だ[**写真16**]。

もう一つの交通遺産は旧国鉄標津線の奥行臼駅跡だ。駅舎や職員の風呂小屋、ホームも廃止当時のままでレールも残っているので、まるで現役の駅を訪れたような錯覚に陥り、跡と呼ぶのが申し訳なく思う。別海

側の線路は国道の手前で途切れている一方、厚床側に向かう線路は700mほどの線路が残っている。以前は藪や灌木に覆われていたが、整備が進んで線路が姿を現している。別海町では保線モーターカーや軌道自転車を購入して試験的に線路上で運行をはじめている。町はこれらの交通遺産を総合的に整備する計画を進めているので、奥行を訪ねる楽しみが増えることを期

1910(明治43)年に開設された奥行臼駅逓所。2018(平成30年)に大規模な改修工事が行われ当時の姿に復元されている

17 標津線奥行臼駅跡。1989(平成元)年に標津線が廃止された後は別海町が保存しており現在、同町の有形文化財に指定されている　18 奥行臼駅構内にはホーム、駅名標、腕木式信号機などが残っており現役当時の姿をとどめている

待している［**写真17, 18, 19, 20, 21**］。

新たな軌道跡の確認

　今回の探訪は2020（令和2）年の9月だったが、翌年の11月初旬に道東を訪れる機会があった。町内の文化遺産を所管している別海町の教育委員会を訪れてお話を伺ったところ、奥行臼停留所跡近くにある軌道跡がわかるように周辺の草払いを行ったということだったので、再び訪れてみることにした。

　現地に行くと保存車両の奥にまっ直ぐ伸びる軌道跡が見えた。これまでこの場所には何度も足を運んだものの、あまりにも雑草の丈が高くて探索はしていなかった。だが、別海町の取り組みによって草に隠れていた軌道跡が確認できるようになっていた［**写真22**］。

　軌道跡をたどってゆくと、200mほど進んだところで路盤が築堤に変わっていて、その築堤は半分ほど崩れていた。築堤下には小川が流れており、崩落部には土管が見えた。おそらくは水の流れを土管で築堤下を

19 奥行臼駅から厚床方面に向かって約700m線路が残っている　20 函館市電で使われていた保線モーターカーが導入されイベント等で活用されている　写真提供：別海町教育委員会　21 保線モータカーのほかに軌道自転車も2両導入されている　写真提供：別海町教育委員会

右上 牛乳タンクの積み替え設備。電動ウインチでタンクを吊り上げ、高低差を利用してトラック荷台のタンクへ生乳を移し替えていた。中央は1964（昭和39）年釧路製作所製造の6tDL。1968（昭和43）年3月撮影　写真：堀越通生
右 現在も残っている奥行臼停留所の転車台。転車台上の車両は静態保存されている釧路製作所製の自走客車。1968（昭和43）年3月撮影　写真：堀越通生

奥行臼停留所跡に続く軌道跡。以前は藪に阻まれて確認できなかったが、別海町によって草払いが行われ、その姿がわかるようになった。以降の写真は2021（令和3）年11月撮影

排水用土管の破損により崩落した築堤跡

崩落した築堤の先にも軌道の路盤跡は残っており、雑木林の先に続いていた

奥行臼と浜中町榊町とを結んでいた旧道と軌道が交差する地点

抜けさせていたものが、時代の流れで土管部が破損し築堤自体を侵食したのだろう。築堤、路盤はその後も続き、森の中に続く軌道跡を確認できた。ただ、訪問前後は長雨が続き築堤の崩落部分を越えて行くのは危険に思えたため、これ以上の探索は控えることにした［**写真23, 24**］。

この軌道跡の途中には奥行から浜中町の榊町（太平洋沿岸の集落）に至る浜中線と呼ばれた旧道とが交差する箇所がある。この旧道跡も藪の中に埋もれていたが、簡易軌道の築堤同様に別海町によって草払いが行われて一部を歩くことができるようになっていた。この交差点に立つと交通の要衝であった奥行臼の歴史的な重みを感じた［**写真25**］。

今回、奥行臼停留所奥の軌道跡を確認できたのは大きな収穫だった。この状態はしばらく保たれると思うので、奥行臼停留所跡を訪ねた際は見学してほしい。

旧風蓮線の痕跡を訪ねる

これまでは別海村営軌道の現在の姿をご紹介して

きたが、2021（令和3）年9月には旧風蓮線跡も探訪してきたので補遺として紹介する。

殖民軌道の歴史は1924（大正13）年に開通した厚床〜中標津間の根室線にはじまっている。中標津周辺の開拓が進むに伴い殖民軌道による物資輸送量が急増し、従来の馬鉄の輸送能力では対応できなくなったため、軌道を動力化して輸送能力の向上を図った。だが、それも限界に達してきたために国鉄標津線が敷設され、厚床〜中標津間の根室線は廃止となった。この根室線の一部（厚床〜風連間）を活用し、そこに風連〜上風連間を新設したのが旧風蓮線だった。

旧風蓮線は奥行臼〜上風連間に動力線が敷設されたのと入れ替わりで1964（昭和39）年6月30日に告示廃止されたが、実際はその後も生乳の輸送や学童の通学に使われていたようだ。

厚床〜風連間の軌道の多くは風蓮川流域の湿地帯に敷設されていたので痕跡が残っている可能性が大きかったが、私有地に立ち入らないとアプローチできない場所にあったため探索は諦めていた。ただ、風蓮

川を渡っていた場所は見たいと思っていた。

　別海町教育委員会で話を伺うと、この軌道橋跡には別海側からアプローチできることがわかった。だが、私有地に立ち入らなければならない事情は同じなので、まずは軌道橋跡に近い場所で牧場を経営するSさん（前出のSさんとは別人物）宅に向かい、事情を話して立ち入りの許可を求めた。Sさんは地元の先輩たちから話を聞いて牧草地の奥に昔の軌道跡があるらしいことはご存じだったが訪れたことはないという。Sさんは快く立ち入りを許可してくれた。ただし、そこはヒグマの通り道なのでくれぐれも注意するようにと何度も注意を受けた。このときは熊鈴を持っていなかったので、大きな声で歌を唄いながら牧草地の境界線を越えていった。

　境界線を越えると間もなく湿地帯との境に軌道の築堤が見えてきた。築堤は緩いカーブを描きながら風蓮川に向かっている[**写真26**]。川べりで築堤は途絶えたが、対岸にも築堤が残っていた。築堤の上から下に目を移すと川面から木杭が数本突き出ているのが見えた。おそらく軌道橋の木組みの一部だろう。

　廃止から60年近く経った今でも馬鉄時代の軌道跡

がひっそりとその姿をとどめていることに感動し、風蓮川の穏やかな水の流れの音を聞きながらしばらくたたずんでいた[**写真27**]。

　再びSさん宅に戻って探索の結果を報告すると、Sさんは酪農家仲間から「軌道工事で人柱になった人がいるので、このあたりには幽霊が出るんだ」と脅かされたという話をしてくれた。軌道工事で人柱があったとは思えないが、1933（昭和8）年に軌道橋で列車転覆の事故があり人命が失われたという記録がある。あるいは、この記憶が今に伝えられているのかもしれないとSさんのお話を聞いて思った。

風蓮川沿いに残る厚床駅前と上風連を結んでいた旧風蓮線の築堤

風蓮川に残る軌道橋の木杭と築堤。築堤は対岸の湿地帯に続いていた

歌登町営軌道

歌登町営軌道は軌道唯一のトンネル跡である毛登別隧道跡や橋梁跡、路盤跡など全線にわたって遺構が残っている。幌別線跡では国鉄美幸線未成区間の遺構もあり、軌道跡以外の探訪も愉しむことができる。

歌登町営軌道 運行系統

1950（昭和25）年ごろ　　＊赤字は路線別粁程表に記載されていない停留所

- 枝幸線
- 幌別線
- 本幌別線

枝幸
下幌別
金駒内
一本松
般家内
幌別〈幌別六線〉→歌登
上幌別→中央
歌登→辺毛内
興生
林内
北志美宇丹
志美宇丹

小頓別
吉田
毛登別
毛登別→大島
柴山
熊の沢
秋川（分）
秋川（本）

幌見
旭岡
滝ノ上
川添
本幌別

JR天北線小頓別駅跡はバス停のあるロータリーになっている。軌道の痕跡は確認できなかった

小頓別停留所近くには頓別川を渡っていた軌道橋の橋台と築堤が残る

3 毛登別隧道前は融雪によって水が溜まっていたが、それによって軌道跡が際立って見えた　4 毛登別隧道の入口はコンクリートで閉ざされている。ポータル上部に刻まれている十字の意味は不明だ

早朝から小頓別〜毛登別の探索開始

　藪や雑草によって視界が遮られるため、北海道の簡易軌道探索は晩秋か残雪が消えかかる早春がもっとも望ましい。道北の軌道探索のため、現地に住む知人から周辺の融雪の状況を聞きながらその時期をうかがっていたところ、2022（令和4）年の融雪は例年以上に早く、4月下旬に歌登町営軌道跡探索のために枝幸町歌登に向かい歌登に宿をとった。歌登町は2006（平成18）年に枝幸町と合併している。

　この時期になると朝5時過ぎには明るくなっている。探索する軌道は馬力線に終わった本幌別線を含めて3路線あるので、全路線を探索するのに必要な時間が読めない。調査の時間を稼ぐため、6時前に宿を出て、まず歌登線の起点である天北線小頓別駅跡に向かうことにした。車を走らせていると軌道跡と思しき箇所が見えたので、その場所を心にとめながら進んでゆく。

　軌道の起点であるJR天北線小頓別跡は現在ロータリーのみが残されている。ロータリーにはバス停留所があり、かろうじてこの場所が駅であったことがわかる。小頓別駅付近には軌道の停留所と列車で運ばれてきた木材を集積する土場があったが、バス停留所付近には軌道の痕跡は残っていなかった [写真1]。

　軌道は開業当初のルートから路線が変更されており、旧線は小頓別駅付近の岩手地区を経て大きく迂回して敷設されていた。この旧線は動力化されると、山間

の路線の整備が難しいことやカーブが多いことによりしばしば車両が脱線したため、難所である毛登別峠を隧道で抜けるルートに変更された。

　「新線」は小頓別停留所を出ると頓別川を渡渉する。国道275号線と道道12号線との接続点付近には軌道橋の橋台が残っていた。草が伸びてくると確認は難しくなってしまうが、冬が明けて間もないこの時期なら道路からも確認できる。鉄橋跡の先には築堤が続いており、100mほどで消失していた [写真2]。

　道道12号線を200mほど進むと側道が分岐している。側道に入って車を停めると土手下に毛登別隧道のポータルが見えた。簡易軌道の多くは平野部に敷設されていたので隧道は必要なかったが、前述のように歌登では路線の短縮化のため隧道が掘削された。幌沼線でも熊越峠に「隧道」があったという。だが、土砂崩れ対策で設置された木組みに土砂が堆積して隧道化されたものであったことから、掘削によって貫通された毛登別隧道は簡易軌道唯一の存在といえる。

　毛登別隧道の入口はコンクリートで封鎖されている。その前の軌道跡は融雪によって小川のようになっており、それが逆に路盤を際立たせていた。ポータル上部には十字が刻まれていて探訪者からは「謎の十字架」などと話題になっている。この十字はポータルのコンクリートではなく、別の石に刻まれたものを取り付けたようだ。この十字がなんであるかを示す資料は見つけられなかった [写真3, 4]。毛登別隧道の歌登側は道

毛登別隧道跡近くには国道下に残る路盤跡が確認できた

毛登別停留所近くには直線の路盤跡が続きその横では水芭蕉の花が咲いていた

路工事によって消失していた。

毛登別～中央間の軌道跡

　歌登方面に少し進むと道路下に軌道跡が見えた。道路脇に車を停めて下に降りて確認すると、カーブして続く路盤が確認できた [**写真5**]。その先にも毛登別停留所跡付近で直線となった軌道の路盤が続いていた [**写真6**]。道道から見下ろす場所にあるがおそらく雑

草が生えた時期ではわかりづらいだろう。この時期ならではの収穫だった。この路盤跡から2kmほど進むと、毛登別川支流を渡渉していた小さな橋台が残っていた [**写真7**]。

　軌道は小頓別からしばらく当時の道路と並行していたが、軌道廃止後の道路の改良工事と沿線の農地改良によって軌道跡の多くは消失していた。軌道は蛇行する毛登別川とその支流を短い橋梁で越えていたた

今現在の国土地理院電子地形図に加筆のうえ転載

国道脇には毛登別川支流に残る小さな橋台跡が残っている

8 国道の宏流橋横に残っている軌道橋梁の橋台跡
9 宏流橋からさらに700mほど下流にも橋梁の橋台跡が残っていた

めにこのほかにも2ヶ所で痕跡を確認できた。

　最初の橋梁跡から約1.5km進んだところにある宏流橋（道路橋）の脇、さらにその先700m先にも木々に隠れるように橋台が残っていた [**写真8, 9**]。

　平野部に入ると軌道は道路から離れ、大きく迂回して上幌別（中央）停留所に至っていた。旧版地形図であたりをつけた場所に行ってみると、傾斜地沿いにカーブを描く軌道の路盤がはっきり残っていた [**写真10**]。ここで歌登線跡の探索は中断して本幌別線の探索に向かう。

軌道跡がほとんど確認できない本幌別線

　本幌別線は1936（昭和11）年10月27日に告示上の使用開始となった。動力化された歌登線、幌別線と異なり、馬力線のまま1956（昭和31）年1月27日に廃止となっている。現役時代のルートを確認できる地形図は1/20万縮尺版のみ。現在の地形図と比較すると軌道跡の多くは道道220号線と重なっているため、軌道跡が残っている可能性は少ないと判断し、軌道跡探索は諦めて終点の本幌別市街まで一気に進んだ [**写真11**]。

　道道は市街地手前でカーブしているが、軌道は直線的に市街地に入っていた。本幌別停留所跡と思われる場所は空き地となっており、補修を重ねた軌道倉庫も倒壊していて屋根部分だけがかろうじて残っていた [**写真12, 13**]。

　本幌別線は上幌別（中央）から本幌別まで約10kmの粁程で開通当時は乗客や貨物の輸送に活躍したが、戦後の道路整備によって利用は減少していった。道路に変わった軌道跡を走り、当時の様子を思い浮かべながら幌別市街に戻った。

軌道は市街地手前に位置する中央停留所近くで大きく迂回するルートをとっている。その路盤跡が確認できた

　上幌別（中央）停留所は旧版地形図から推測すると、市街地の裏手に位置する道のカーブ部付近に停留所があったようだ。だが、現在はその面影は残っていなかった [**写真14**]。

　この先、歌登市街地への軌道跡は道道と重なっているため、市街地入口で道道120号線に転じて幌別線の軌道跡探索に向かうことにした [**写真15**]。

　幌別線は幌別六線（歌登）から分岐して志美宇丹（しびうたん）に至る12.637km（告示上）の路線で、本幌別線と同じく

本幌別線はほとんどが舗装道路に変わっていて当時の面影はほぼ残っていない

12 道路はカーブしているが軌道は写真奥側から直線で本幌別停留所に向かっていた
13 本幌別停留所跡。左の軌道倉庫は倒壊し、屋根部分だけがかろうじて残っていた

上幌別(中央)停留所付近。停留所は写真中央の建物の右側に設置されていた

上幌別(中央)停留所から歌登市街への軌道跡は一部、国道に変わっていた

志美宇丹停留所跡。以前は左手に保線詰所の建物が残っていたがすでに撤去されていた

志美宇丹停留所跡の奥にはクマザサ原の中に転車台の躯体が残っていた

志美宇丹峠の近くには軌道の路盤跡がクマザサの道となって残っていた

1933（昭和8）年11月10日に使用開始となった。休止期を経て改良工事を行い1965（昭和40）年に動力化されて志美宇丹線と呼ばれたが、わずか4年後の1969（昭和44）年5月に運行が休止となって翌年5月に廃止となった。軌道ルート上には建設途中で工事が中止された国鉄美幸線の遺構が残っているため、軌道跡を誤認する可能性もあるので慎重に調べていくことにした。

幌別線（志美宇丹線）跡の探索

　志美宇丹停留所は現在の市街地交差点から少し奥に入った場所にあった。停留所跡には軌道の格納庫を伴った保線詰所の建物が残っており、かつては民家の物置として使われていたがすでに撤去されている。

　停留所跡近くには転車台が残っているはずなので、民家のご主人に許可を得てから奥に進んでいった。空き地奥のクマザサをかきわけながら進んでゆくと、やがて半ば藪に埋もれるようになった転車台が確認できた。実測はしていないが、転車台は北海道開発局が他の軌道で新設したものにくらべて直径が短いようだ［写真16］。

　軌道改良工事の保線詰所新築工事図面によると、志美宇丹停留所は構内に側線を含めて3線設置されており、転車台前の広い空き地が停留所の規模を示していた［写真17］。

　志美宇丹を出た軌道は難所である志美宇丹峠の麓部分を地形に沿った形で越えていた。並行していた道路がその後の改良工事で拡幅、直線化されているのでわかりづらかったが、峠のピーク近くで道路横にクマザサの道となった軌道の路盤を確認することができ

⑲志美宇丹峠近くには国鉄美幸線未成区間の築堤が残り、並行する軌道の築堤跡も確認できた　⑳美幸線築堤上から見る軌道の路盤跡

健康回復村への案内看板下に橋台跡が残っていた

た［写真18］。

　この先を進んでゆくとやがて国鉄美幸線の未成区間の築堤が現れた。築堤の上に登って見下ろすと、築堤に並行して軌道の路盤が続いていた［写真19, 20］。

　平野部に入ってくると軌道跡は再び姿を消していたが、道道から歌登健康回復村に入る丁字路脇に橋台が残っていた［写真21］。

　歌登健康回復村の入口には道北唯一の軌道車両が静態保存されている。今回、最初に訪れたときは車両は冬囲いのためブルーシートに覆われていた［写真22］。だが、4時間後に再訪してみると、なんとブルー

取材当日の朝、保存車両は冬囲いのブルーシートで覆われていた

再訪してみると、なんとブルーシートが取り外されていた！

シートが外されていた！　軌道跡を探索している間に冬囲いが撤去されたようだ。冬囲い撤去当日にめぐり合わせたのは幸運だった。保存場所には機関車のほかに軌道の歴史をまとめた解説板も設置されていた [写真23, 24, 25, 26]。

　静態保存されている機関車は釧路製作所が1965（昭和40）年に製造した8tディーゼル機関車で、見る限り外観や下回り、運転室内も良好な状態に保たれていた。これからもこの状態が続くことを願いたい。

歌登停留所とわずかに残る枝幸線の軌道跡

　歌登健康回復村を出発しようとした時点で午前10時30分。この日は軌道経営収支の調査のために旧歌登町の議会議事録閲覧申請をしていた。枝幸町役場歌登総合支所の協力を得て、閉校となった学校校舎に保管されている歌登町議会議事録から関係する部分を閲覧し、ひと通り確認が終わった12時30分から軌道跡探索を再開した。

　まずは歌登停留所跡に向かう。歌登停留所は告示では幌別あるいは幌別六線と呼ばれていたが、歌登～枝幸間が廃止となってから名称変更されている。停留所の跡は市街地から見て北見幌別川の対岸、枝幸町歌登支所側にある。以前は軌道事務所の建物が残っていたが取り壊され、銘板だけはオホーツクミュージアムえさしに保管されている。現在、唯一残っているのは4線式の機関庫（144㎡）である。前面シャッターは更新されているが、全体的には当時の面影を残していた。機関庫裏には石造りの農業倉庫が残っていた [写真27, 28]。

　残るはいち早く廃線となった歌登～枝幸間の軌道跡探索である。前日ひと通り確認したが沿線の農地開

発や道路工事による変化に加え、国鉄美幸線未成区間の遺構があって軌道跡が判然としなかった。そこで気になっていた場所を確認してから、次の幌延町営軌道跡探訪に向かうことにした。

　「気になっていた場所」は歌登市街を出てすぐ、ペンケナイ川の付近にあった。道路と川に並行する未舗装の道があり、旧版の地形図と比較すると軌道跡の可能性が高い。だが、車を停めて未舗装路に入ってみると、軌道跡を活用したものにしては幅が広過ぎる。勘違いだったかと少々落胆していたところ、犬を連れた年配の男性が歩いてきたので昔の軌道について質問してみた。男性によるとこの道は軌道のものではなかったが、そのすぐ横にあるのが軌道跡だということだった。軌道跡は20mほどで途切れているのでわからなかったのだが、その場に立ってみると築堤跡だと確認できた [写真29]。

　軌道の解説を聞きながら男性と軌道跡を歩いているうちに仲よくなり、引き揚げるときには山わさびと軍鶏の卵を持っていけと言われた。軌道跡調査をしていると住民に話を聞く機会は多いものの、「お土産」をいただくのは初めてだった。ありがたく頂戴することにした。

　ここで歌登の軌道全線の軌道跡探索を終了とした。軌道の遺構の多くは道路から近い位置にあるので比較的探索しやすい。今回は軌道跡探索が目的だったので割愛したが、国鉄美幸線の未成部分の遺構も残っているので、廃線跡探訪を趣味とする方には別の楽しみも味わえる。なお、歌登町営軌道跡全線においてコンビニは歌登市街の一軒のみなので、飲料、食料の事前調達はしっかりしておくことをおすすめする。

24 歌登健康回復村内に静態保存されている釧路製作所製8tディーゼル機関車　25 エンジンルームは確認できなかったが車体の状態は良好に保たれていた　26 機関車の運転台の保存状態も良好で、計器類もそのまま残っている

27 歌登停留所跡には4線式の機関庫建物が残っていた　28 機関庫建物裏から停留所跡地を望む

歌登市街から枝幸に向かう途中に短い軌道築堤跡が確認できた

幌延町営軌道

幌延町営軌道は軌道跡が現在の道路に沿っているため、探訪しやすい路線である。3ヶ所の橋梁跡があり、終点である二十線停留所跡には転車台や事務所建物も残っており、軌道の様々な姿を見ることができる。

幌延町営軌道 路線図

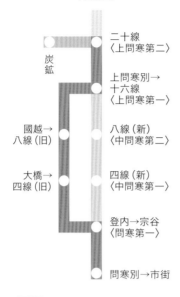

二十線〈上問寒第二〉
炭鉱
上問寒別→十六線〈上問寒第一〉
國越→八線（旧） 八線（新）〈中問寒第二〉
大橋→四線（旧） 四線（新）〈中問寒第一〉
登内→宗谷〈問寒第一〉
問寒別→市街

凡例：
問寒別線
問寒別線改良工事後の新線
炭鉱線
鉱山線

歌登から問寒別へ

歌登町営軌道跡の探索を終え、歌登市街から幌延町営軌道の起点、JR宗谷本線問寒別駅前に向かった。

歌登から問寒別までは道道12号線で小頓別へ、そして天北線の廃線跡を横目に見ながら国道275号線を北上して松音知、そして道道785号線で知駒峠を越えて問寒別に至るルートで移動距離は約70km。中頓別町と幌延町の境にある知駒峠では原生林の広がる雄大な風景を楽しむことができた［**写真1**］。

筆者は軌道と沿線酪農の歴史を調べるために何度か幌延を訪れており、軌道跡の写真は撮影済みだった。だが、歌登町営軌道跡探索とあわせて情報をアップデートするために今回の計画に加えたのだった。

軌道跡探索は起点である問寒別停留所跡からはじめる。停留所跡はJR問寒別駅から50mほどの場所にある。停留所跡には幌延町が設置した標柱が立っているのでわかりやすい。記録によると停留所には機関庫が2棟、転車台が設置されていたほかデルタ線、軌道が運んだ貨物を国鉄に積み替えるための引込線、沿線酪

■中頓別から問寒別に向かう途中、知駒峠では眼下に雄大な風景が広がっていた　■問寒別停留所跡には幌延町が設置した標柱以外に痕跡は認められなかった

3

問寒別停留所を出た軌道跡は一部道路に転用されていた

4

道路が途切れた先で軌道跡が確認できた

農家からの生乳を集積する乳業会社のクーラーステーションへの引込線などが配置されており、簡易軌道としては比較的規模の大きいものだった。現在は除雪車両の車庫が建っているだけで、標柱以外に当時の姿を思い起こさせるものは残っていなかった[**写真2**]。

　停留所を出てからの軌道跡は道路に変わっている。道路は100mほどで終わっているが、その先の草地にも軌道跡が続いていた[**写真3, 4**]。

　この先、軌道跡は牧草地に一度姿を消すが、問寒別駅前から上問寒別に向かう道道583号線横に再び姿を現す。ここからしばらく軌道は直線に敷かれていた。運行当時の写真を見ると、路盤は軟弱地盤に加えて冬期の凍上と融解の繰り返しによって凸凹になっているのがわかる[**写真5**]。以前、調査で訪れた際は軌道跡は雑草に覆われてわかりづらくなっていた。しかし、今回現地に行ってみると枯れた雑草は雪で倒れたままになっていたので路盤がはっきり確認できた[**写真6**]。

　車に戻って走りはじめようとすると、道路を横断する牛の群れに遭遇した。幌延町営軌道だけでなく鶴居、浜中、別海、標茶のいずれの軌道も酪農の盛んな地域に敷設されたので、軌道跡を訪ねてゆくと至るところで「牛横断注意」の看板を見ることになる。道路を挟んで放牧地と牛舎がわかれている牧場もあり、時間帯によっては牧場と放牧地との往来で乳牛が道路を横断する光景に出会うことがある。野生動物と同様に、通行量の少ない道路であっても軌道探索に気を取られて前方への周囲を怠らないように注意が必要だ。ちなみに、この「牛横断注意」の標識は道交法上の正式なものではないため、数種類のパターンがある。種類は少ないものの新しいデザインの標識に出会うこともあるので、筆者にとっては軌道跡探索時の秘かな愉しみにもなっている[**写真7**]。

　軌道は問寒別原野の中央を流れる問寒別川がつくった平野部に敷設された。問寒別川は流れ込む支流も多

5 6

⑤軌道の路盤は土壌の影響を受け凹凸になっており、車両の脱線が起こる場合もあった。撮影年不明　写真：堀田勝美　⑥軌道の路盤跡。夏から秋にかけては雑草で覆われて見づらいが、早春のこの時期ははっきりと確認できた

簡易軌道が敷設された場所の多くは酪農地帯となっている。各地を訪れると「牛横断注意」標識が多く見られるので、これが目に入ったら前方に十分注意してほしい

いため、北海道開発局による改良工事実施図面によると14の橋梁もしくは明渠があり、現在でも各所で橋梁跡が確認できる。

　最初の橋梁跡は問寒別市街から2kmほど進んだ道道の1号橋横にあった。ヌポロマポロ川に残るこの橋梁跡は軌道4号橋のもので川の両岸に橋台が残っていた [**写真8, 9**]。軌道4号橋跡から1kmほど進むと枯草に隠れるように小さな橋台があった。この小さな橋台は5号橋のものだ [**写真10, 11**]。

8 道道の横に軌道4号橋の橋台跡が残っていた。橋台に続く築堤は消失していた　**9** 軌道廃止後の4号橋。並行する道道の道路橋の建設工事が行われている。1972（昭和47）年11月北海道開発局撮影　写真提供：幌延町

⑩軌道5号橋の小さな橋台　⑪軌道廃止後の5号橋。1972（昭和47）年11月北海道開発局撮影　写真提供：幌延町

中問寒での幸運な出会い

　この先、軌道は中問寒を通過する。ここで軌道は初めて主流である問寒別川を越えることになるが、北海道開発局による軌道改修工事の際、この付近の路線が付け替えられている。それは河川工事に理由があった。原野を蛇行していた問寒別川は過去から何度も氾濫による水害が発生しており、1939（昭和14）年には中問寒付近の橋梁が流出してしばらく軌道が運休する被害も発生していた。その後、水害対策のために各所で河川改修工事が行われていた。中問寒付近の工事では問寒別川の蛇行部分が大きく改修され、それにあわせて軌道ルートは変更となった。

　旧線は中問寒市街を通過していたが、付け替えられた新線は直線で問寒別川を越えており、市街からは離れて敷設された。新線はのちの農地開発で牧草地に消えており、問寒別川を越えていた8号橋も護岸工事によって痕跡は残っていなかった［**写真12**］。

　新線部分の探索は諦め、旧線の痕跡を探して中問寒市街に入った。市街といっても民家が数戸、神社と生活改善センターの建物があるだけのさびしい場所になっている。軌道の旧線はこの中問寒市街を通っていた。地形図と比較しつつあたりを見てゆくと、中問寒神社近くにある道路が軌道跡と重なっている［**写真13**］。

　中問寒には軌道の旧四線停留所があり、その近くには酪農家が出荷した生乳を集める集乳所という施設があった。歴史を調べてゆくなかで軌道が生乳輸送に一役買っていたことを知った筆者は、停留所と集乳所の場所を特定したいと思っていた。

　地形図には停留所の記載はないので手がかりはない。神社前の空き地に車を停め、あたりを見回していると、会合でもあったのか生活改善センターから人がぞろぞろと出てきた。軌道のことを知っていそうな年配の男性に声をかけて停留所の話を聞いてみることにした。声をかけた男性は幸い地元で生まれ育った方だったので、集乳所や停留所のことも覚えていた。

問寒別川改修にあわせた軌道付け替え工事で架橋された8号橋。現在は護岸工事によって痕跡は残っていない。1972（昭和47）年11月北海道開発局撮影
写真提供：幌延町

旧線は四線停留所を出ると水路に沿って牧草地を直線に進んでいた

旧線四線停留所付近。写真奥に続く道路が旧線軌道跡を転用した道路

軌道9号橋の橋台跡。その後、道道改修工事の際に取り壊されてしまった。2016（平成28）年10月撮影

八線停留所の先で軌道は牧場敷地内を横切っていた。牧場敷地の端に築堤が残っていた

その男性の記憶では現在建っている生活改善センターの駐車場が軌道の四線停留所跡であり、その前に集乳所があったということだった。軌道跡を探索するうえでは過去の地形図や空中写真などを参考にしているが、それだけではわからないことも多く、地元の方に伺って初めてわかることもある。簡易軌道は廃止されてから50年ほど経っているので、軌道の記憶を持つ人というと年齢的にも限られてくる。この日はラッキーだった。

最大の遺構、軌道11号橋跡

旧線の軌道は中問寒神社の横からカーブしたあと直線にルートをとっていた。現在、その場所に立つと、直線状の用水路が続いているのが見える。1955（昭和30）年の地形図には軌道の横に水路が記載されている。用水路に沿って続く軌道の路盤跡が確認できた[**写真14**]。

直線区間が終わる八線停留所近くで新旧の軌道は一度合流するが再び改良区間になる。新線は合流点の先で9号橋によって八線沢を越えていた。以前は川の両岸に橋台跡が残っていたが、道道改修工事での道路橋架け替えの際に橋台は撤去されてしまった[**写真15**]。9号橋が撤去されたのは残念であるが、この近くにある牧場の敷地の端に新線の築堤跡が残っていた[**写真16**]。

築堤跡近くで軌道はカーブして道道583号に沿う形で北上する。道路脇には路盤跡と思しき箇所があった。旧版地形図と照合すると位置は合っているものの、排水溝と農地との縁にあるので確信は持てなかった[**写真17**]。

道道785号線との合流地点から3.5kmほど北へ進むと問寒別川を渡る道路橋があり、その横に軌道の橋梁跡が残っている。北海道開発局の図面では11号橋とされる橋梁で、両岸の橋台の前後に短いながらも路盤が残っていた[**写真18**]。

筆者はこの11号橋跡は幌延町営軌道の遺構のなかでも代表的なものと考えているが、残念なことに訪れ

軌道の路盤らしき箇所があったがほかの路盤にくらべると幅が広い。軌道跡という確信は持てなかった

るたびに傷みが増している。橋台側面のコンクリートは一部崩落し、鉄筋がむき出しになっていた［**写真19**］。このとき融雪によって川の水量が多かったために橋台の基礎部分の状態を確認することはできなかったが、2016（平成28）年に訪れた際は基礎部分を見ることができた。橋台は川の流れによって浸食され、コンクリートが一部流出していた。そこから橋台の基礎部分がむき出しになっており、そこにあったのは地中に打ち込まれた木杭だった。筆者は建築には疎いので、コンクリートの橋台だから基礎は鉄骨だと単純に思っていたが木杭とは意外だった。11号橋は問寒別川の蛇行部分に架けられているので、ほかの橋梁跡にくらべて増水による基部の損傷が進んでいるようだ［**写真20**］。

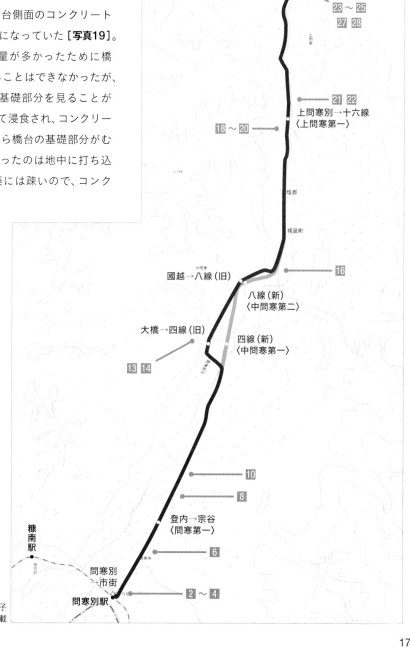

今現在の国土地理院電子地形図に加筆のうえ転載

179

18 問寒別川本流に架けられた軌道11号橋跡。橋台の構造は左右で異なっている
19 軌道11号橋の問寒別側の橋台跡。路盤が崩落し、躯体の鉄筋がむき出しになるなど老朽化が進んでいる
20 2016（平成28）年10月に撮影した軌道11号橋の橋台基礎部分。浸食が進み、基礎の木杭がむき出しになっていた

学校跡の「軌道遺産」

　この11号橋から軌道跡は再び痕跡を消してしまうが途中に新たな発見があった。11号橋梁跡から600mほど進むと、左手に木々に隠れるようにしてレンガ色の屋根の建物が見える。ここは豊神小学校の跡で、今も校舎の一部が残っており、上問寒別生活改善センターとして活用されている。この建物からかつてグランドだったと思われる空き地を見ると、雑草に覆われた空き地にポツンと鉄棒が立っていた[写真21]。

　近づいてよく見ると、その鉄棒を支える柱は古い軌条だった。規格の違う2種類の軌条が使われていて、断面が確認できないため断定はできないが、底面幅を計ってみると60〜66mmだったので9kgあるいは10kg軌条だと思われる。軌道の改良工事の際に不要となった軌条、あるいは二十線停留所と炭鉱を結んでいた路線の軌条の可能性もある。いずれにしても、これも一つ

の軌道遺産といえるだろう[写真22]。

　豊神小学校跡から再び軌道ルートをたどって道道を進むが、終点である二十線停留所までは路盤跡や2ヶ所あったはずの橋梁跡は確認できなかった。

軌道の終点、二十線停留所の遺構群

　軌道の「終点」であった二十線停留所跡にも幌延町が立てた標柱があるので、すぐそれとわかる[写真23]。付近には軌道事務所の建物が屋根の落ちた廃屋となって残っている[写真24, 25, 26]。

　停留所跡には雑草に隠れるようにして転車台が残っている。別海町の奥行に残っているものにくらべるとかなり小さいもので直径は4m程だろうか。幌延町営軌道には自走客車は導入されず、ディーゼル機関車が客車や貨車を牽引する運行形態だった（軌道末期は貨客混合列車だった）。転車台はその機関車のために使われていたので、小さなサイズでも事足りたのだろう

［**写真27**］。

現役時代の写真を見ると転車台の奥には機関庫があった。これまでの探索では高い雑草が生い茂っていて容易に近づけなかったが、今回は停留所周辺を歩き回ることができた。転車台の裏手に回ってみると、クマザサに半ば埋もれた倒壊した機関庫の残骸が確認できた［**写真28, 29**］。

軌道末期、列車の運行は1日2往復だけで、始発はこの二十線停留所だった。1969（昭和44）年の時刻表では朝7時に二十線を発車して8時10分に問寒別に到着、そのまま折り返して二十線に戻り再び問寒別に向かっていた。各々の停留所では到着時刻と出発時刻は同じになっており、折り返し作業の時間が入っていないのが不自然だが、「最終列車」は15時30分に問寒別を発車して16時30分に二十線に到着してその日の運行を終えていた。そのため列車も乗務員も翌朝の始業に備えて二十線で待機することになる。以前、軌道の運転手を務めていた方にお話を伺ったことがあるが、その方の説明によると乗務員は停留所横の軌道事務所に泊まっていたということだった。

21 閉校された豊神小学校跡の校庭に残された鉄棒には軌道のレールが使われていた　22 鉄棒に使われていた軌条底部の幅は実測すると60〜66mm前後だった

これで歌登町と幌延町の軌道跡の探索は終了となった。時刻は16時30分。朝6時からのスタートで途中約2時間の中断はあったものの、丸1日で2軌道の軌道跡を確認できた。ちなみに歌登〜問寒別の移動では途中コンビニや商店はない。道の駅ピンネシリはあるが、食堂施設は併設していない。買い物ができるのは問寒別駅前にある小さなスーパーだけなので、このルートをたどる場合は飲み物と食料の事前確保は重要だ。筆者は北海道各地を訪れてきたので経路の「ラストコンビニ」がどこなのかは頭に入っているが、初めて訪れる人は下調べしておくことをおすすめしたい。

陽が傾いてきた二十線停留所跡で用意していたパンをほおばってから、今夜の宿である豊富温泉を目ざ

23 二十線（上問寒第二）停留所跡には幌延町が設置した標柱が立つ。周辺には軌道事務所や転車台などの遺構が残っている　24 二十線停留所の空撮。右が軌道事務所建物跡。雑草に半ば埋もれているレンガ色のものは倒壊した機関庫。2016（平成28）年10月撮影　25 二十線停留所の軌道事務所跡。軌道職員は翌日の始業に備えて事務所に宿泊していた　26 軌道廃止後の二十線軌道事務所建物。1972（昭和47）年11月北海道開発局撮影　写真提供：幌延町

標柱の奥の藪に残る転車台の躯体。機関車用の小さなサイズだった

して車を走らせた。

探索が難しい鉱山線と炭鉱線

　昭和30年代以降廃線まで、幌延町営軌道の路線は問寒別〜二十線間の一路線だけだったが、それ以前にはさらに奥地まで軌条が続いていた。一つは奥地で採掘された砂クローム鉱石を運搬するために延伸されたいわば「鉱山線」で、もともとは問寒別〜十六線間だった路線を、日本白金クローム株式会社が採掘場のあった二十線まで延伸し、さらに奥地の採掘場までレールは伸びていった。鉱石運搬のために軌道は動力化され、戦前に動力化された数少ない軌道の一つとなった。

　第二次世界大戦の終戦前に鉱石の採掘が終了となり、この路線は使用されなくなったはずだが、1957（昭和32）年発行の地形図（1/5万地形図　上猿払）には軌道が記載されている。地形図上では「現役」なのでルートを確認することができる。

　クローム鉱山といっても露天掘りの形態だったので、軌道は川沿いに敷かれていた。砂クロームの採掘は戦時中の金属資源不足を補うためのものであり、終戦間近に採掘は中止された。軌道は放置されたが、一部は終戦後に道路として使われていたと、二十線停留所から2kmほど奥で酪農を営んでいた人から伺ったことがある。

　鉱山線の軌道跡の一部はその後、道道となって整備されそのルートをたどることができるが、道道の終点近くにはゲートがあり、その先は北海道大学の研究林なので許可なく立ち入ることはできない。そのため軌道跡探索は難しい。

　もう一つの路線は「炭鉱線」で、1946（昭和21）年か

ら採掘をはじめた幌延炭鉱からの石炭輸送のために、翌年に二十線から炭鉱までの路線が開通した。幌延炭鉱は明治期に露天掘りで採掘がはじまったものの2年後に採掘は中断された。昭和期に入って1946（昭和21）年10月に北方産業株式会社によって採掘が再開されるのに伴い、1947（昭和22）年に炭鉱線が建設され、石炭の輸送が開始された。石炭運搬量の増加に伴って専用列車が運行されるなど軌道経営は潤ったが、幌延炭鉱は1958（昭和33）年に坑内の出水事故などによって閉山を余儀なくされ炭鉱線も使命を終えている。軌道は炭鉱の閉山による石炭運搬業務の終了によって経営に大きな影響を受け、要員の削減など厳しい経営になるきっかけとなった。

　炭鉱線は二十線停留所の先で分岐し、問寒別川を渉って幌延炭鉱へと向かっていた。当時の地形図でそのルートはわかっているものの、現在は地形図上も空中写真上もまったく痕跡が確認できない。川の渡渉箇所になんらかの痕跡が残っている可能性はあるが探索は断念した。炭鉱線の先にある幌延炭鉱は鉱山線同様、北海道大学研究林の中にあるため、こちらも立ち入りは難しい状況だ［写真30］。

炭鉱線の終点、幌延炭鉱跡の見学

　通常立ち入りができない北海道大学研究林内に眠る幌延炭鉱跡を別の機会に見学することができたので、そのときのことも記しておきたいと思う。

　幌延町が主催した「簡易軌道跡と炭鉱跡を訪ねるバスツアー」に参加したときのことだった。普段は立ち入ることのできない幌延炭鉱跡を見学することができると聞いて知人とともに参加した。小型のバスに乗ってのツアーだったが、研究林内の林道はバスが通行できるような状態ではなかったので、RV車に分乗して炭鉱跡に向かうことになった。

　念願叶って訪れた幌延炭鉱跡は閉山後60年ほど経っていたことや炭鉱規模がさほど大きくなかったこともあって、ほかの炭鉱跡のような建物や構築物はほとんど残っていなかった。個人行動をとることもできないので軌道跡を探索することはできなかったが、個人では立ち入りの難しい炭鉱跡を訪れることができたことには大いに満足した［写真31, 32］。

　鉱山線、炭鉱線（これらの名称は正式なものではな

28 二十線停留所跡の奥には倒壊した機関庫の残骸が残っていた
29 二十線停留所の転車台と機関庫の位置関係がわかる。転車台は7tディーゼル機関車を転回させるのが精いっぱいの直径だ。1970（昭和45）年9月撮影　写真：野町俊介

1958（昭和33）年に北海道開発局が撮影した二十線停留所付近の空中写真。写真下部が二十線停留所で、ここから分岐して幌延炭鉱に至る炭鉱線が写っている

31 幌延町が主催したバスツアーに参加して幌延炭鉱跡を見学することができた　32 幌延炭鉱は小規模だったため遺構は少なかったが、ボイラー室跡などを確認できた。いずれも2017（平成29）年10月撮影

く筆者が便宜上名づけたもの）は探索そのものが難しいが、幌延町営軌道はほぼ全線が道道583号線沿いに遺構が残っているので比較的探索は容易だ。

　軌道で使用された機関車と客車は廃止後しばらく幌延市街にある名林公園内で静態保存されていたが、腐食が進んだために撤去された。車両は現存していないものの、停留所や路盤、橋梁の跡などが点在しているので訪ねる価値のある軌道跡だと思う。

道東簡易軌道跡探訪 おすすめコース

1泊2日でまわってみよう

探訪ガイドでご紹介した簡易軌道跡探訪のうち、道東4軌道の跡をたどるツアーを企画してみた。釧路空港をゲートウェイとしての1泊2日という想定だ。移動距離や各所での探訪時間を考えると、軌道の全路線をめぐることは難しい。そこで鶴居村営軌道、標茶町営軌道、浜中町営軌道、別海村営軌道の順に、各軌道の遺構のなかでも筆者がおすすめするスポットをできるだけ効率よくまわれるようなコースにした。4軌道中、もっとも東に位置する別海村営軌道跡は釧路空港から100km以上離れているので、最終日はかなりキツいスケジュールになってしまったが、このコースをたどってもらえば現在確認できる4軌道の車両、構築物、軌道跡といった代表的な遺構をたどることができる

文・写真：佐々木正巳

1日目

羽田発のANA初便を利用すると釧路空港到着は9時過ぎ。預けた荷物を受け取って空港近くの事務所でレンタカーの利用手続きを済ませるころには、10時近くになっているだろう。

ここから軌道跡探訪をはじめる。まずは空港から約

4kmほど先の第1ポイント、鶴居村営軌道と雄別鉄道が立体交差した橋台跡に向かう。宮脇俊三さんの『鉄道廃線跡を歩く』でも紹介された軌道の代表的な遺構の一つだ。途中、道道53号線から入る道が見つけづらいので鶴居村営軌道の探訪ガイドを参考にしてほしい[写真1]。

橋台跡を見たら道道53号線に戻って北上し、第2ポ

1日目
鶴居村営軌道と雄別軌道が立体交差していた軌道橋の橋台跡。雄別鉄道跡は自転車道となっている

温根内ビジターセンター近くにある釧路湿原探勝歩道は軌道跡を転用したもの。運行当時に近い姿を体験できる

184

イントの温根内ビジターセンターへ。橋台跡からの距離は約12km。途中、釧路湿原展望台を通るので、時間の余裕があれば展望台から雄大な釧路湿原を眺めるのもいいだろう。温根内ビジターセンターでは軌道跡が姿を変えた釧路湿原探勝歩道をしばらく散策して往時を偲んでみよう[写真2]。

温根内ビジターセンターから再び道道53号線に戻り北上して鶴居市街の鶴居村ふるさと情報館みなくるへ。ここが第3ポイントだ。途中、鶴見台に残る軌道跡や喫茶店裏手の築堤跡など道路からも確認できる軌道跡があるのでゆっくり走りながら探してゆこう[写真3]。

1日目

標茶町営軌道 中オソベツ停留所跡

標茶町営軌道 開運町停留所跡。機関庫と事務所建物が残る

第5ポイント
標茶駅

第4ポイント
標茶町営軌道 沼幌停留所跡。機関庫、保線詰所の建物が残る。ヌマオロ川に架かる橋梁跡も必見

標茶町営軌道跡に極力沿った経路

第3ポイント
鶴居村ふるさと情報館みなくる。自走客車、DL、有蓋貨車が静態保存され、館内では軌道関連の展示がある

茅沼駅

JR釧網本線 塘路駅近くに軌道踏切がある

鶴見台の見学通路に軌道跡が転用された

塘路駅

このあたりでは築堤跡が確認できる

第2ポイント
温根内ビジターセンター。湿原遊歩道となった鶴居村営軌道跡が見られる

湿原歩道に姿を変えた軌道跡が見られる

釧路湿原駅　細岡駅

遠矢駅

釧路空港

上尾幌駅

第1ポイント
鶴居村営軌道と雄別鉄道の立体交差箇所での橋台跡

大楽毛駅　新大楽毛駅　新富士駅　釧路駅

東釧路駅　武佐駅　別保駅

第6ポイント　釧路市立博物館。館内で簡易軌道関連の展示あり

今現在の国土地理院電子地形図に加筆のうえ転載

温根内から下幌呂にかけては道路に並行して軌道の路盤跡や築堤跡が数ヶ所で確認できる

鶴居村ふるさと情報館みなくる前には軌道のディーゼル機関車、自走客車などが静態保存されている。館内の郷土資料展示室には軌道関係の展示もある

5 沼幌停留所跡には機関車庫、保線詰所の建物が残っている
6 沼幌停留所近くに残る軌道橋跡。軌道廃止後は道路橋として使われていた
7 開運町停留所跡には機関庫などの倉庫群が残っている

　鶴居村ふるさと情報館みなくるでは自走客車とディーゼル機関車、そして有蓋貨車が静態保存されている。館内の郷土資料展示室には軌道関係の展示があり、「軌道自転車」が興味深い [写真4]。

　10時前後に釧路空港からツアーをスタートさせた場合、鶴居市街に着いた時点で12時をまわっているはずだ。ルート上にはこの先しばらくコンビニや自販機がないので、市街地のコンビニ（セイコーマート鶴居店）で食料と飲み物を確保しておこう。食堂で昼食をとる手もあるが、この先の行程を考えると時間的に軽食で済ませておいたほうが無難だ。

　鶴居村ふるさと情報館みなくるで鶴居村営軌道跡の探訪は終え、ここから第4ポイントである標茶町営

軌道の沼幌停留所跡に向かう。鶴居市街から国道274号線（鶴居国道）に入って標茶方面に進んでゆくが、沼幌停留所跡に行くためには鶴居市街から15kmほど進んだところで国道からヌマオロ川沿いの町道に入る。探訪ガイドにも書いたように、沼幌停留所跡へのアプローチ地点は春から秋にかけては雑草でわかりづらくなっているので、資料を参考にしてあらかじめカーナビの目的地として設定しておくことをおすすめする。

　ここには軌道の機関庫、保線詰所、一時道路橋に転用された軌道の橋梁が残っている。雑草が伸びていると停留所跡からは確認できないが、20mほど進むと鉄橋跡が見えてくる。橋台やガータ部が残っている軌道の橋梁は数少ないので、ぜひ見学しておきたい [写真5, 6]。

　沼幌停留所跡の探訪を終えたら第5ポイントである標茶市街の開運町停留所跡に向かう。途中の軌道跡は河川改修や農地改良のためにほとんど痕跡が確認できないので今回のツアーではスルーするが、軌道跡に極力沿ったルートでコースを設定した。

　開運町停留所跡では軌道事務所や機関庫などの建物を見ることができる。停留所の敷地は空き地となっ

軌網本線塘路駅の釧路寄りに設置された踏切は、「軌道踏切」と名づけられている

1日目の最後は釧路市立博物館。簡易軌道関連の展示スペースは必見だ

釧路市内の居酒屋ではツブ貝や地元産カキなど新鮮な魚介料理が楽しめる

画開催し、同名の図録集を発行するなど、地元でもその存在が忘れかけられていた簡易軌道にスポットライトを当て、その価値を含めて道東の簡易軌道の情報発信を続けている。館内2階には簡易軌道関連の展示スペースが設けられている。開館時間は午前9時30分から17時までだ [写真9]。

初日の宿泊地は翌日のスケジュールも考えて釧路市内にした。せっかく釧路まできたのだから、夜の街に繰り出して食も楽しもう。

釧路は新鮮な魚介類を出す居酒屋が多くある。地元グルメであるザンギ（醤油ベースで生姜の下味がついた北海道風の鶏の唐揚げ。釧路市内の「鳥松」が発祥の地とされている）、スパカツ（ミートソースの上にトンカツをのせた釧路発祥のB級グルメ。市内の泉屋本店が有名）などもあるので、おいしい食事を楽しみながら初日の疲れを癒して翌日に備えよう [写真10]。

2日目

ツアー2日目は長距離移動となる。帰りの飛行機の出発時刻も気になるので早めに宿を出発する。

まず国道44号線に出て根室方面へとひたすら走る。第7ポイントのJR花咲線茶内駅までは釧路市街から約70kmの距離だ。交通量も少なく、気も急いでいるのでアクセルを踏み込みがちだ。一般道でも長距離を走っていると次第に速度感覚が鈍くなってくるので、気がつくと制限速度を超過してしまっていることがある。探訪ガイドでも書いたように、とくに北海道東部では路上にエゾジカなどの野生動物が現れることは珍しくない。スピードが出ていると回避行動も難しくなる。また、国道は日常的に取り締まりが行われているので、くれぐれも速度厳守で安全運転を心がけてほしい [写真11]。

ているので、軌道関連書籍に掲載されている停留所の配置図や当時の写真と見くらべてみるとおもしろいだろう [写真7]。

第6ポイントには釧路市立博物館を設定した。ここから釧路市立博物館までのルートは簡易軌道跡からは離れるが途中、JR釧網本線塘路駅近くに殖民軌道久著呂線（塘路と上久著呂を結んでいた馬力線）があったことを示す「軌道踏切」があるので、寄り道してみるのも一興だと思う [写真8]。

1日目の最終ポイントである釧路市立博物館は2016年に特別展「釧路根室の簡易軌道」を企

■2日目　これは極端な例だが、道路を運転しているとシカの群れが横断することがある。とくに晩秋から春にかけては要注意

コープはまなかで販売されているソフトクリームは地元
でも人気だ

13浜中町営軌道唯一の保存車
両は1965年釧路製作所製8t
ディーゼル機関車。補修作業を
経て2022年10月より浜中町農
村広場で展示されている　14秩
父内停留所跡には軌道の概略
を解説する説明板が設置されて
いる。奥には保線詰所の建物
が残っている

15道道807号の屈折点近くでは中
茶内停留所で分岐した西円線の築
堤を確認できる
16現在は閉校となった第三小学校
の裏手に残る軌道跡
17浜中農協西円取扱所裏には円朱
別に向かう軌道跡が確認できる

　茶内駅で駅舎内の軌道展示を見たら、近くにある浜
中農協直営のスーパー、コープはまなかで、店内で販
売しているソフトクリームを賞味してはいかがだろ
うか。このソフトクリームは地元でも人気が高いので、
ぜひお試しいただきたい［写真12］。
　ソフトクリームを味わったら浜中町営軌道跡探訪
をはじめよう。国道に向かう途中、右手にある浜中町
農村運動広場内にディーゼル機関車が静態保存され
ている［写真13］。
　第8ポイントへは茶内駅前から道道807号線を進ん

でゆくことになる。その途中、国道44号線との交差点
近くにコンビニ（セイコーマート浜中店）があるが、2
日目のルートではここから最終チェックポイントまで
コンビニがないので、無防備のまま進むと昼食難民に
なりかねない。ここが「ラストコンビニ」なので、忘れ
ずに食べ物、飲み物を補給しておくことをおすすめする。
　茶内駅前から4kmほど進んだところにある第8ポイ
ントには軌道の秩父内停留所跡がある。道道には案内
板が立ってはいるが、かなり小さいものなので見落と
さないよう注意が必要だ。停留所跡には保線詰所が

18 浜中町営軌道東円線の上風連停留所跡。写真手前が発掘された転車台跡。写真左上の木立の中にホームが残っている
19 上風連停留所跡。地形を利用したホームがあり、その段差部分が確認できる

残っており軌道の説明板も設置されている［写真14］。

　第9ポイントは東円線の終着である上風連停留所跡だ。道道807号線から同813号線に入り別海町方面に向かうことになる。停留所跡は道道813号線と同928号線との交差点近くにあるので、そこを目印にカーナビをセットしておこう。第8ポイントから第9ポイントまでは15kmほどの距離。道道807号線は西円線の軌道跡に沿っているので途中いくつか軌道跡を見ることができる。

　第8ポイントから4kmほど進むと道道は直角に右折するが、その近くに第三小学校跡（校舎は残っている）があり裏手に軌道跡が残っている。また、道道813号

線との合流点から1kmほどの浜中農協西円取扱所裏でも軌道の築堤跡が確認できる［写真15, 16, 17］。

　ここから約6km先が第9ポイントの上風連停留所跡で、交差点近くに立っている携帯基地局の鉄塔が目印になる。停留所跡は森の中にあり、入ってゆくとホームの段差部分や軌道ルートがわかる。手前の空き地に

今現在の国土地理院電子地形図に加筆のうえ転載

189

⑳別海村営軌道上風連停留所跡。上風連市街内の神社鳥居近くに軌道機関庫が残っている
㉑道道930号の南には農道に転用された軌道跡が残っている

㉒道道930号の屈折点付近に学校前停留所があった。丁字路付近にある建物の基礎は集乳所跡。第11ポイントへは写真右手に進む

㉓道道沿いに奥行臼停留所の軌道事務所建物が残り、自走客車が見える
㉔奥行臼停留所跡には自走客車、ディーゼル機関車、牛乳運搬車の保存車両のほか転車台跡も残っている

は探訪ガイドにも書いたように、地元の皆さんと協力してその一部を掘り起こした軌道の転車台が確認できる。完全体で残っている奥行臼の転車台には及ばないものの、簡易軌道の貴重な歴史遺産だ [写真18, 19]。

　第9ポイントで浜中町営軌道の探訪は終わりとなり、次は第10ポイントである別海村営軌道の上風連停留所跡に向かう。「上風連」を名乗る停留所は浜中、別海の両軌道にあったが、それぞれの停留所は8kmほど離れたまったく別の場所にある。上風連停留所跡は近隣唯一の「市街」である上風連地区にあり、ここに軌道の車庫とそれに付属した油庫が残っている。道路奥にある神社の鳥居が目印だ。車庫は一部改修されているも

の、当時の面影を残している [写真20]。

　ここから本ツアーの最終探訪地、第11ポイントの奥行臼停留所跡までは道道930号線を進む。一部道道に並行した形で軌道が未舗装道路に姿を変えた区間があるので、寄り道してもよいだろう [写真21]。途中、第10ポイントから3kmほど進んだ丁字路で道道は左折するが、軌道はそのまま直進し、やがて緩やかなカーブを描いて北上していた。この付近の軌道ルートは牧草地にあり、痕跡を確認することは難しいので道道をそのまま進んで第11ポイントを目ざそう [写真22]。

　第11ポイントの奥行臼停留所跡は別海町奥行地区にある。以前は「奥行臼」という地名だったが、ここも上風連と同じように地名改称によって「奥行」となった。この奥行は明治期から交通の要衝であり、駅逓制度(鉄道が開通する以前に交通手段として使われた馬の中継や旅人の宿泊、郵便業務などを担っていた北海道の補助交通機関)で使われた奥行臼駅逓所のほか、国鉄

25 奥行駅逓所。別海町による大修理工事を経て、当時の姿が復元された。内部も見学できるが公開日、公開時間に注意
26 標津線奥行臼駅跡には駅舎、ホーム、レールが残り、現役時代の姿を彷彿とさせる

標津線奥行臼駅、そして別海村営軌道の奥行臼停留所があった。これらの遺構は現在も保存されているので、奥行は交通の歴史テーマパークのような存在になっている。

道道に沿ってゆくと奥行臼停留所跡は奥行の交通遺構のなかでも一番手前に位置している。案内の標柱もあるが、赤い車体の自走客車が道路から見えるのですぐにわかるだろう[写真23]。

自走客車のあるほうに向かっていくと、まずは軌道事務所の建物、そして静態保存されている自走客車、ディーゼル機関車、牛乳運搬車(ミルクゴンドラ車)が見えてくる。さらに奥には転車台が残っている。道東4軌道のなかで転車台が完全な姿で残っているのはここだけなので貴重な遺構だ。さらに藪に視界を遮られて見づらくなっているがその先に2棟の建物が残っている。軌道車庫と修理工場の建物だということだ。

軌道関連の建物や保存車両、そして転車台と、奥行臼停留所跡は簡易軌道としてはもっとも充実した遺構となっており、軌道探訪ツアールートの最終地を飾るにふさわしいものだと思う[写真24]。

既述のとおり第11ポイント周辺には奥行臼駅逓所、国鉄奥行臼駅跡もあるので、併せて見学をすすめたい。とくに奥行臼駅跡では駅舎やホーム以外にも職員の利用した浴室(独立した別棟)などが残っている。また、レールも敷かれたままなので現役当時の佇まいを感じ取ることができる不思議な空間だ[写真25, 26]。

軌道探訪の注意点

この奥行で2日にわたる道東簡易軌道跡探訪は終了となり、ここから釧路空港へ一気に戻ることになる。

距離は約120kmで途中休憩を含めて3時間はみる必要がある。帰りの飛行機の時刻が気になると思うが、くれぐれも安全運転で簡易軌道跡探訪ツアーの最後を締めくくってほしい。

空港に向かうときの注意点を一つ。レンタカーを返却する際にはガソリン満タン戻しが基本だが、空港周辺にはガソリンスタンドがない。またカーナビの設定にもよるが、釧路空港を目的地とした場合、釧路市街地の手前で釧路外環状道路に入り、そのままガソリンスタンドのないルートを案内される。釧路市街を通るルートを選択して、ガソリンスタンドで給油しておこう。

1泊2日、実質1.5日で道東4軌道の跡をたどるツアーを企画してみたが、訪れる時期としては日が長い5月ごろから9月ごろがよいだろう。冬が近づくと日の出も遅くなり、午後4時ごろには薄暗くなってしまう。10月下旬以降であれば路面が凍結していることもあるので、もう1日日程を確保したほうが無難だ。

コース上は携帯圏外の場所が多く、通行車両もほとんどないので、万が一の場合助けを求めることは難しい。あせらずあわてず、安全運転を心がけて軌道跡の探訪を楽しんでいただきたい。

軌道跡探訪ルートの多くは牧草地、放牧地なので、時にはこのような場面に遭遇する。軌道跡確認に気をとられて前方不注意にならないよう気をつけてほしい

石川孝織（いしかわ・たかおり）

釧路市立博物館 学芸員。1974（昭和49）年東京
都生まれ。東京学芸大学、同大学院修士課程、慶
應義塾大学大学院理工学研究科後期博士課程
を経て、2006（平成18）年より現職、地域産業史を
担当。主な著書に『釧路・根室の簡易軌道』（共著
／鉄道友の会 島秀雄記念優秀著作賞受賞）、
『釧路炭田 炭鉱と鉄路と』『雄別炭砿閉山50年〜
雄別・尺別・上茶路〜』など。鉄道友の会会員、全
国石炭産業関連博物館等研修交流会会長。

佐々木正巳（ささき・まさみ）

1959（昭和34）年東京都生まれ。東京農業大学農
学部卒。1983（昭和58）年、雪印乳業株式会社
（当時）入社。以来、生産技術畑を歩く。2001（平
成13）年から北海道内の工場、事業所に勤務する
傍ら、簡易軌道が生乳輸送に果たした役割について
「乳の道」として関係者への聴き取り、文献調査を続
けている。現在、一般社団法人日本乳業協会勤務。

北海道の簡易軌道

全路線解説と6つの軌道跡を訪ねて

2023年6月30日　初版発行

著者 ――――――― 石川孝織　佐々木正巳

カバーデザイン ―― 木澤誠二
本文デザイン ――― 關翔太

発行者 ―――――― 山手章弘
発行所 ―――――― イカロス出版
　　　　　　　　　 〒101-0051
　　　　　　　　　 東京都千代田区神田神保町1-105
　　　　　　　　　 電話：03-6837-4661（出版営業部）

印刷・製本所 ――― 図書印刷